La Ferme aux Grives (Bieke Claessens)

Mit besonderem Dank an unsere Fotografen

Bieke Claessens
Phile Deprez
Sven Everaert
Alain Machelidon
Patrick Verbeeck

&

Paul Kusseneers
Konzept und Gestaltung

&

Druck: De Plano

Realisierung: Luc Quisenaerts
Konzept, Gastaltung und Reproarbeiten: Paul Kusseneers
Druck: De Plano
Texte: Mia Dekeersmaeker
Bearbeitung der englischsprachigen Ausgabe: Anne&Owen Davis
Bearbeitung der französischsprachigen Ausgabe: Pancken Translations
Bearbeitung der deutschsprachigen Ausgabe: Eva & Hans-Jürgen Schweikart
Fotos:
<u>Bieke Claessens</u>: Château de Nieuil, Le Parc Victoria, Le Couvent des Herbes,Les Prés d'Eugénie & La Ferme Thermale d'Eugénie, La Ferme aux Grives, La Maison Rose.
<u>Phile Deprez</u>: Château de Mercuès, Château de Roumegouse, Domaine de Rochebois, Château de Castel-Novel, Le Manoir d'Hautegente, Château du Puy Robert, Château de la Treyne.
<u>Sven Everaert</u>: Domaine d'Auriac, L'Aubergade & Les Loges de l'Aubergade, Michel Bras.
<u>Alain Machelidon</u>: Domaine d'Auriac.
<u>Patrick Verbeeck</u>: Château Cordeillan-Bages, Saint-James, Hôtel-Château Grand-Barrail, Domaine de Bassibé, Le Chaufourg en Périgord, Le Vieux Logis, Château des Vigiers, Le Moulin de l'Abbaye, Le Moulin du Roc, La Chapelle Saint-Martin, Château de Riell
Verlag: D-Publications - Lier - Belgien
Lizensausgabe für die ReiseArt Verlags- und Produktionsgesellschaft GmbH & Co KG Erfurt - München - Osnabrück 1999

ISBN 3-9335572-04-5   D/1999/8101/4

© Kein Teil dieses Buches darf ohne schriftliche Genehmigung des Verlages in irgendeiner Form - durch fotokopie, Mikroverfilmung oder irgendein anders Verfahren – reproduziert oder in eine von Maschinen, insbezondere von Datenverarbeitungsanlagen, verwendbare Sprache übertragen oder übersetzt werden.

1. Auflage

Zu Gast in
DORDOGNE &
SÜDWESTEN FRANKREICHS

REALISIRUNG

LUC QUISENAERTS

TEXTE

MIA DEKEERSMAEKER

VERLAG D-PUBLICATIONS

DIE REIHE
Zu Gast

Liebe Leserin, lieber Leser,

in dieser Buchreihe möchten wir Ihnen die jeweils schönsten Hotels und Restaurants eines Landes, einer Region oder einer Stadt sowie deren Besonderheiten, z.B. auf dem Gebiet der Handwerkskunst, vorstellen. Begleiten Sie uns auf dieser Entdeckungsreise, werfen Sie einen Blick hinter die Fassaden von Hotels, Weinschlösschen und Restaurants und lassen Sie sich überraschen, welche Genüsse diese für Auge,und Gaumen zu bieten haben.

Der Zweck dieser Reihe ist es, Ihnen die Möglichkeit zu geben, beim Blättern in den einzelnen Bänden die vorgestellten Hotels und Restaurants - und auch die Umgebung, in der sie liegen - gewissermassen als Vorgeschmack auf den Urlaub zu durchstreifen und ihre mannigfaltigen Reize zu entdecken. Daher kann diese Reihe, und auch jeder Band für sich, als wetvolles Archiv betrachtet werden, mit dem man sich ein Stück der Schönheit, wie sie von begeisterungsfähigen Menschen erhalten oder geschaffen wurde, in sein Zuhause holt.

Mit den Bänden dieser Buchreihe haben Sie sozusagen den "Schlüssel" zu einer faszinierenden und oft kaum entdeckten Welt in der Hand, deren typische Atmosphäre auf den Buchseiten spür- und erlebbar wird.

Der Inhalt wurde vom Herausgeber sorgfältig zusammengestellt, so dass dem Reisenden eine einzigartige Erfahrung und ein unvergesslicher Aufenthalt garantiert sind.

. . .

Zu Gast in
DORDOGNE & SÜDWESTEN FRANKREICHS

Hotels

Selten habe ich eine Gegend bereist, die so abwechslungsreich ist und in der es so viele landschaftliche wie auch gastronomische Highlights zu entdecken gibt.
Mein Streifzug führte mich in die märchenhaft schönen Regionen Périgord und Quercy mit unzähligen reizvollen Dörfern und Städtchen zwischen grünen Hügeln und von Flüssen durchschnittenen Felsgruppen. Hier ist die Vorgeschichte präsent - davon zeugen vor allem die Höhlen von Lascaux -, aber auch das Mittelalter und die Renaissance haben die Gegend geprägt.

Ebenso eindrucksvoll ist die Region Pyrenées-Aquitaine, ein faszinierendes Landschaftsmosaik zwischen dem Atlantischen Ozean und den Pyrenäen.
Von der Gironde, dem Mündungsbereich von Garonne und Dordogne, wo die Trauben für die Bordeauxweine gedeihen, machte ich mich nach Süden auf und durchquerte die endlos scheinende Ebene der Landes bis zum mondänen Saint-Jean-de-Luz an der Atlantikküste. Von dort führte mein Weg nach Osten in Richtung Roussillon, vorbei an der ummauerten mittelalterlichen Stadt Carcassonne, wo bereits die mediterrane Atmosphäre spürbar wird.

Auf der Rückreise, als ich dachte, der Kreis habe sich geschlossen, machte ich ganz unerwartet im Aveyron eine weitere Entdeckung: den gastronomischen Designtempel von Michel Bras. Damit war meine Sammlung komplett: zu Hotels umgebaute Wassermühlen, Burgen, Weinschlösser und Landsitze mit sanft gewellten Golfparcours, romantische Herrensitze und Landgüter, eine viktorianische Villa und der einzigartige "Schrein" Südwest-Frankreichs: die Kurwelt Michel Guérards!

Mir bleibt nur noch, Ihnen eine gute Reise zu wünschen ...

Luc Quisenaerts
Herausgeber

HOTELS

	Pag.
Château de Nieuil	10
Le Vieux Logis	16
L'Aubergade & Les Loges de l'Aubergade	22
Château des Vigiers	26
Le Moulin du Roc	32
Château Cordeillan-Bages	38
Château de Mercuès	42
Saint-James	48
Le Domaine d'Auriac	56
Le Couvent des Herbes, Les Prés d'Eugénie & La Ferme Thermale d'Eugénie	60
La Ferme aux Grives	70
La Maison Rose	76
Le Parc Victoria	80
Le Moulin de l'Abbaye	86
Le Château du Puy Robert	94
La Chapelle Saint-Martin	98
Le Château de la Treyne	102
Michel Bras	110
Le Manoir d'Hautegente	116
Le Château de Roumegouse	122
Le Domaine de Bassibé	126
Le Domaine de Castel-Novel	132
Le Domaine de Rochebois	138
Château de Riell	144
Hôtel-Château Grand-Barrail	150
Le Chaufourg en Périgord	158

Château de Nieuil

Ganz in der Nähe von Angoulême, der Hauptstadt der lieblichen Charente, liegt das Château de Nieuil zwischen der Porzellanstadt Limoges und Cognac, das als Geburtsort Franz' I., insbesondere aber durch seine Kellereien bekannt ist.

Eine lange Auffahrt führt zu dem imposanten Renaissanceschloß inmitten eines Parks mit kreisförmiger Rasenfläche. Spitze Türmchen, Zinnenkränze, Balustraden und Balkons verleihen der weißen Fassade Anmut und Würde. Auf diesem Landsitz pflegte im 16. Jahrhundert König Franz I. seine Gäste zu Jagdpartien zu empfangen.

Durch die großzügige Halle gelangt man zu einer eindrucksvollen Wendeltreppe, die zu den elf Zimmern und drei Appartements des Hotels führt. Bei deren Besichtigung habe ich den Eindruck, eine Zeitreise vom 16. bis ins 20. Jahrhundert zu machen. Üppig verzierte Kamineinfassungen, mannshohe Spiegel mit vergoldeten Rahmen, Holzvertäfelungen, Wandteppiche, Kristallüster und Ziergegenstände aller Art verweisen auf die glorreiche Vergangenheit. Dazwischen finden sich immer wieder wunderschöne Möbelstücke, die von der Kunstfertigkeit der Handwerker späterer Epochen zeugen. Meine Wahl fällt auf das Zimmer "Louis XVI." mit Aussicht auf den prachtvollen Ziergarten, in dem gerade die Magnolien in voller Blüte stehen, auf ausgedehnte Wiesen und die zweihundert Hektar Wald, die zum Schloß gehören. Ein Festungsgraben verläuft rings um den Garten, und im Park schafft ein Fischteich Atmosphäre. Ganz in der Nähe liegt, von Bäumen umgeben, das verlockende Schwimmbad, und etwas weiter entfernt, in Waldnähe, der Tennisplatz.

Ein zweiter Garten ist das Reich Luce Bodinauds. Zusammen mit Pascal Pressac verarbeitet sie in der Hotelküche ausschließlich Kräuter und Gemüse aus eigenem Anbau zu köstlichen Kreationen, zum Beispiel der unvergleichlichen Kräuterpastete *farci de grand-mère Marie-Louise*.

Serviert wird im stilvollen venezianisch anmutenden Speisesaal. Mittags und abends kann der Gast aus unterschiedlichen Karten wählen. Es verwundert daher nicht, daß das Château de Nieuil sich bereits seit 1978 eines Michelinsterns rühmen kann. Wer sich in die Geheimnisse der Kochkunst Luce Bodinauds einweihen lassen möchte, kann zusammen mit sechs bis acht weiteren Hotelgästen an einem Kochkurs teilnehmen.

In der Empfangshalle beeindruckt eine Vitrine mit einem umfangreichen Angebot alten Cognacs. Jean-Michel, ein ausgewiesener Fachmann auf diesem Gebiet, erteilt mit sichtlichem Vergnügen Auskunft über die besonderen Qualitäten der einzelnen Jahrgänge. Wie der berühmte Weinbrand hergestellt wird, kann man bei einem Abstecher nach Cognac erleben: Der Besuch einer der weltberühmten Kellereien ist unbedingt zu empfehlen.

Sehenswert ist aber auch die Kunst- und Antiquitätengalerie in den ehemaligen Stallungen des Schlosses. Die schönsten der hier ausgestellten Stücke hat die Hoteleigentümerin selbst zusammengetragen.

Bei weit geöffneten Fenstern beobachte ich in meinem Zimmer, wie die Dämmerung langsam in die Nacht übergeht, und genieße die Stille, die sich über die liebliche Umgebung senkt und die nicht zuletzt einen Aufenthalt im Château de Nieuil so erholsam macht.

Auf diesem Landsitz empfing einst König Franz I. seine Gäste zu Jagdpartien.

Le Vieux Logis

Wer einen Garten sein eigen nennt, weiß, mit wieviel Arbeit es verbunden ist, will man daraus eine gepflegte grüne Oase schaffen. Und manch einer wird es zweifellos bedauern, daß ihm oft die dafür nötige Zeit fehlt. Der prachtvolle Garten des Hotels Le Vieux Logis im Périgord Noir, genauer: in dem von der Dordogne umflossenen Dörfchen Trémolat, führt einem vor Augen, wie Gartenkultur aussehen kann.

Von meinem Zimmer aus blicke ich in ein wahres Paradies aus Blumen, Farnen, Laub- und Obstbäumen, weinumrankten Bogen und efeubegrünten Mauern. Als ich auf der Terrasse sitze, spiegelt sich das üppige Grün sogar in meinem Glas mit sprudelndem Mineralwasser. Ein ganz in der Nähe vorbeiplätschernder Bach komplettiert die friedliche Atmosphäre, und am Ende des Gartens sieht man das Wasser des blauen Schwimmbades glitzern.

Das vierhundert Jahre alte Anwesen, das schon seit vielen Generationen im Besitz der Familie Giraudel-Destord ist, wurde auf den Grundmauern einer Priorei erbaut, die einem Brand zum Opfer gefallen war. Die rund 180 Jahre alte Tabakscheune, die zeitweise auch als Pferdestall und Weinlager diente, ist heute ein Restaurant, das durch die Kochkunst Pierre Jean Duribreux' weithin bekannt ist: *Truffe en croûte avec sauce Périgueux* zählt – neben vielen anderen Köstlichkeiten – zu den Spezialitäten des Hauses. An die frühere Bestimmung des Restaurants erinnert nur noch das rustikale Balkenwerk. Das Rot der Stühle wiederholt sich im Tapetenmuster und verleiht dem Speisesaal eine warme Atmosphäre.

Kräftige Farben prägen auch die Zimmer. Provenzalische Stoffe – Designs von Souleiado und Canovas – lassen die Räume gemütlich und zugleich lebhaft erscheinen, und die Badezimmer offenbaren sich als kleine Boudoirs.

In der Umgebung kann man herrliche Wanderungen oder Radtouren unternehmen, Golf spielen oder sich im Kanu oder Kajak aufs Wasser wagen. Wer hoch hinaus möchte oder die liebliche Landschaft einmal aus einer ganz anderen Perspektive genießen will, dem sei ein Hubschrauber-Rundflug oder eine Fahrt mit dem Heißluftballon empfohlen.

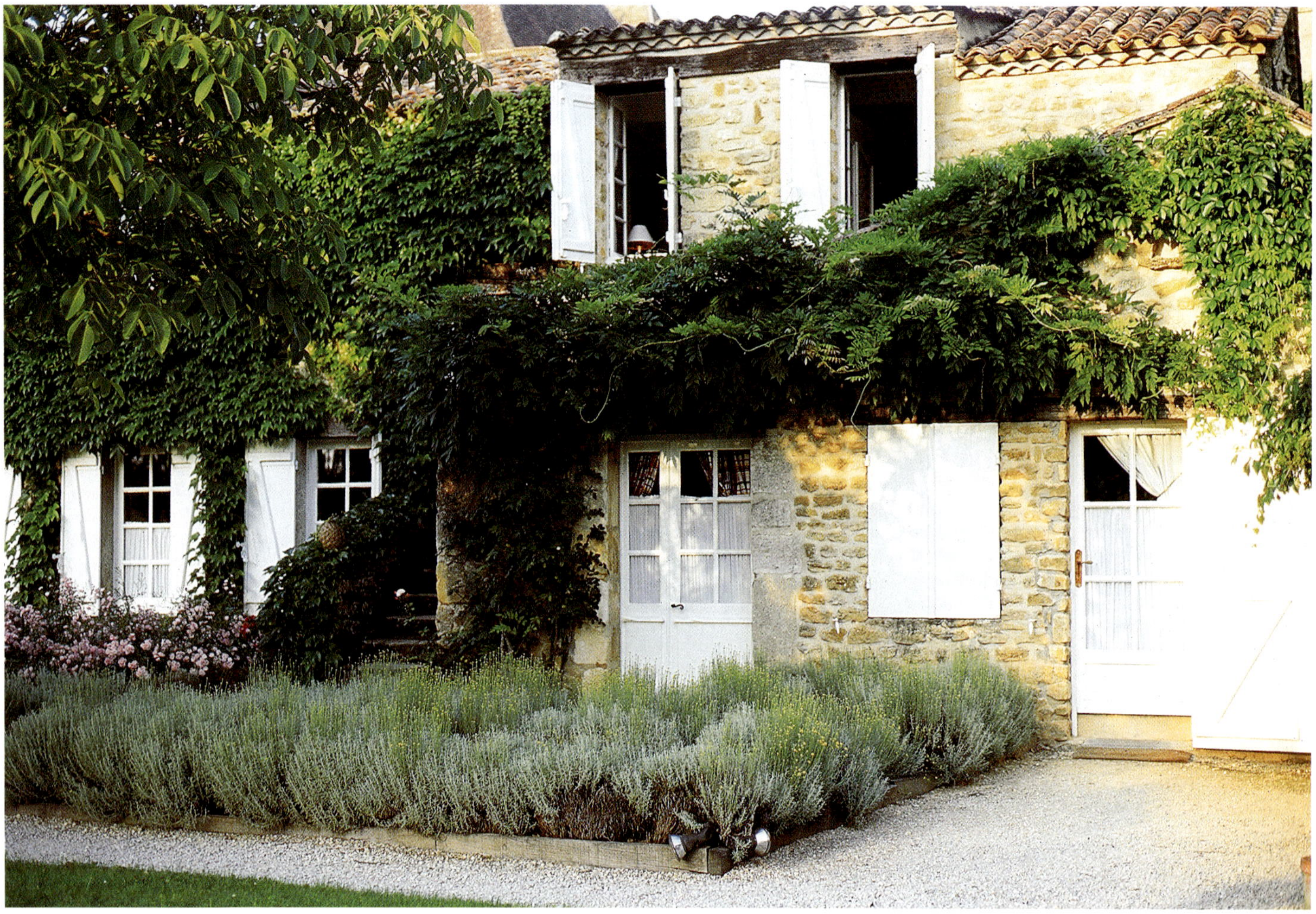

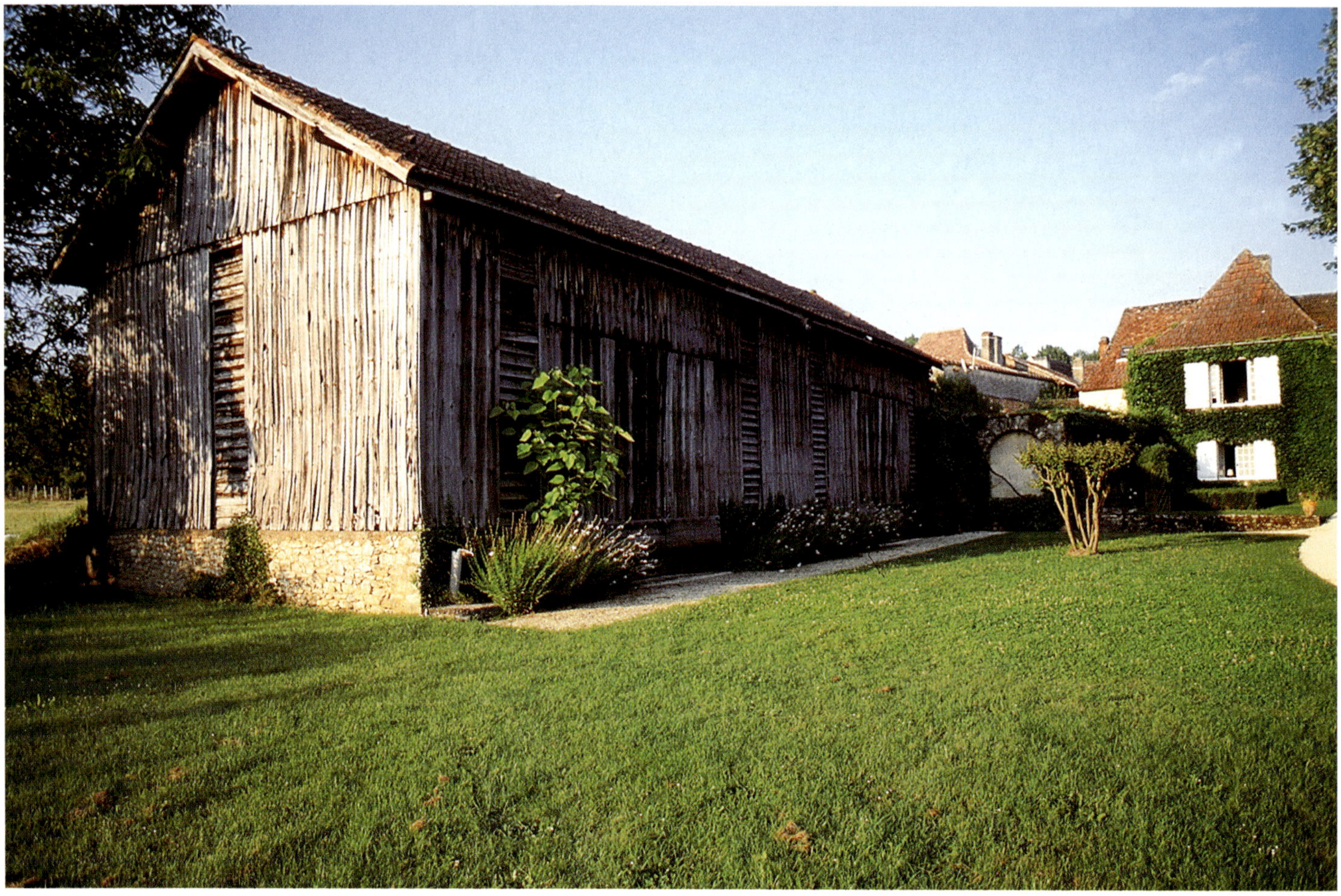

Kein Wunder, daß Henry Miller seinen ursprünglich für eine Woche geplanten Aufenthalt im Hotel Le Vieux Logis auf einen ganzen Monat verlängerte!

L'Aubergade und Les Loges de l'Aubergade

Nördlich des Agenais und Quercy liegt das Reich von Michel und Maryse Trama: L'Aubergade und Les Loges de l'Aubergade sind ihr Palast, Puymirol ist ihre Hauptstadt.

Michel ist Exzentriker, Lebenskünstler, Sportsmann und – natürlich – ein Meister der Kochkunst. Seine Kreationen skizziert er zunächst auf Papier und zaubert dann wie ein Alchimist aus Geflügel, Trüffeln und vielerlei anderen Zutaten Delikatessen, die alle Sinne streicheln. Seine Desserts sind wahre Feuerwerke – überwältigend in Farben und Geschmack. Die Weine, die er kredenzt, zum Beispiel einen Bordelais, aber auch der alte Armagnac, harmonieren aufs schönste mit den Speisen. Nach dem Diner offeriert Michel seinen Gästen dann eine Zigarre aus seinem exquisiten Sortiment.

Maryse Tramas Domäne ist die Ausstattung. Die erfahrene Innenarchitektin kombiniert klassisch-schlichtes mit barockem Mobiliar, alte Gemälde mit japanischen Lithographien, Leder mit exklusiven Stoffen ... Ihre Lieblingsfarbe – ein dunkles Blau – findet sich überall wieder.

Im Hotel Les Loges de l'Aubergade vereint sich traditioneller Charme mit futuristischem Design. Überall ist die Kirsche wie ein prachtvolles, intensiv farbiges Markenzeichen präsent. Die Zimmer haben ihre Namen nach zehn Sorten.

Backsteinmauern, weißgekalkte Wände und Balkenwerk prägen die Atmosphäre der Räume, und natürliches wie künstliches Licht werden raffiniert eingesetzt. Auch mein Zimmer, in dem sich Traditionelles kühn mit Modernem vereint, atmet vollkommene Harmonie – eine Oase der Ruhe! Details wie die kleinen engelähnlichen Skulpturen und schmiedeeiserne Ornamente verleihen dem Raum eine besondere Note.

Zum Entspannen laden das römische Bad und die sonnigen Terrassen ein. Es fällt schwer, diesen Ort zu verlassen, um beispielsweise einen Ausritt zu unternehmen. Die Rückkehr am Abend ist denn auch ein Hochgenuß!

Topdesign und Originalität

Château des Vigiers

Dieses Schloß, das auch unter dem Namen "Klein-Versailles" bekannt ist, liegt in der Dordogne im Herzen des Périgord Pourpre, etwa fünfundachtzig Kilometer von Bordeaux entfernt und ganz in der Nähe so berühmter Weinbaugebiete wie Saint-Émilion, Pomerol, Sauternes, Médoc, Bergerac und Monbazillac.

Das eindrucksvolle Bauwerk aus dem 16. Jahrhundert wurde vor kurzem komplett renoviert und zu einem luxuriösen Viersternehotel umgebaut. 25 im französischen Landhausstil gestaltete Zimmer sind im Schloß selbst untergebracht, elf Junior-Suiten und elf weitere Gästezimmer befinden sich in einem später hinzugekommenen Gebäude, das dem Baustil der Gegend entsprechend ganz aus Holz und Stein errichtet ist.

Im Restaurant Les Fresques werden verführerische Köstlichkeiten serviert, unter anderem Ente, Gänseleber und natürlich die verschiedensten Gerichte mit Trüffeln. Einfacher, aber deshalb nicht minder delikate Menüs bietet die Küche der gemütlichen Brasserie 'Le Chai', von deren großer Terrasse aus man die herrlich grüne Landschaft überblickt. Der kundige *sommelier* berät bei der Auswahl der passenden Weine; gern empfiehlt er die edlen Tropfen aus den Rebsorten Merlot, Cabernet, Sauvignon, Semillon und Muscadelle. Auch die Hausweine, für die Michel Rolland verantwortlich ist, munden hervorragend – sie wurden bereits mehrfach ausgezeichnet.

Golfliebhaber müssen nicht weit gehen, um ihrem geliebten Sport frönen zu können. In unmittelbarer Nähe des Hotels befindet sich ein Parcours mit 18 Löchern (Par 72), der zwischen Obstbäumen beginnt, sich an Weinbergen und an einem See entlangzieht und an einem Waldstück mit uralten Eichen endet. Der zweimalige Gewinner des Ryder Cup Per-Ulrik Johansson, der dem Hause eng verbunden ist, schätzt diesen herausfordernden Parcours besonders.

Hat man eine Zeitlang in der Sonne gespielt, spürt man möglicherweise seinen Rücken und freut sich auf eine entspannende Massage, ein paar Bahnen im Schwimmbecken, auf Sauna, Hammam oder Jacuzzi.

Doch auch die Umgebung hat vielerlei zu bieten. Auf den Märkten in Sainte-Foy-la-Grande oder Bergerac läßt sich herrlich bummeln, die Höhlen von Lascaux bei Montignac vermitteln unvergeßliche Eindrücke, und ein ganz besonderes Erlebnis ist es, bei der Suche nach Trüffeln dabeizusein. Nach einem ereignisreichen Tag erwarten einen dann Ruhe und Komfort im Château des Vigiers – und das zuvorkommende Personal, das den Gästen buchstäblich jeden Wunsch von den Augen abliest.

"Klein-Versailles" im Herzen des Périgord

Le Moulin du Roc

Im Herzen des Périgord liegt in nur sechs Kilometer Entfernung von Brantôme das Hotel Le Moulin du Roc. Wie der Name bereits vermuten läßt, diente der Bau früher anderen Zwecken: Im 17. Jahrhundert hat man in dieser Mühle aus Nüssen Öl gewonnen.

Heute präsentiert sich das Anwesen als überaus reizvolles Hotel, das seinen Gästen allen Komfort bietet. Im Innern bestimmen warme Farben, Stilmöbel, Stoffe mit Blumenmotiven, verzierte Decken und Holzbalken, die an die alte Mühle erinnern, das Bild. Hohe Spiegel und wunderschöne Gemälde verleihen den 13 Zimmern ihren jeweils eigenen Charakter, ihre Seele. Wohin man in diesem Hotel den Blick auch wendet, man sieht stets Außergewöhnliches, Faszinierendes, Überraschendes.

Im Weinkeller lagern die edelsten Tropfen, die Frankreich zu bieten hat. Eine Weinprobe im Le Moulin du Roc ist denn auch etwas ganz Besonderes, ein wahres Fest für die Sinne. Ebenso verhält es sich mit den kulinarischen Genüssen, die den Gast hier erwarten: Alain Gardillou verarbeitet beste Zutaten aus der Region zu erlesenen Feinschmeckergerichten.

Der Hotelgarten, ein von bunten Blumenrabatten durchsetztes grünes Paradies, lädt zum Entspannen und Promenieren ein. Kleine Brücken, Wege und Treppen verbinden das Schwimmbad und den Tennisplatz mit anderen, wie verzaubert anmutenden Gartenbereichen.

Das Hotel liegt unmittelbar am Ufer der Dronne: Wer gern angelt oder eine kleine Bootsfahrt unternehmen möchte, braucht nur ein paar Schritte zu gehen. In der näheren Umgebung findet man eine Vielzahl romantischer Spazier- und Wanderwege, ebenso Schlösser und Burgen, Museen und Höhlen, die es zu besuchen lohnt. Golfer kommen auf einem Platz mit 18 Löchern auf ihre Kosten, und auch Rad- und Wassersportlern bieten sich zahlreiche Möglichkeiten.

Die Hoteleigentümer Alain und Maryse Gardillou haben hier ein Ambiente geschaffen, in dem man sich einfach wohl fühlt. Aufmerksam und dennoch dezent achten sie beständig darauf, daß es ihren Gästen an nichts fehlt, daß keine Wünsche offen-

bleiben. Dies gelingt ihnen geradezu meisterhaft: Wenn man abends bei stilvoller Beleuchtung im Restaurant sitzt, ein erlesenes Diner gewählt hat und voller Vorfreude die verlockenden Düfte an sich vorbeiziehen läßt, weiß man: Dies ist ein Ort, an den man immer wieder gern zurückkehrt, am liebsten mit guten Freunden.

Wer im Le Moulin du Roc zu Gast ist, wähnt sich in einem Märchen.

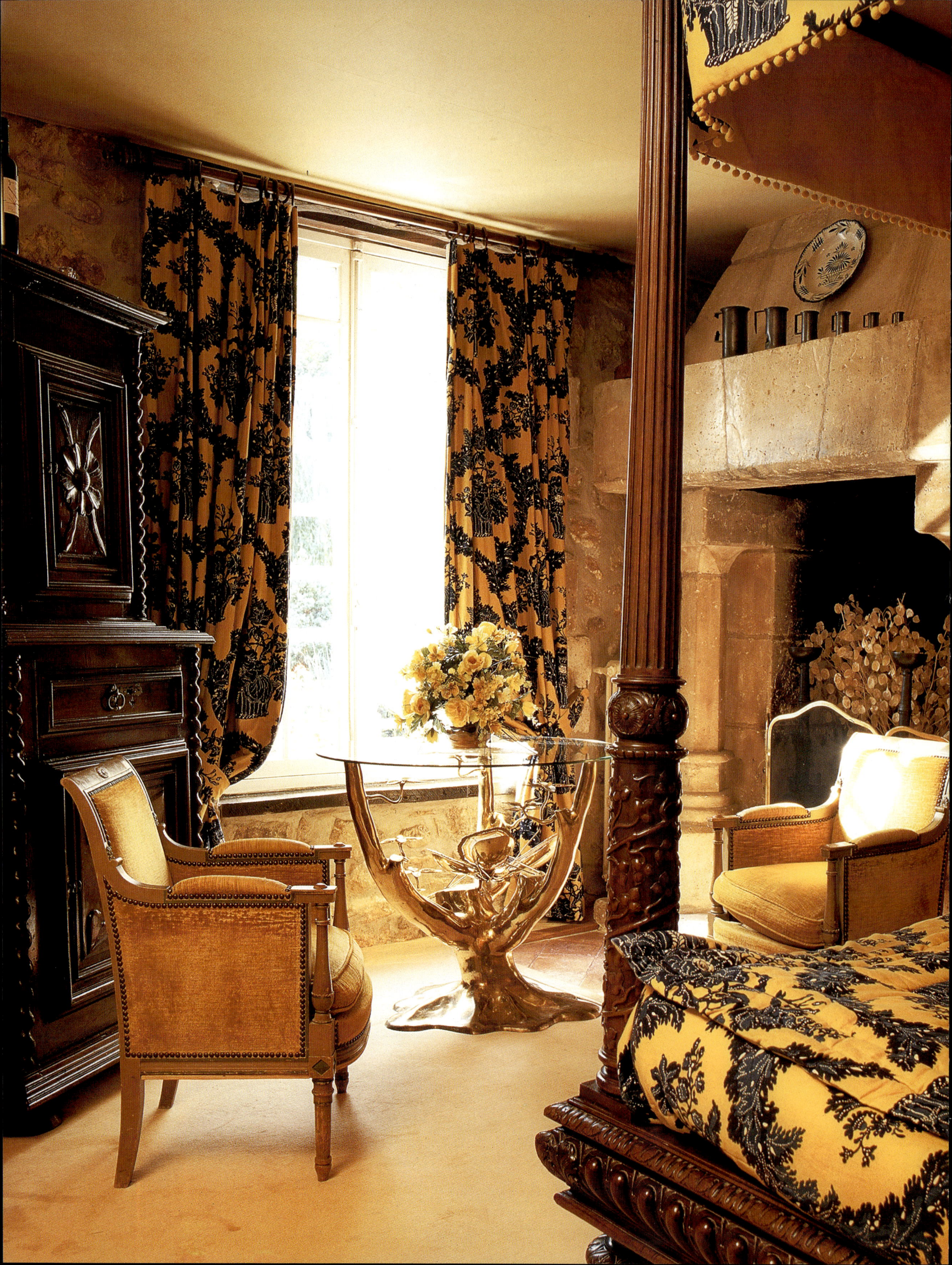

37

Château Cordeillan-Bages

Bisweilen hat man das Gefühl, ein Fleckchen Erde gefunden zu haben, das wie ein Paradies anmutet. Solch ein Ort ist das idyllische Städtchen Pauillac im Médoc mit seiner herrlichen Umgebung aus Weinbergen und südlicher Landschaft.

Gleich am Ortseingang befindet sich das Château Cordeillan-Bages aus dem 17. Jahrhundert. Das weißgraue rechteckige Gebäude, dessen Eingang von Zwillingstürmchen flankiert wird, hatte im Laufe der Zeit eine Vielzahl von Besitzern, die es zum Teil verwahrlosen ließen. Doch 1985 erstand das Schloß dank des Engagements der Familie Cazes in neuer Pracht – inklusive zwei Hektar Weinbergen! Als Viersterne-hotel gehört es zur Kette der renommierten Relais & Châteaux, und seine Küche wurde mit einem Michelinstern ausgezeichnet.

Im Innern spiegeln Grün- und Terrakottatöne die Farben der herrlichen Umgebung wider. Natürliches und künstliches Licht sind so raffiniert eingesetzt, daß das klassische Interieur wunderschön zur Geltung kommt. Die 25 Zimmer sind stilvoll, ruhig

und mit allem erdenklichen Komfort ausgestattet. Vom Speisesaal aus hat man einen herrlichen Blick auf den gepflegten Garten. Nach einem Frühstück in solch angenehmer Umgebung muß der Tag einfach gelingen! Wer nicht sofort die Gegend erkunden möchte, kann sich in einem vom Hotel organisierten Kursus ("L'École du Bordeaux") fünf Tage oder auch nur ein Wochenende lang alles Wissenswerte über die großen Weine der Gegend aneignen. Alle wichtigen theoretischen Aspekte werden angesprochen, und natürlich kommt auch die Praxis nicht zu kurz: Weinproben gehören dazu, ebenso Exkursionen zu einigen der zahlreichen Weingüter in der Umgebung. Das Château Cordeillan-Bages liegt schließlich an der berühmten "Route des Châteaux", und von den insgesamt sechzig Anbaugebieten der "Crus du Médoc classés" befinden sich 34 in weniger als zehn Kilometern Entfernung.

Aber auch anderen Freizeitaktivitäten kann man nachgehen. Ein Schwimmbad und eine Tennisanlage findet man kaum drei Minuten vom Hotel, und nur eine halbe Fahrstunde entfernt dehnen sich die Strände des Atlantik aus. Ebensoweit ist es zu dem Golfgelände, auf dem der "Marathon des Châteaux du Médoc" ausgetragen wird.

Am Abend lockt dann das stimmungsvolle Restaurant mit erlesenen regionalen Köstlichkeiten, die man bei schönem Wetter auch im Freien unter den Platanen genießen kann. Die Weinkarte hat wahrhaft Bibelformat; wer die aufwendige Lektüre scheut, kann sich vom *chef de cuisine*, Thierry Marx, und seinem Team fachkundig beraten lassen.

Bevor ich mich's versehe, ist der Abend weit fortgeschritten, und weitab von den Mühen des Alltags erwartet mich nur noch ein erquickender Schlaf.

41

Château de Mercuès

Nach etwa hundert Kilometern Fahrt an Toulouse und Cahors vorbei, taucht urplötzlich auf einer Felswand das majestätische Château de Mercuès vor mir auf. Die ehemalige Residenz der Bischöfe des Quercy hat nicht nur die Wechselfälle der Zeit, sondern auch eine ganze Reihe von Besitzern überdauert. Der vom Fluß aufsteigende Morgennebel erreicht kaum die Wehrgänge, und bei klarem Wetter hat man von der Burg aus eine phantastische Sicht bis zu den Berggipfeln der Pyrenäen. Charles de Gaulle hatte zweifellos recht, als er am 26. Mai 1951 bemerkte: "Im Château de Mercuès wird Geschichte lebendig!"

Daß das historische Bauwerk heute zur Kette der renommierten Relais & Châteaux gehört, ist dem engagierten Einsatz zweier Männer zu verdanken: Georges Héreil und Georges Vigouroux, der in Cahors und Umgebung als der Weinexperte schlechthin gilt. Ersterer initiierte und leitete die umfangreichen Restaurierungsarbeiten, und seit zehn Jahren führt letzterer sein Werk fort. Georges Vigouroux ließ außerdem unter der Burgterrasse einen beeindruckenden Weinkeller anlegen, der wie ein byzantinischer Kirchenbau anmutet.

Die komfortablen 22 Zimmer und acht Suiten haben prachtvolle Bäder und sind mit antikem Mobiliar individuell ausgestattet. Da gibt es zum Beispiel das Bischofzimmer ("Chambre de l'Evêque"), in dem übrigens Charles de Gaulle logiert hat, mit einem imposanten Bett aus vergoldetem Holz und einer in den Boden eingelassenen Sonnenuhr aus Bronze. Wunderschön ist auch die "Chambre La Tour", die nach oben den Blick auf das herrliche Balkenwerk des Daches freigibt. Zur "Chambre la Tourelle" führt ein kleiner Privatweg, die "Chambre la Tour de Guet" erreicht man über eine Wendeltreppe, und die Terrasse der "Chambre l'Échauguette" befindet sich in schwindelerregender Höhe direkt über dem Fluß Lot.

Entspannen kann man im Park und in den hängenden Gärten, das 25 m lange Schwimmbad im Freien und die Tennisplätze animieren zu sportlichen Aktivitäten.

Die Speisekarte des Restaurants bietet Fisch aus dem Mittelmeer, regionale Köstlichkeiten wie Gänseleber oder Trüffeln aus Lalbenque, um nur einige der kulinarischen Höhepunkte zu nennen, die zusammen mit dem gepflegten Ambiente den Aufenthalt in diesem Hotel zu einem unvergeßlichen Erlebnis machen.

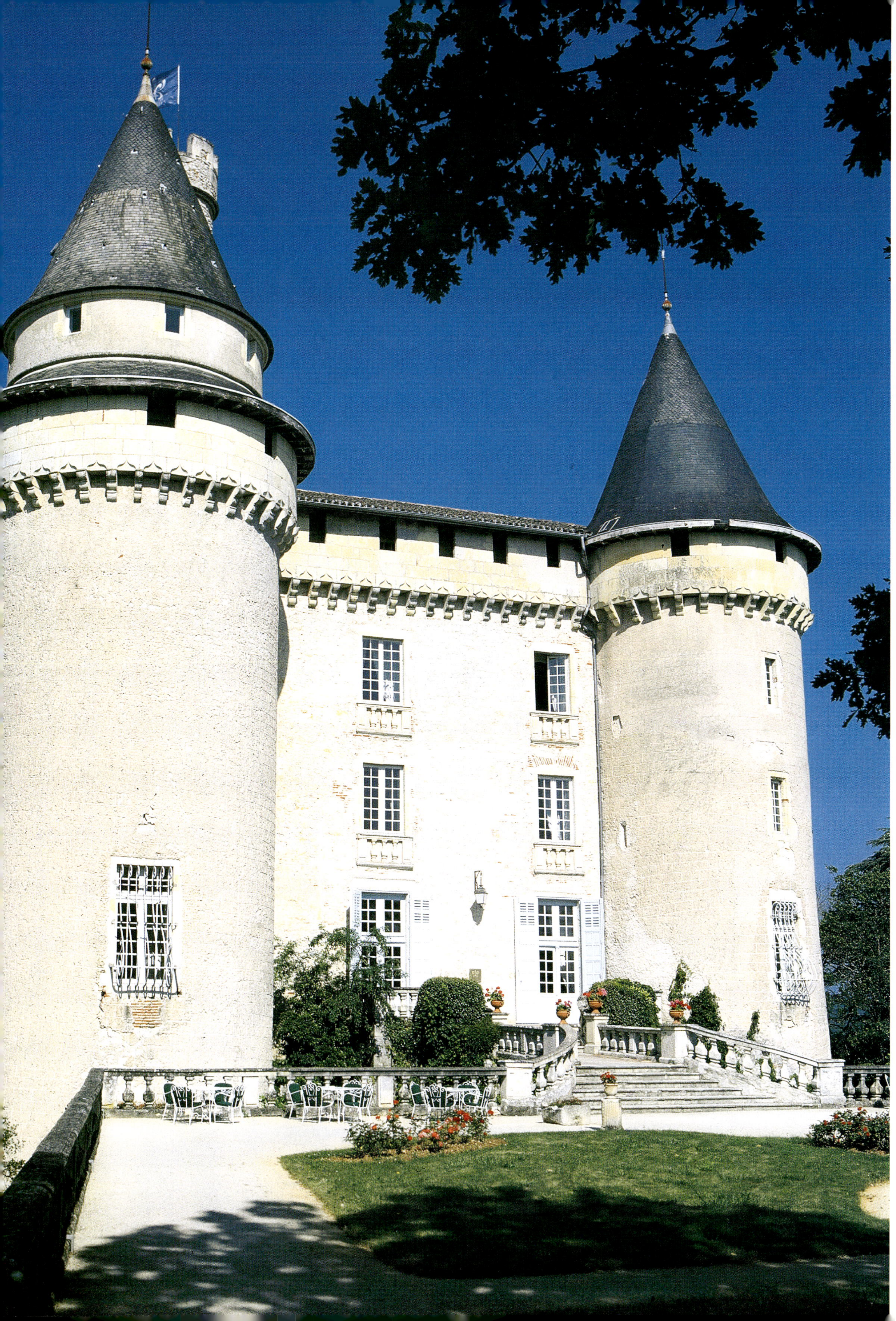

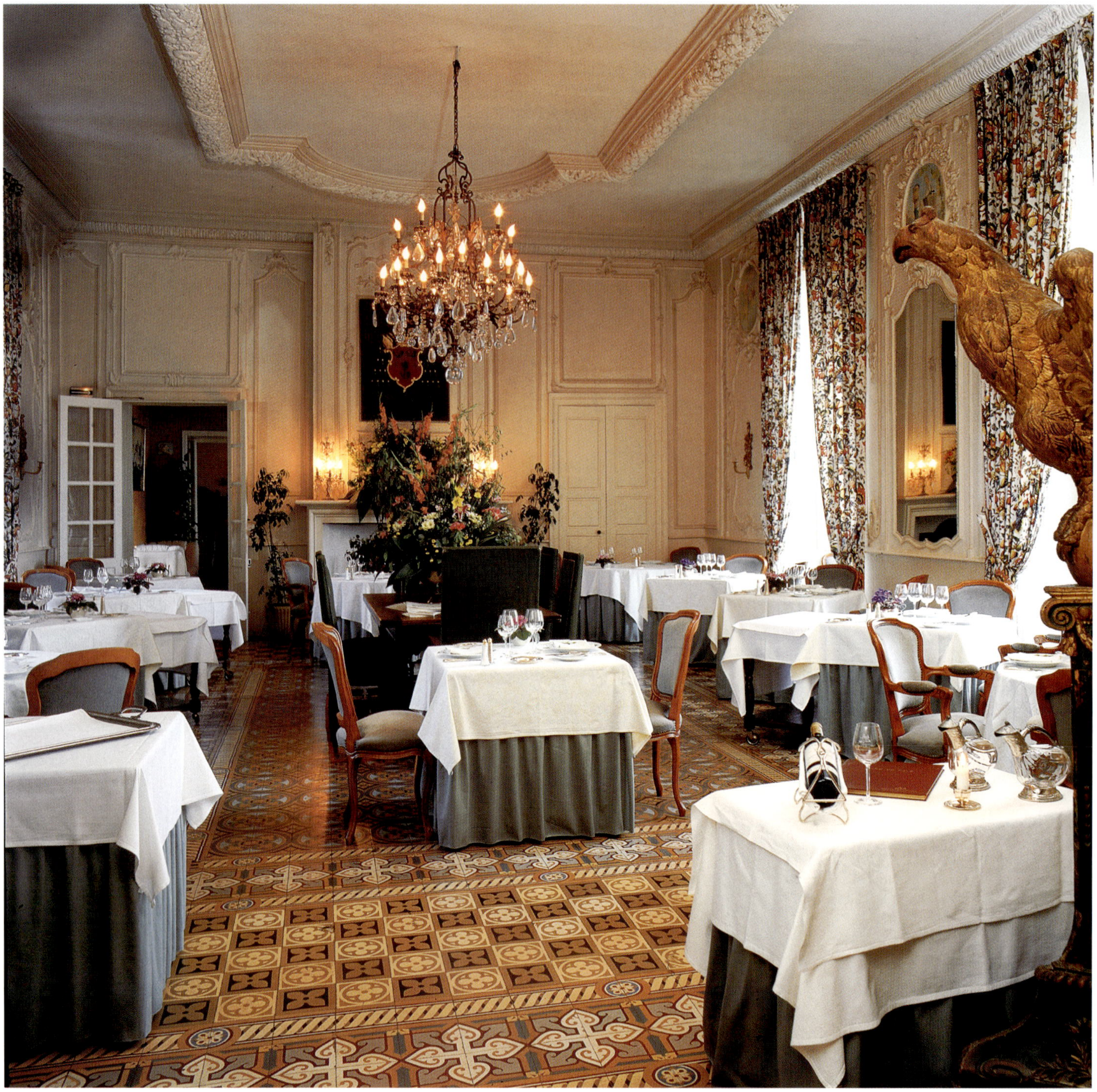

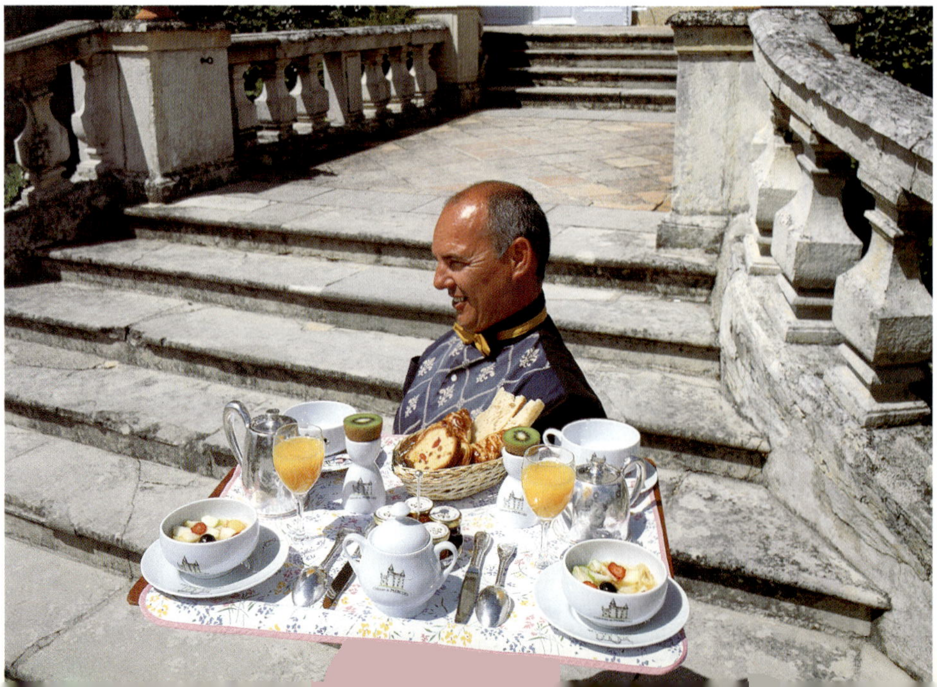

Links: Das Château de Mercuès beeindruckt mit einem sakral anmutenden Weinkeller.

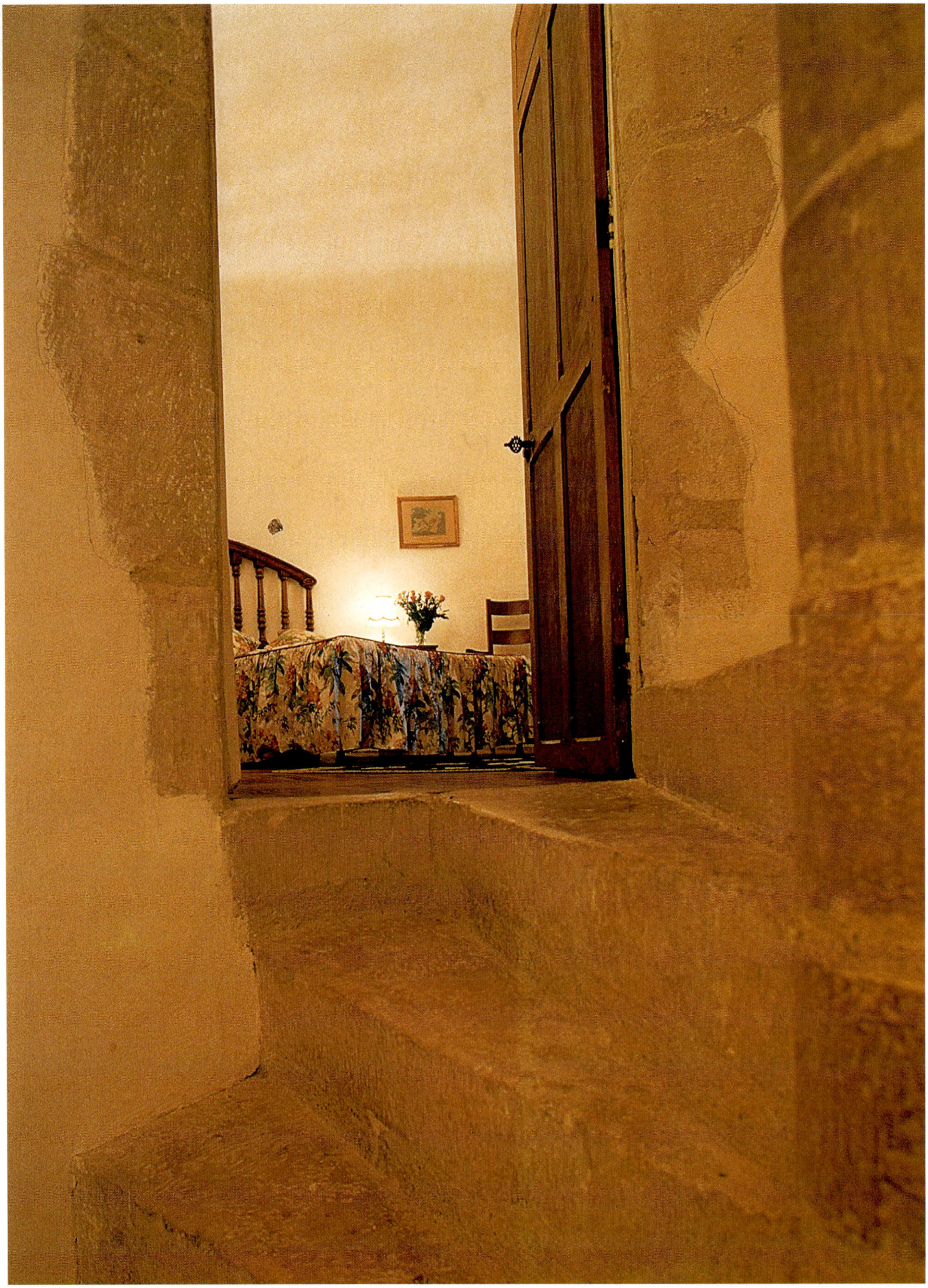

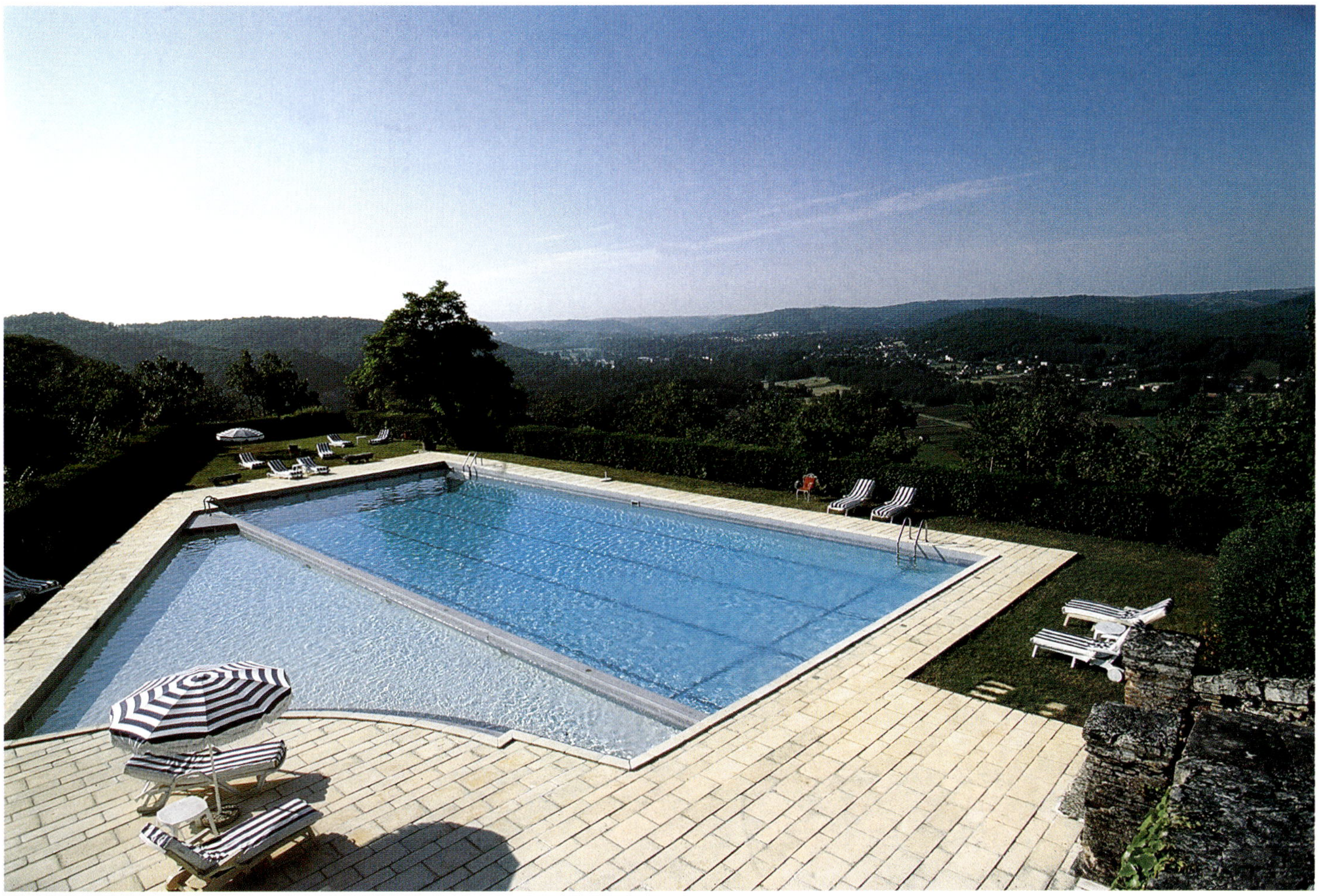

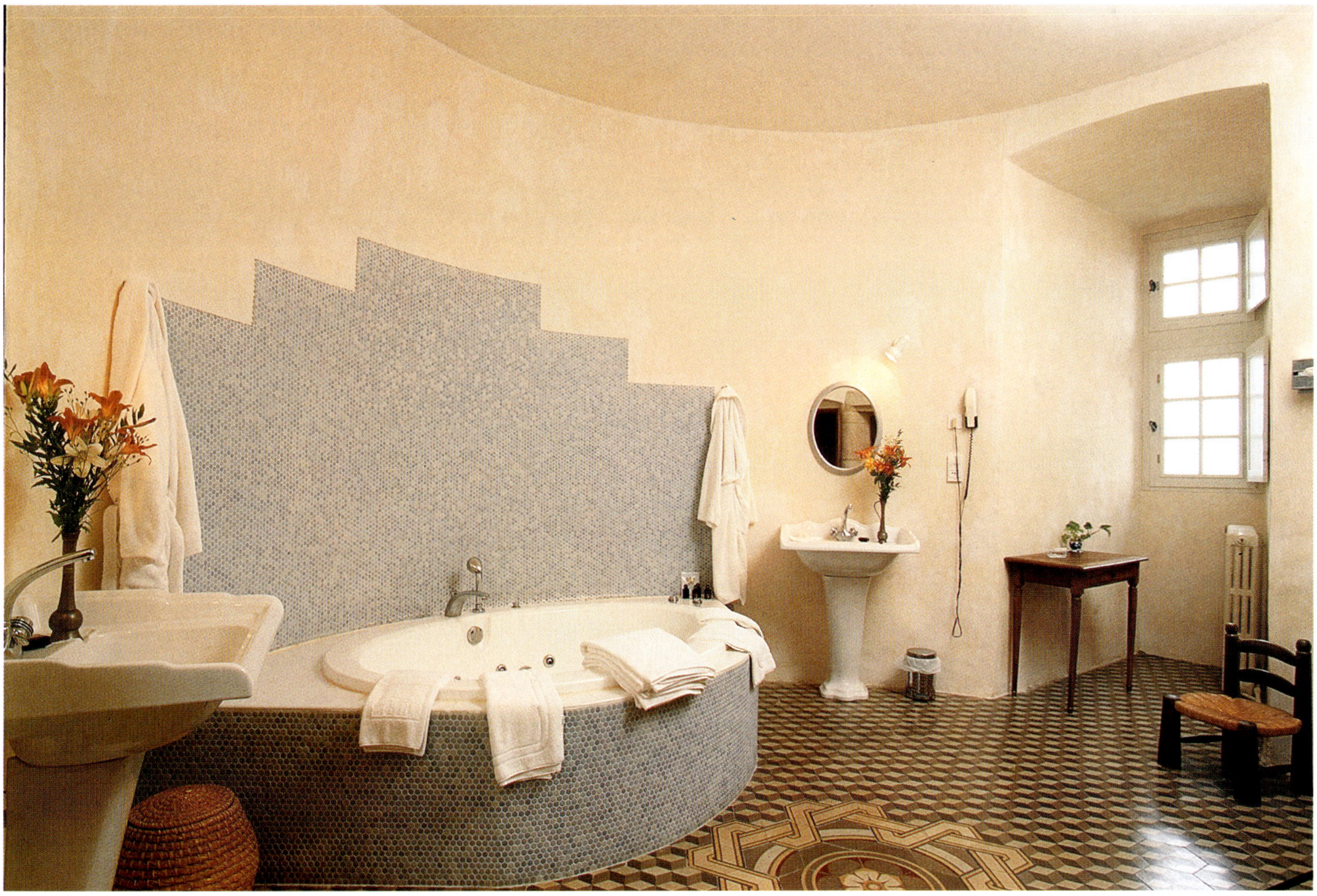

Saint-James

Von dem auf einem Hügel über der Garonne gelegenen Hotel sieht man in der Ferne Bordeaux und die Waldgebiete der Landes. Ursprünglich stand hier ein einfaches Winzerhaus aus dem 17. Jahrhundert. An seiner Stelle findet der Gast heute ein ungewöhnliches Ensemble vor, das Jean-Marie Amat gemeinsam mit dem Architekten Jean Nouvel vom Arabischen Institut in Paris geschaffen hat. Die beiden kreativen Geister teilen nicht nur eine ausgeprägte Vorliebe für exquisites Essen und erlesene Weine, sie sind mittlerweile auch gute Freunde und können mit Stolz ihr Werk betrachten, das sich harmonisch in die Landschaft fügt.

Das Hotel besteht aus vier aneinandergereihten Gebäuden, die durch eine Außengalerie verbunden sind. Vom Garten aus führen anthrazitfarbene Treppen zu den achtzehn Zimmern mit einer Grundfläche zwischen 34 und 65 m² und herrlicher Aussicht. Ausstattung und Einrichtung sind in ihrer Schlichtheit eine Wohltat fürs Auge: Weiß ist die vorherrschende Farbe – Zen in Reinkultur!

Jean-Marie Amats Reich ist seine Küche: Wie das Hotel zeichnet sich auch seine Kochkunst durch überaus kreativ komponierte einfache Elemente aus. Ein Menü, das er zusammengestellt hat, gleicht denn auch einer Entdeckungsreise, wobei Erfahrungen einfließen, die er auf seinen Reisen durch Italien, China und die USA gesammelt hat. Sein besonderer Stolz ist das raffiniert ins Restaurant integrierte Weinregal mit edlen Tropfen aus der Gegend um Bordeaux, die er zu seinen japanisch und chinesisch inspirierten Eigenkreationen kredenzt.

Jean-Marie Amats jüngste Raumschöpfung ist "Le Bistroy" – ein Ort, an dem man mit Freunden das Leben genießt. Die minimalistische Ausstattung wirkt spanisch beeinflußt und schafft eine Atmosphäre, die Geist und Körper wohltut. An der Decke hängen Schinken aus Serrano und luftgetrocknete Würste. Eine ganze Wand voller Fotografien von Georges Fessy verleiht "Le Bistroy" eine besondere Note.

Auch das "Café de l'Espérance" trägt unverkennbar den Stempel des Meisters. Innen bestimmt helles Holz das Bild, und davor laden weiße runde Tischchen in einer Gartenlaube zum Verweilen ein. Hier werden hauptsächlich kleine Gerichte wie Suppen und Vorspeisen serviert.

Jean-Marie Amat entführt den Hotelgast wie den Restaurantbesucher in eine faszinierende Welt außergewöhnlicher Genüsse.

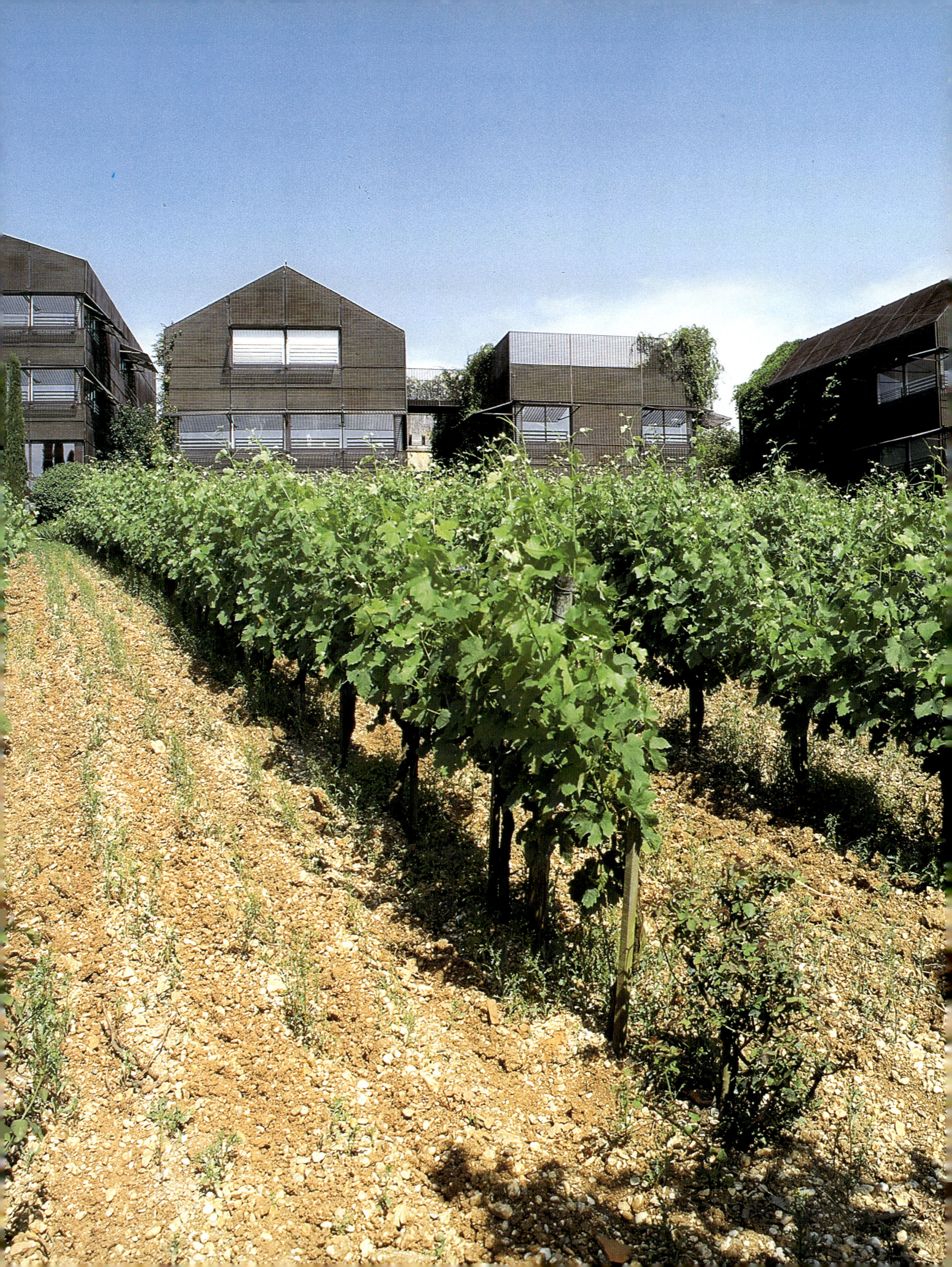

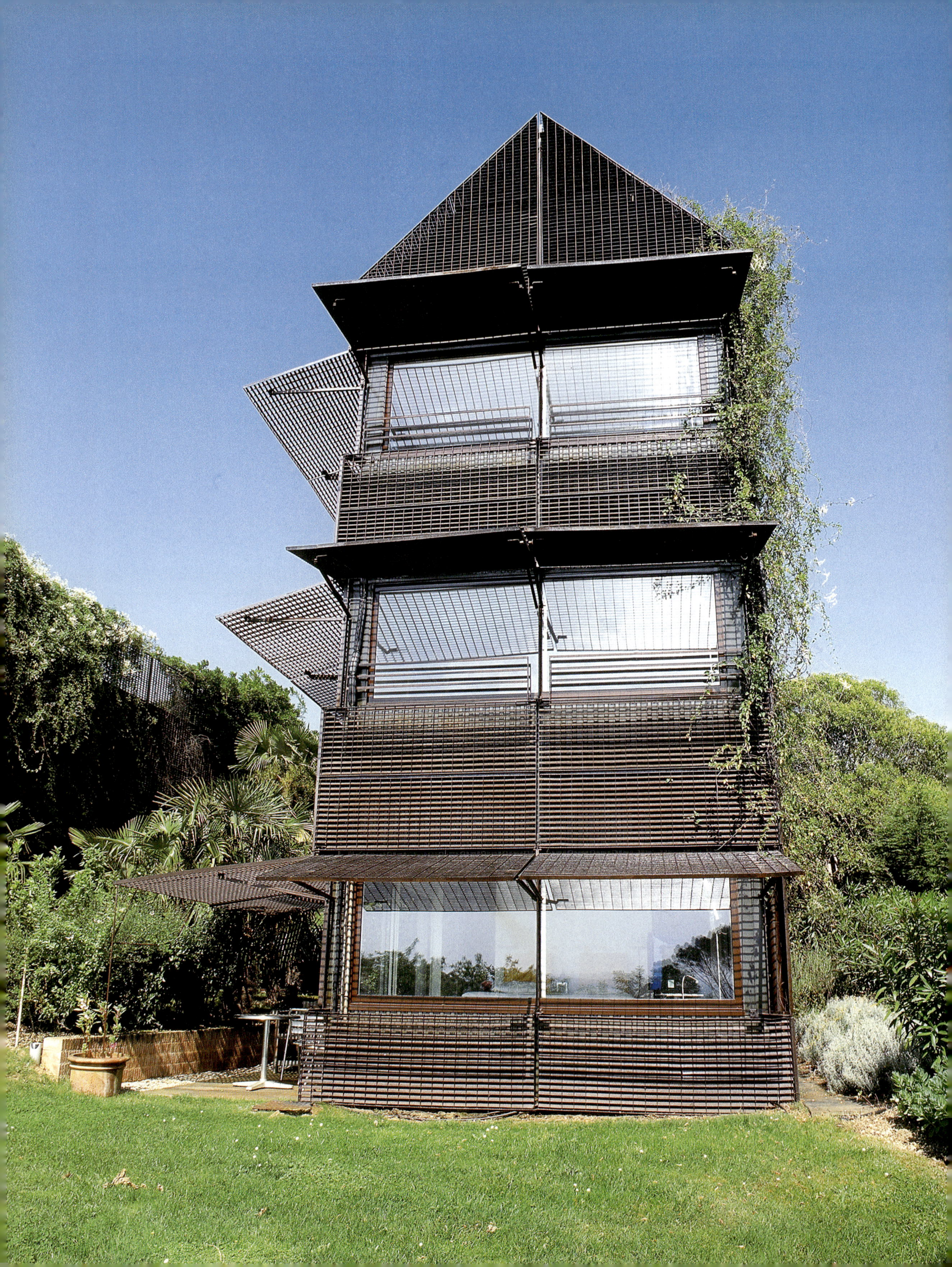

Auf einem Hügel mit unvergleichlicher Aussicht auf Bordeaux offenbart sich dem Gast die Wunderwelt Jean-Marie Amats.

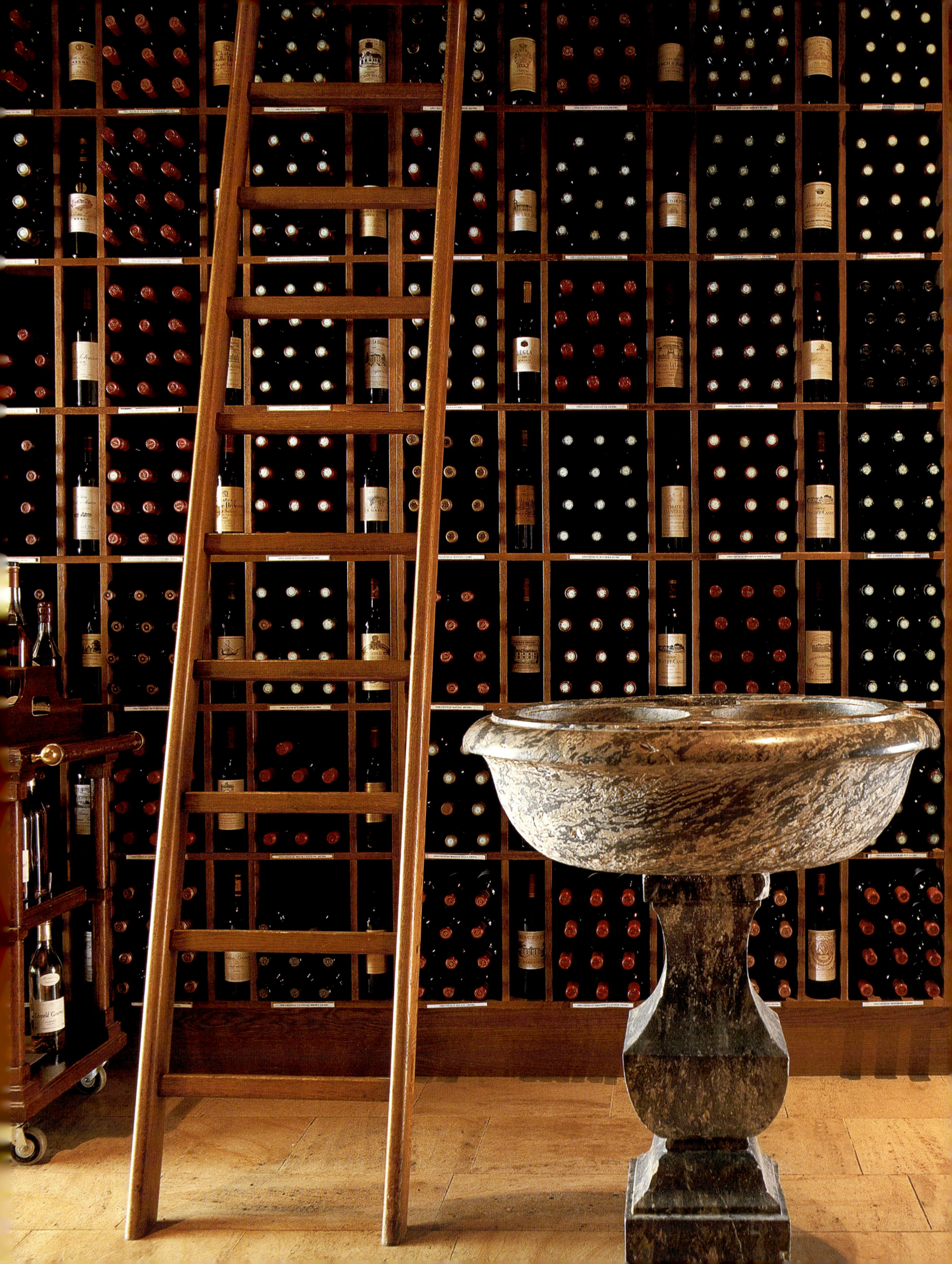

53

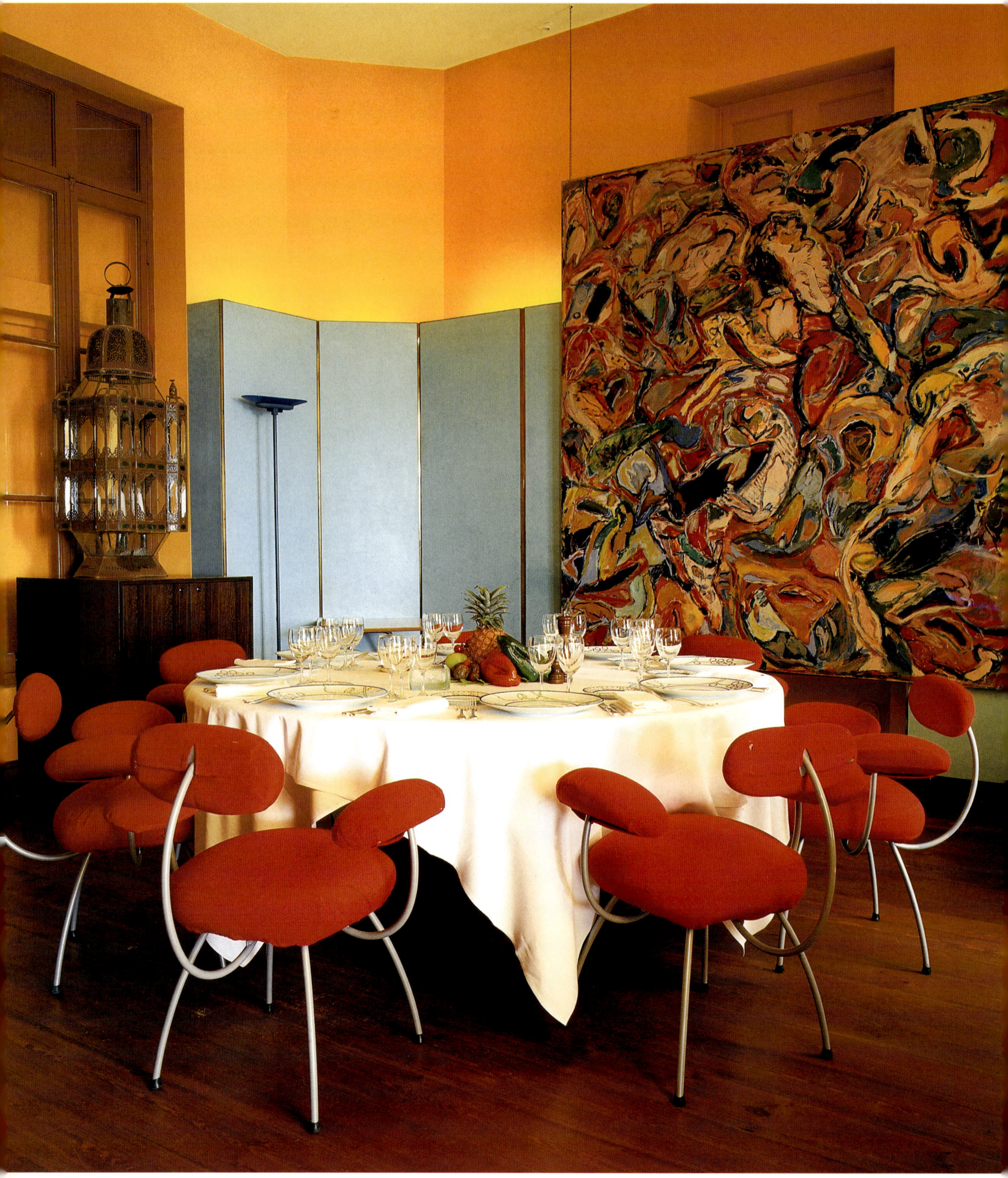

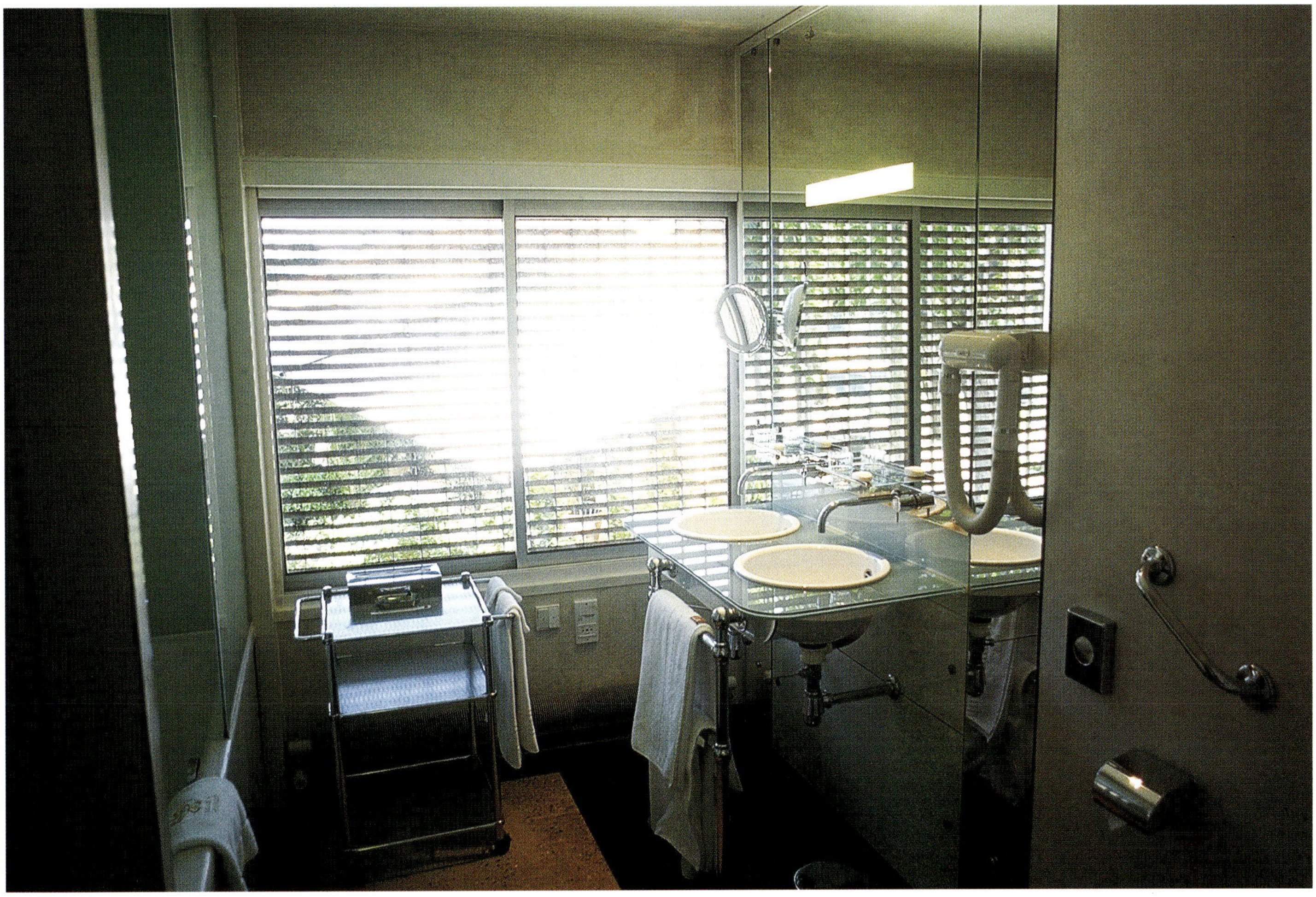

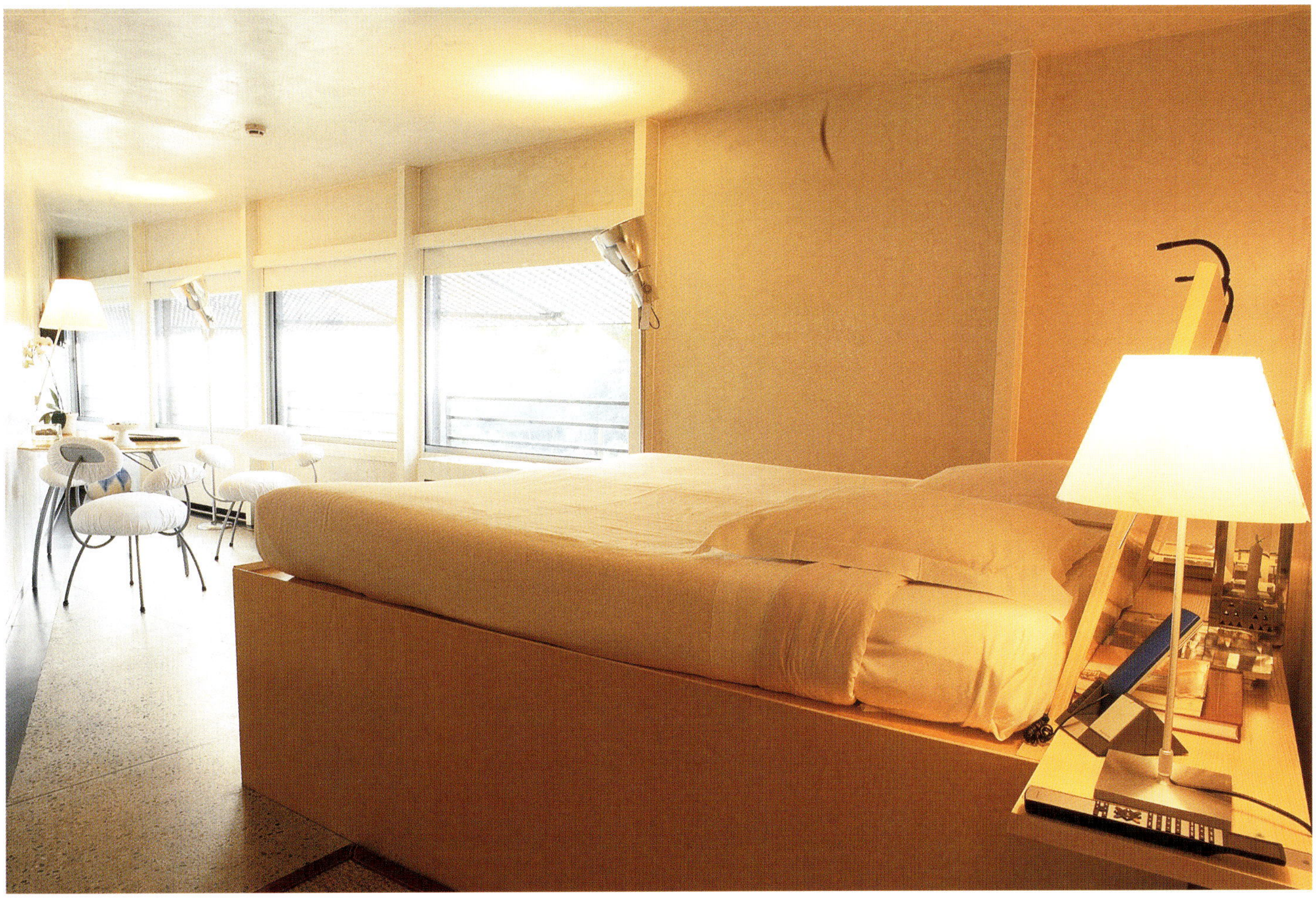

Le Domaine d'Auriac

Zwischen Mittelmeer, Montagne Noir, dem Corbières-Gebiet und nur einen Katzensprung von der mittelalterlichen Stadt Carcassonne entfernt liegt inmitten eines dreihundert Jahre alten Parks das Hotel Le Domaine d'Auriac. Nach einer anstrengenden Fahrt sind die friedvolle Umgebung und die Kühle des Gartens eine wahre Wohltat. Eindrucksvoll präsentiert sich die wunderschön restaurierte Fassade des Anwesens, das auf den Grundmauern einer karolingischen Abtei errichtet wurde. Der herzliche Empfang an der Rezeption bestärkt mich in der Überzeugung, daß ich hier alles finden werde, wonach mir der Sinn steht: Entspannung, gutes Essen, kulturelle Eindrücke und eine Fülle von Freizeitaktivitäten.

26 komfortable Zimmer sind auf das Hauptgebäude und die angrenzenden *maisons* mit Namen Boulanger, Meunier und l'Écuyer verteilt. Nach einem Rundgang durch das Hotel zeigen mir Anne-Marie und Bernard Rigaudis mein Zimmer mit herrlicher Aussicht auf den Garten. Zum Schwimmbad, das in den letzten Sonnenstrahlen des Tages einladend glitzert, sind es nur ein paar Meter, und nicht weit davon entfernt befindet sich das Restaurant.

Später genieße ich dort bei weit geöffneten Terrassentüren den Ausblick auf das Golfgelände und lasse mich mit Eigenkreationen und regionalen Spezialitäten aus der Küche Bernard Rigaudis' verwöhnen.

Auf Empfehlung von Anne-Marie Rigaudis besuche ich noch am Abend die stimmungsvoll beleuchtete Altstadt von Carcassonne, die nicht umsonst in das Weltkulturerbe der UNESCO aufgenommen wurde. Die reizvolle Umgebung zu erkunden, ist unbedingt empfehlenswert. Ich entscheide

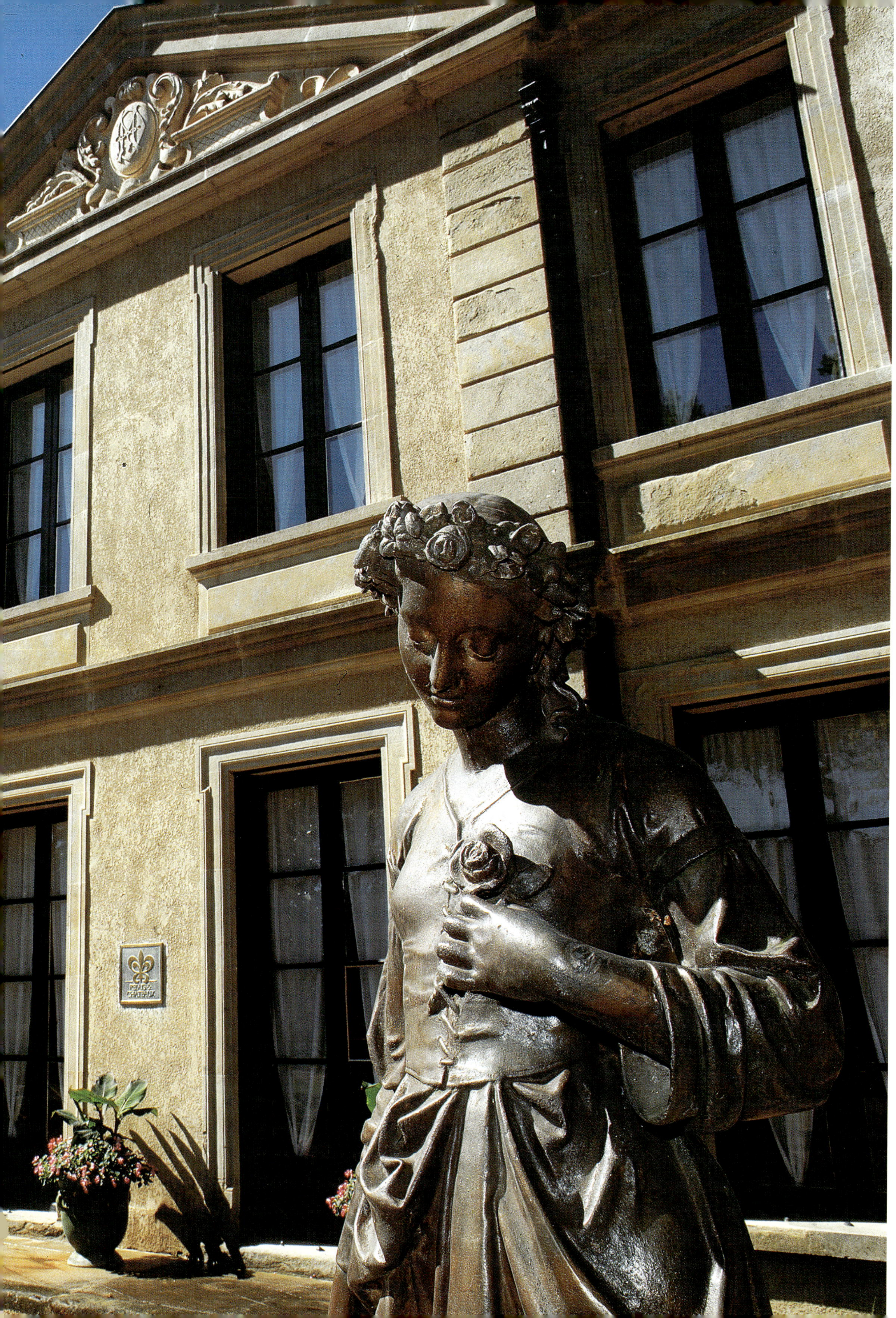

mich für eine kleine Wanderung durch die Corbières. Ein schmaler Pfad führt von Fontiès zu den Ruinen der mächtigen Festungen Queyribus und Peyrepertuse, die von einer bewegten Vergangenheit zeugen. Auf dem Rückweg über Saint-Hilaire beein-

drucken die Überreste des Château d'Auriac auf dem alten Lehnsgut des Grafen, nach dem auch das Hotel benannt ist.
Gästen, die lieber im Hotel bleiben möchten, wird ebenfalls vielerlei geboten: Wer gern eine Partie Billard spielt, wird den Billardraum mit seinem faszinierenden

Deckengwölbe im Keller zu schätzen wissen, und Golfspieler kommen ebenfalls auf ihre Kosten: Vier Stunden sollte man für den gepflegten Parcours einplanen.
Nach dem Tennisspiel auf dem hoteleigenen Platz lockt das Restaurant. Man kann sich aber auch am Rand des Schwimmbeckens im Schatten der Pinien ein kleines Gericht servieren lassen. Ich entscheide mich für einen salade d'éte et d'un melon glacé aux fruits de saison, lausche dem Gesang der Vögel und dem Zirpen der Grillen und fühle mich wunschlos glücklich.

Le Couvent des Herbes, Les Prés d'Eugénie und La Ferme Thermale d'Eugénie

Wenn man zwischen Toulouse und Bordeaux in Richtung Mont-le-Marsan und Grenade-sur-l'Adour fährt, erreicht man das reizvolle Städtchen Eugénie-les-Bains, wo Michel und Christine Guérard eine ganz zauberhafte eigene Welt geschaffen haben.
Aus frischen, unbehandelten Zutaten kreiert Michel schmackhafte, gesunde und kalorienarme Gerichte – ideal für die schlanke Linie. Und Christine zeichnet als Innenarchitektin für das stimmungsvolle, heitere Ambiente des Hotels Le Couvent des Herbes, des Gästehauses La Maison Rose, des Gasthofs La Ferme aux Grives und auch der Kureinrichtung La Ferme Thermale d'Eugénie verantwortlich.
Das im 18. Jahrhundert erbaute Kloster Le Couvent des Herbes wurde während der Französischen Revolution schwer beschädigt. Napoleon III. ermöglichte seinen Fortbestand und benannte die Kapelle nach seiner Frau, der schönen Kaiserin Eugénie. In der Folgezeit wurden hier junge Mädchen von den Schwestern von Bethanien unterrichtet. 1968 schließlich erwarb Christine Guérards Vater das Kloster und ließ es innerhalb von drei Jahren zum Hotel umbauen.
Die acht nach Titeln von Kinderliedern benannten Zimmer sind alle unterschiedlich eingerichtet, dennoch fügt sich ein jedes harmonisch ins Gesamtbild. Bei der Gestaltung gaben Christines Lieblingsfarben den Ausschlag. Die Stoffe beeindrucken mit Designs von Pierre Frey; bei den Himmelbetten, den Vorhängen – die ganz klassisch von einer Schleife gehalten werden – und auch bei den antiken Möbeln sind persönliche Vorlieben der Gestalterin eingeflossen.
Der Küchengarten zeugt noch heute von der klösterlichen Vergangenheit des Anwesens, und im ehemaligen Kreuzgang ranken sich Rosen um steinerne Pfeiler. Alles strahlt eine meditative, friedvolle Atmosphäre aus.
Seit über zwanzig Jahren befindet sich auch das weiße, palastähnliche Gebäude Les Prés d'Eugénie im Besitz der Guérards. Hier hat der Gast die Wahl unter 17 Zimmern und 12 Appartements, von denen aus man in den traumhaften Garten unweit der Heilquelle blickt.
Eine Nymphensculptur verweist auf die moderne Kureinrichtung La Ferme Thermale d'Eugénie, die Michel und Christine Guérard in den dreißig Jahren, die sie hier tätig sind, geschaffen haben. In der Empfangshalle des im ländlichen Stil gehaltenen Gebäudes steht die Büste Kaiserin Eugénies, die als eine der schönsten Frauen ihrer Zeit galt. Bei der detailreichen Ausgestaltung der Baderäume finden sich keltische, griechisch-römische und orientalische Anklänge. Holzfeuer, die Kräuteraromen verbreiten, beheizte Marmorverkleidungen, Leinen- und Baumwollstoffe sowie Blumenarrangements prägen die wohltuende Atmosphäre dieses Refugiums.
Michel Guérard selbst hat eine verblüffende Rezeptur für ein Schönheitsbad entwickelt: Quellwasser wird mit Kaolin oder Porzellanpuder versetzt und bekommt dadurch eine cremeartige Konsistenz - eine hautfreundliche und zugleich reinigende Mischung. Dem Bad folgt eine Dusche mit Quellwasser, und danach ruht man auf einer Liege mit weicher Matratze aus Naturmaterialien, meditiert und genießt ein Glas Tee aus Thymian, Zitrone, Eukalyptus und Honig oder einen Kräutercocktail, den die Besucher von La Ferme Thermale d'Eugénie besonders schätzen.

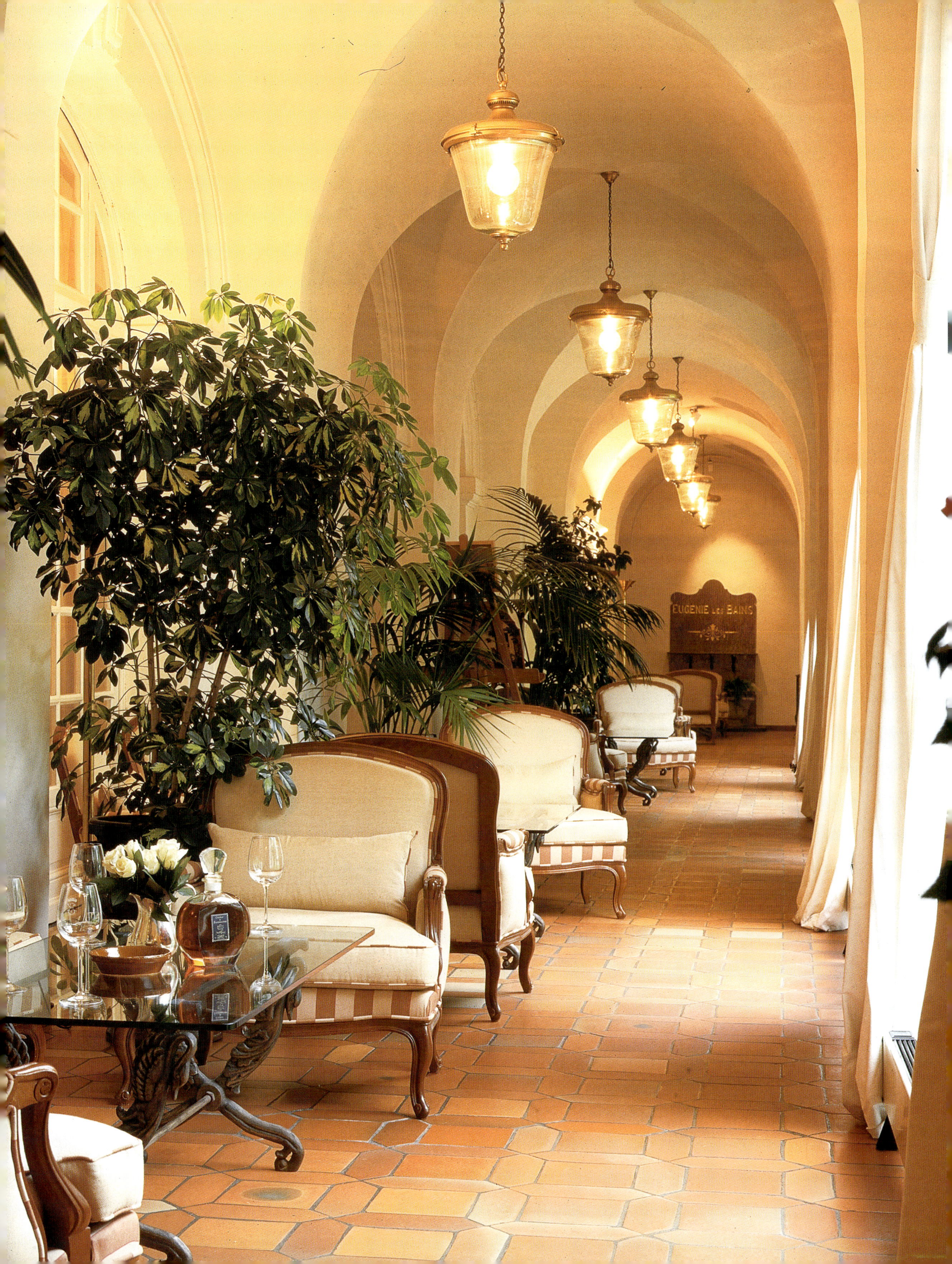
EUGENIE LES BAINS

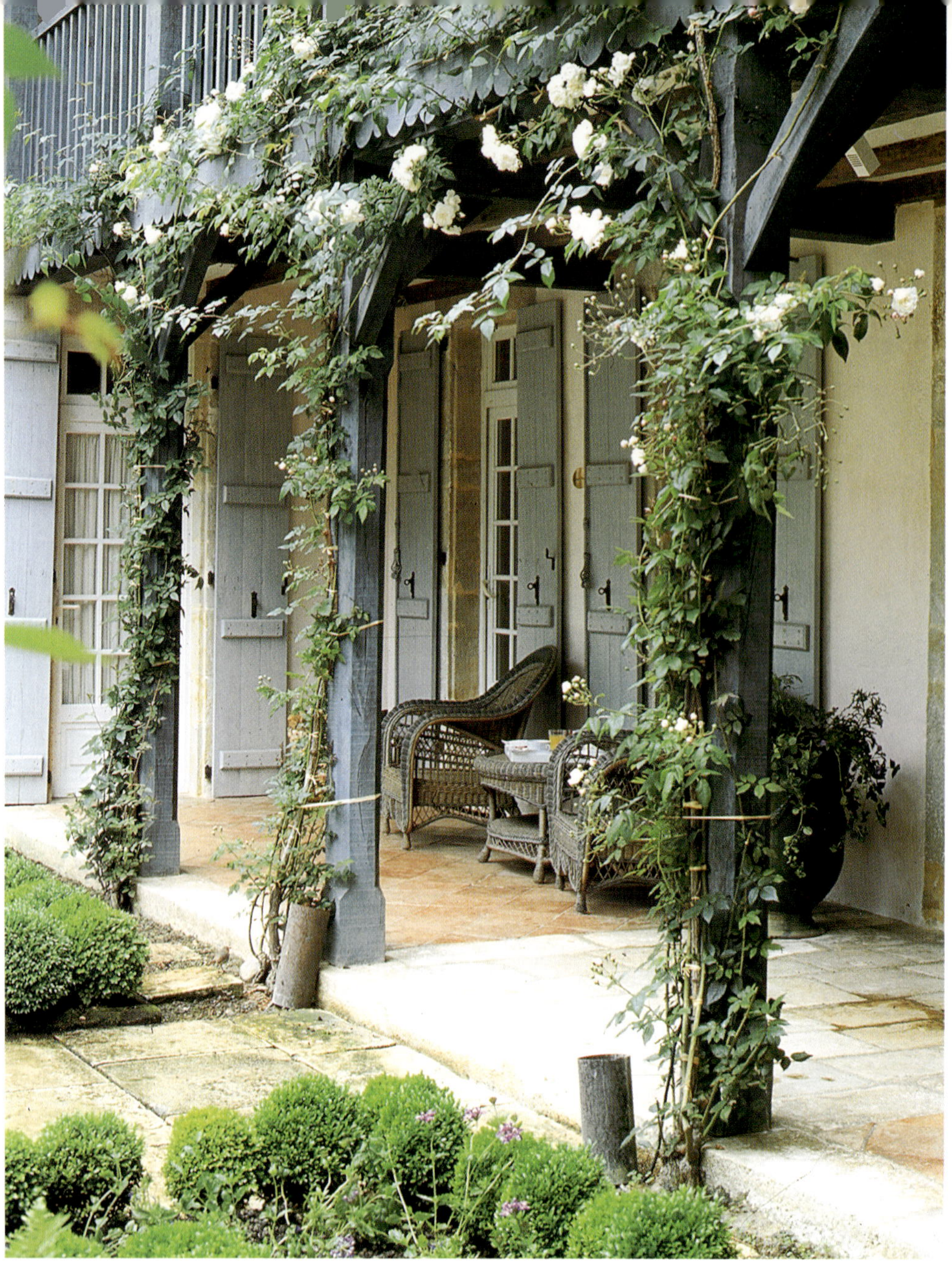
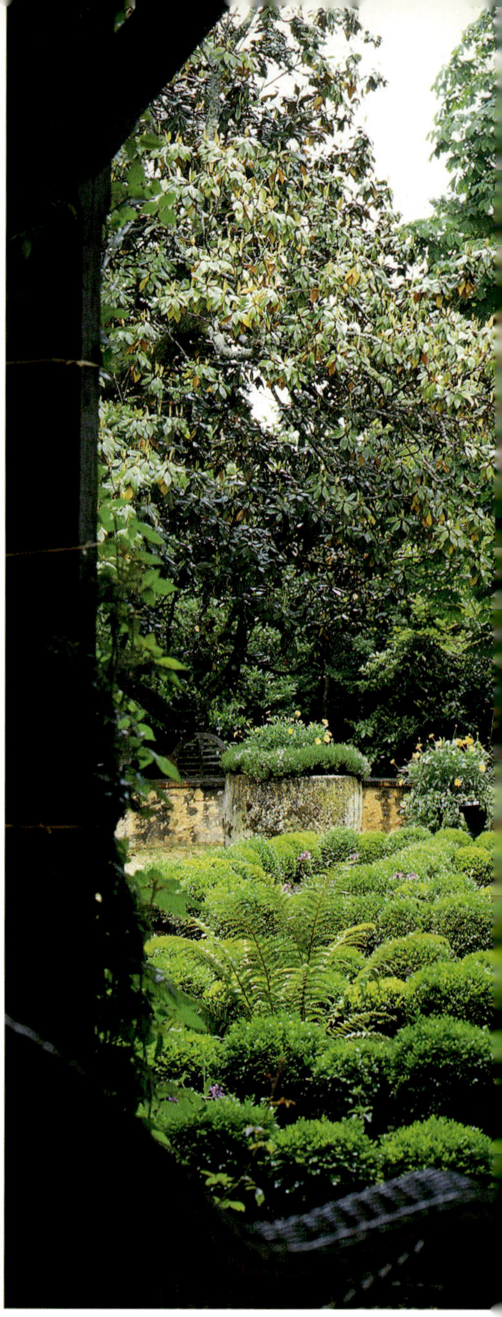
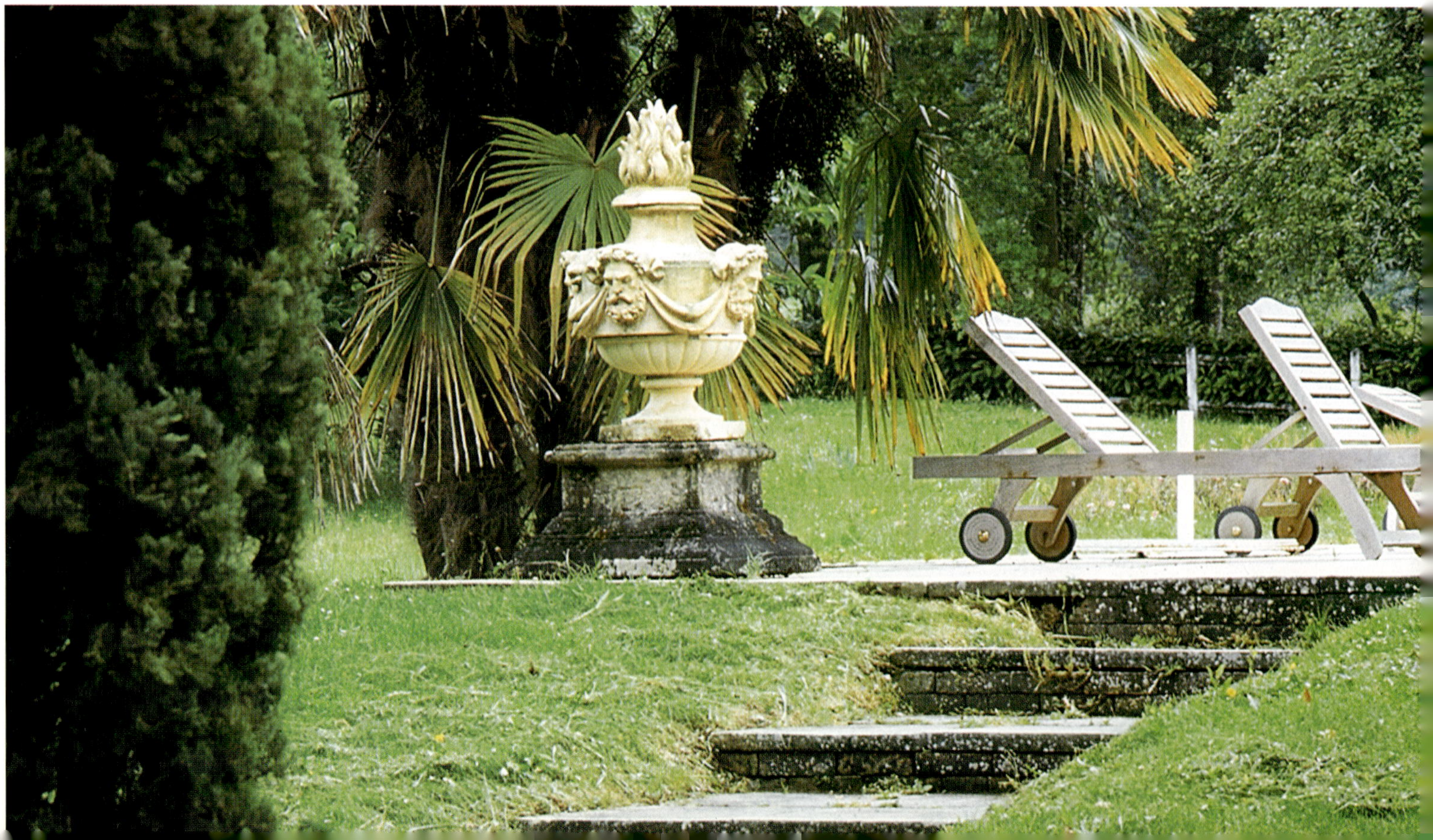

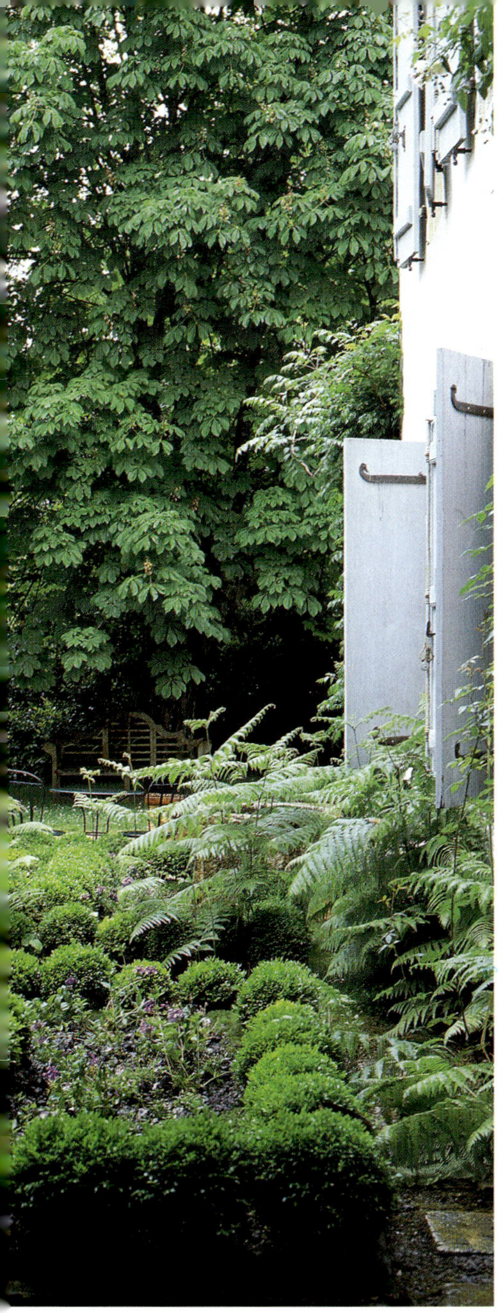

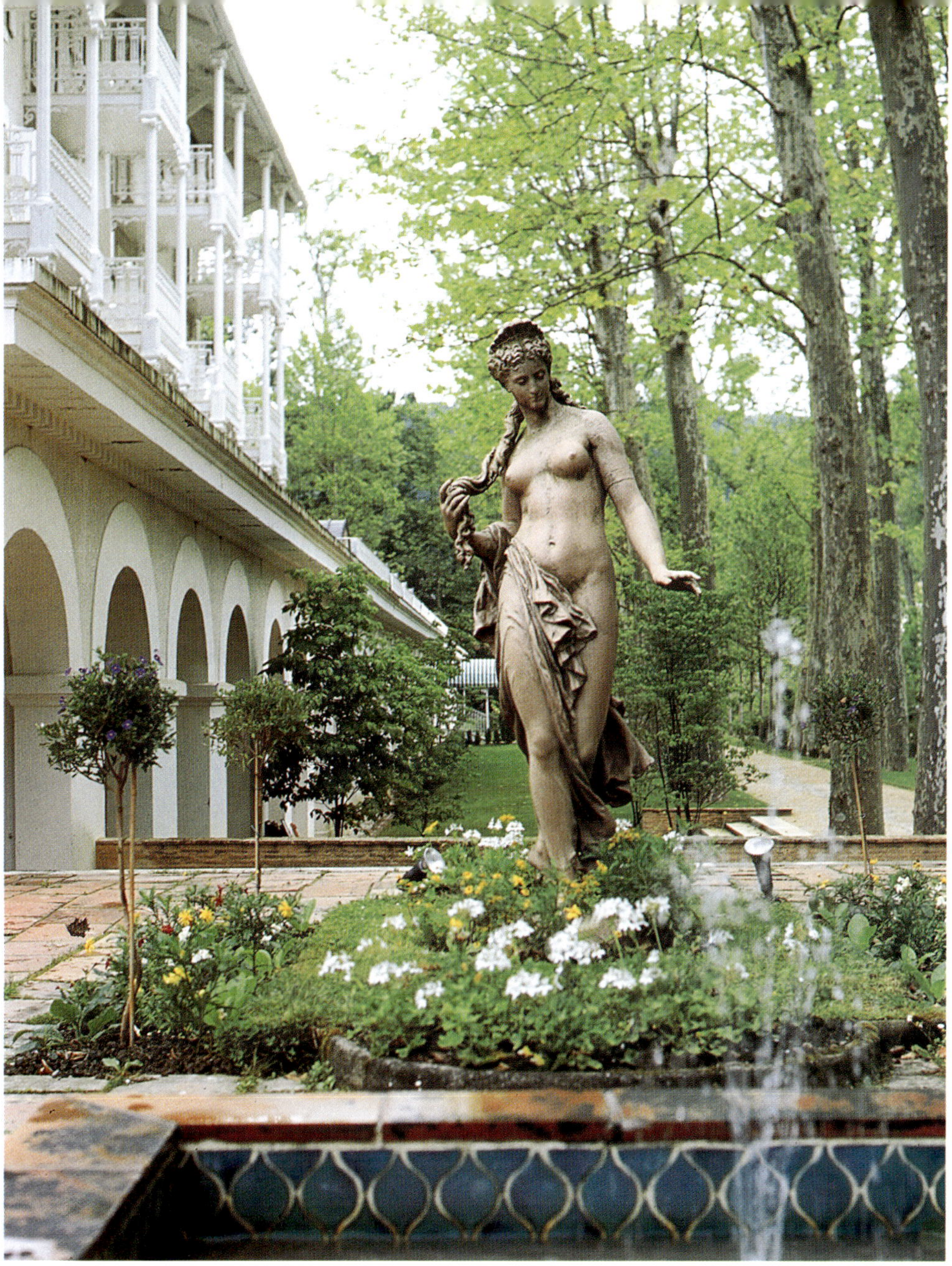

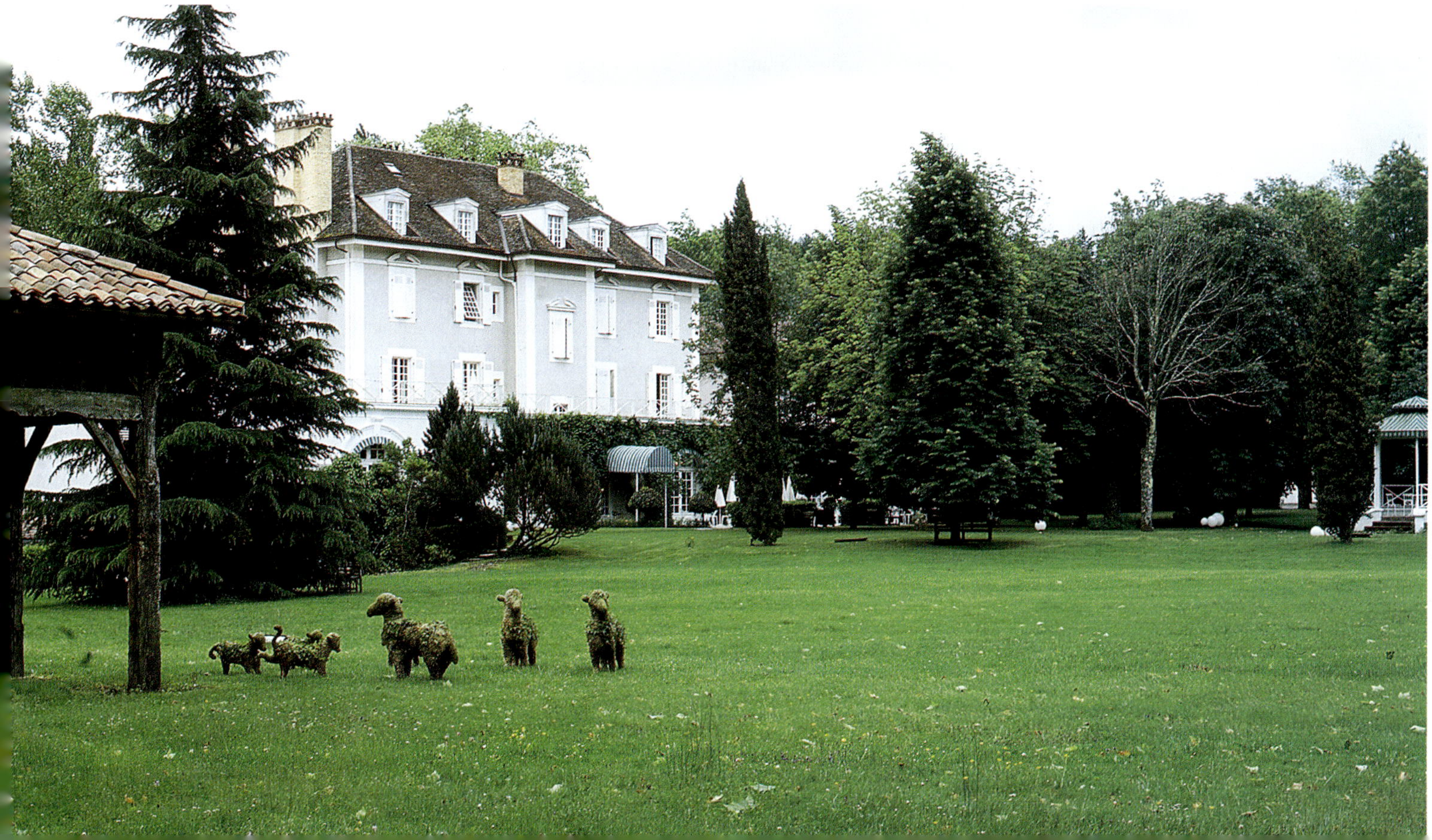

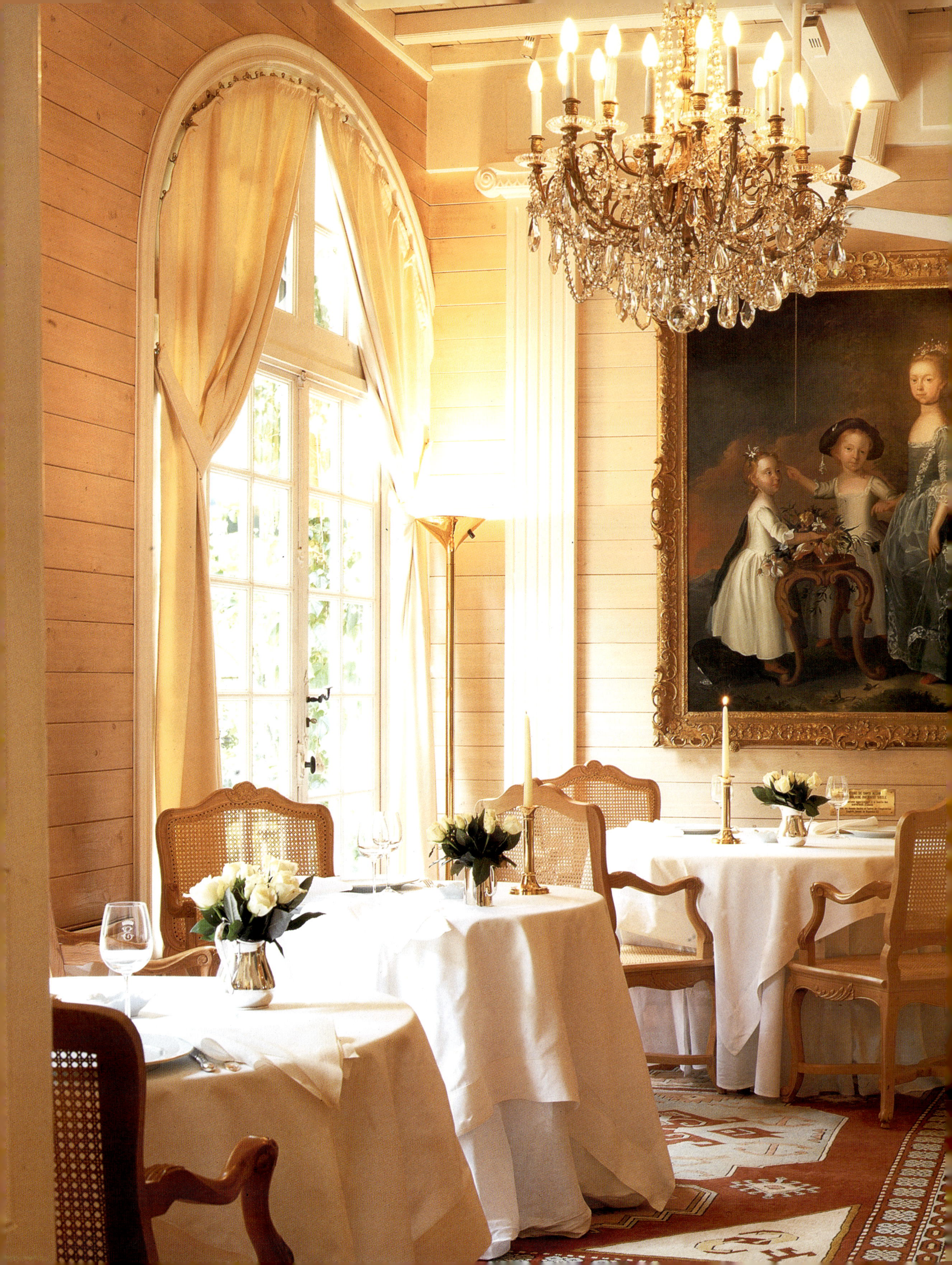

65

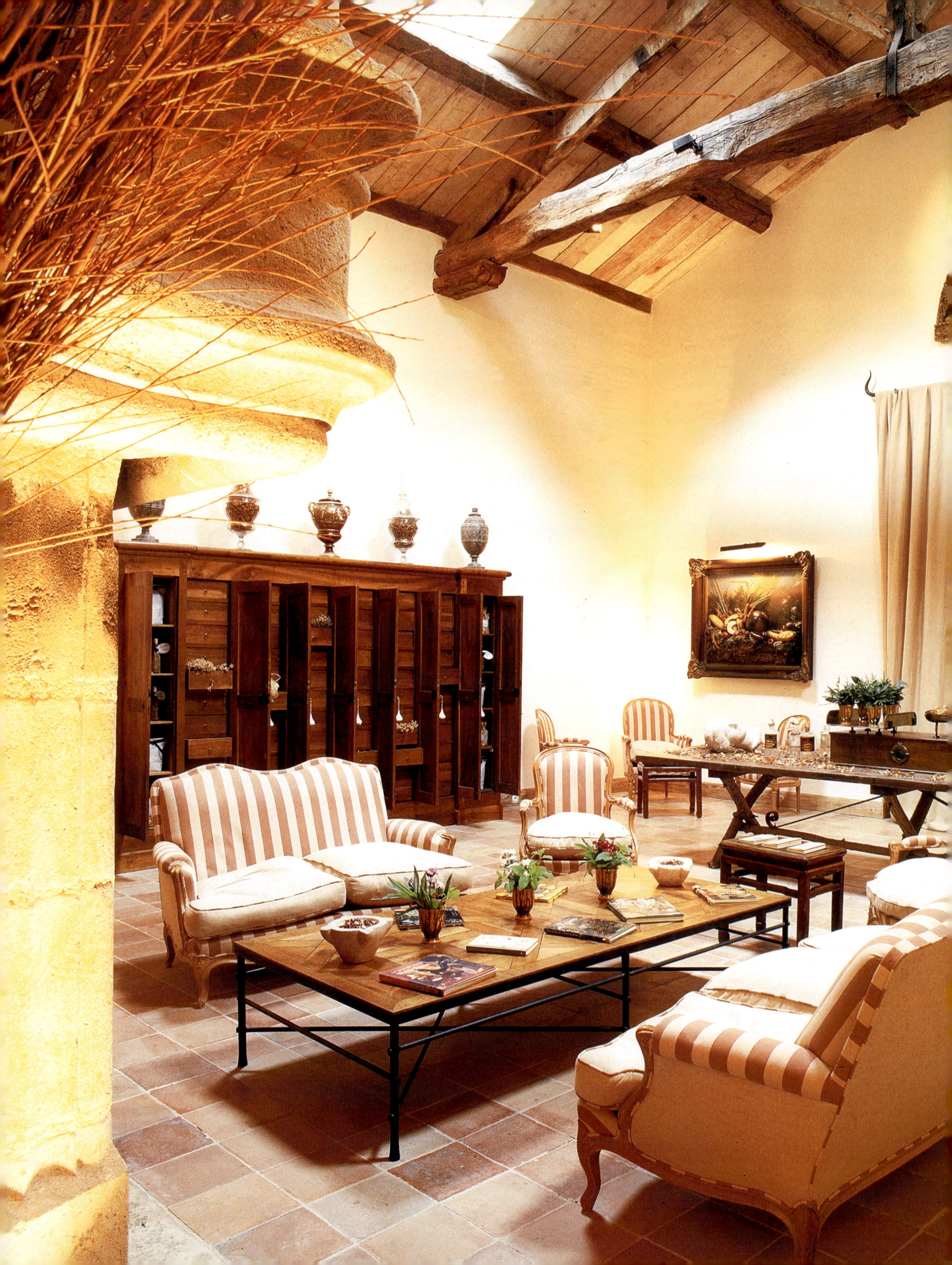

Die Büste der Kaiserin Eugénie empfängt den Gast in der Kureinrichtung La Thermale d'Eugénie, die den typisch ländlichen Stil der Gegend aufgreift.

68

69

La Maison Rose

In dem reizvollen Städtchen Eugénie-les-Bains in der Gascogne, das als Kurort weithin bekannt ist, entstand mit viel Phantasie und sorgfältiger Planung aus einem ehemaligen Notariat ein in jeder Hinsicht außergewöhnliches Gästehaus.

Wer La Maison Rose betritt – so benannt nach seiner im Zartrosa gehaltenen Fassade, die reizvoll mit den weißen Fensterläden kontrastiert –, findet sich in typisch englischer Atmosphäre wieder, der ein Hauch französischen Charmes anhaftet: Unzählige liebevoll ausgesuchte Details sind dezent im ganzen Haus verteilt, schaffen Atmosphäre und verraten ganz eindeutig die Hand der Besitzerin Christine Guérard. Jeden Tag aufs neue überrascht sie ihre Gäste mit frischen Blumenarrangements, Schalen mit duftenden Gewürzen oder barock dekorierten Obstkörben.

Im Erdgeschoß gehen Restaurant und Salon ineinander über. Die Möbel, zum Beispiel die mit Blümchenstoff bezogenen Stühle und Sessel, und die vielen entzückenden Ziergegenstände hat Christine Guérard Stück für Stück eigenhändig zusammengetragen. Manche davon wurden sogar nach ihren eigenen Entwürfen von einem ortsansässigen Kunsthandwerker gefertigt. Christine Guérard strebt wirklich in allem nach Perfektion!

Gleiches gilt auch für die erlesenen Gerichte, die ihr Mann Michel in der Küche kreiert. Seine kalorienarmen Menüs sind wahre Meisterwerke, zu denen die aromatischen Kräutercocktails – eine Spezialität des Hauses – hervorragend passen. Wer die Köstlichkeiten, die Michel Guérard auf den Tisch bringt, zu Hause nachkochen möchte, sollte im Frühling oder Herbst kommen. Dann hält Michel seine Kochkurse "Cordon Bleu Minceur" ab, in denen er seine geheimen Rezepte offenbart.

Ein Aufenthalt im Gästehaus La Maison Rose mit seinem herrlichen Schwimmbad inmitten eines gepflegten Gartens ist der reine Genuß – hier gibt man sich nur zu gern dem süßen Nichtstun hin!

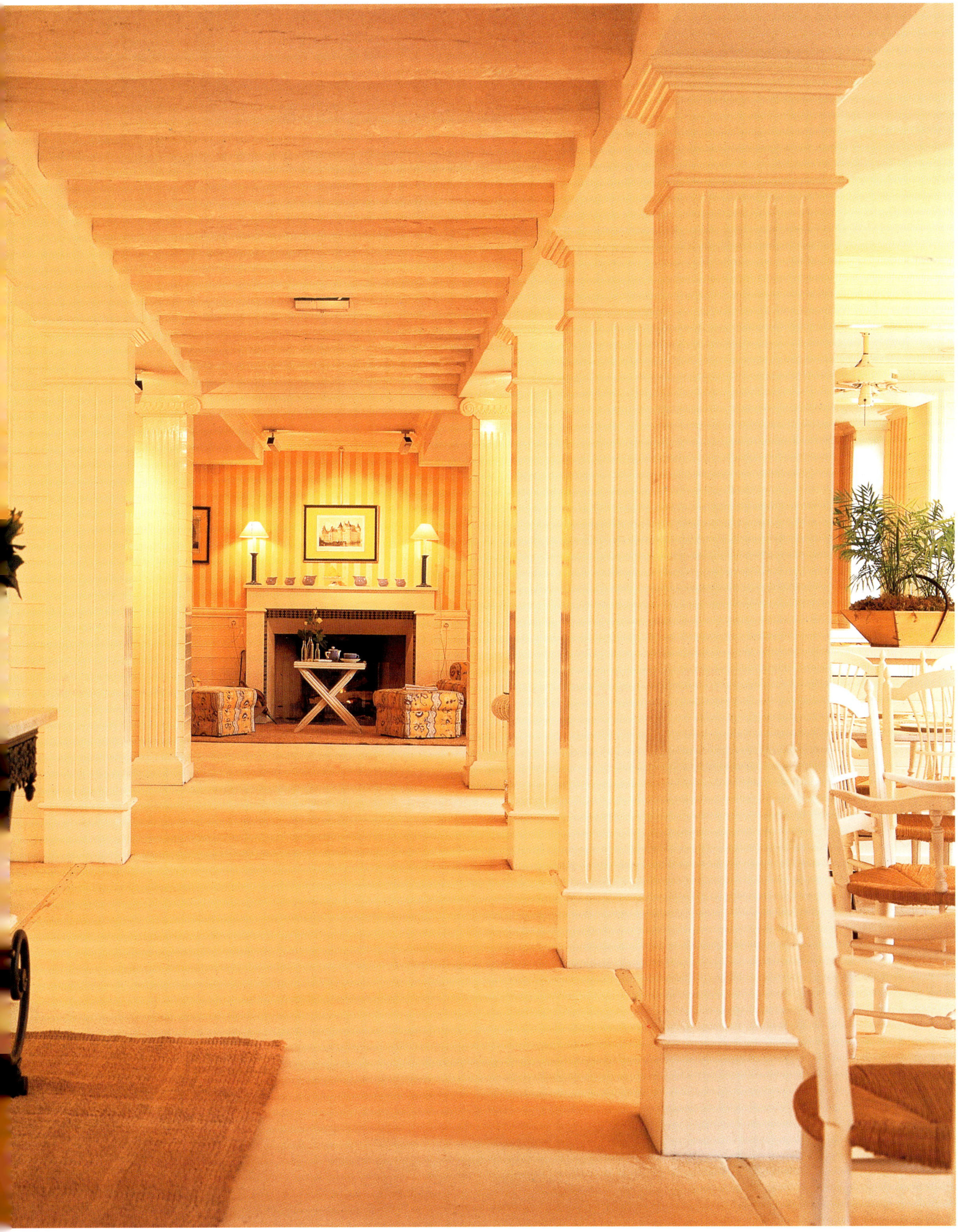

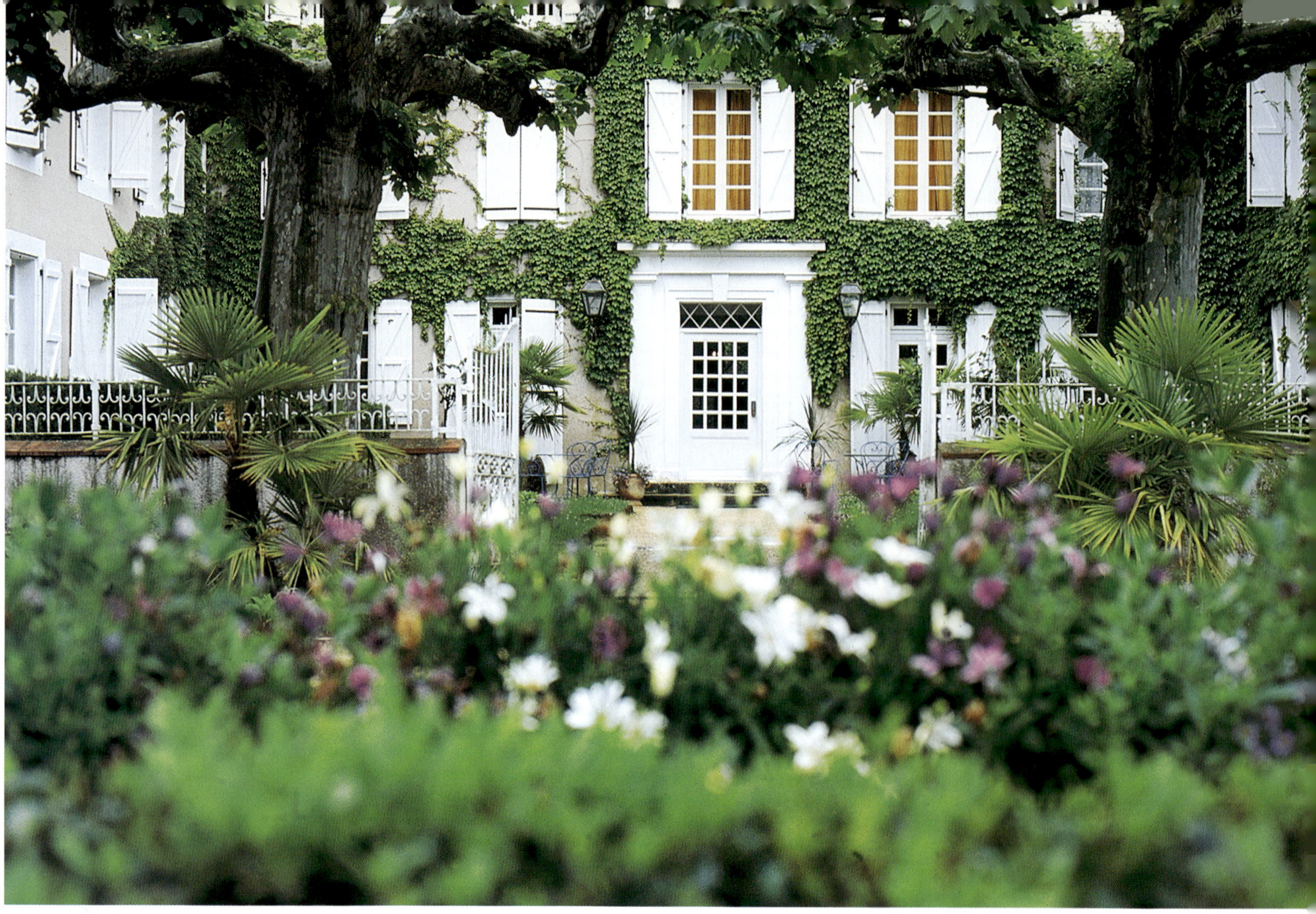

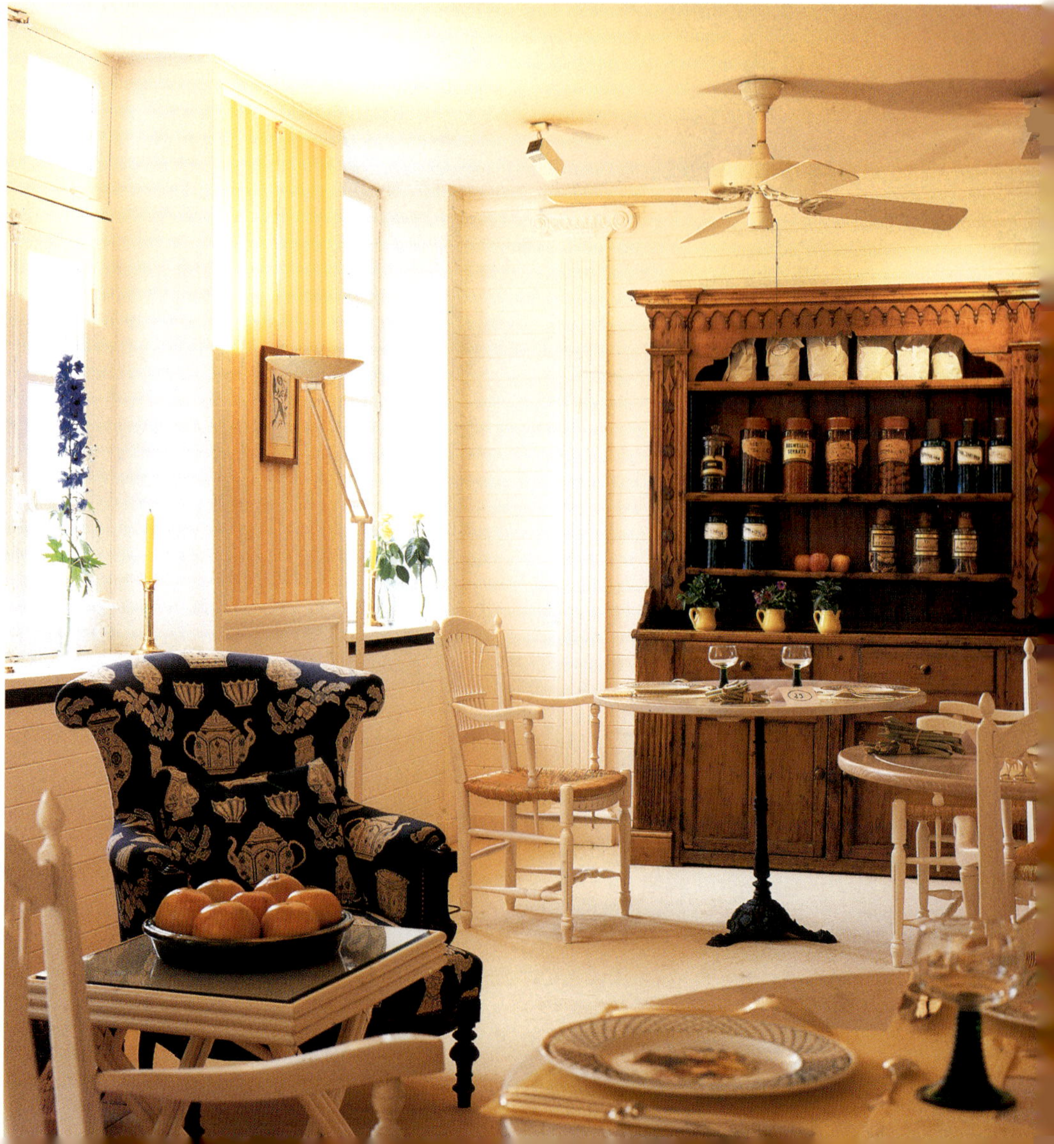

Bei der Ausstattung eines jeden Raumes strebt Christine Guérard nach Perfektion.

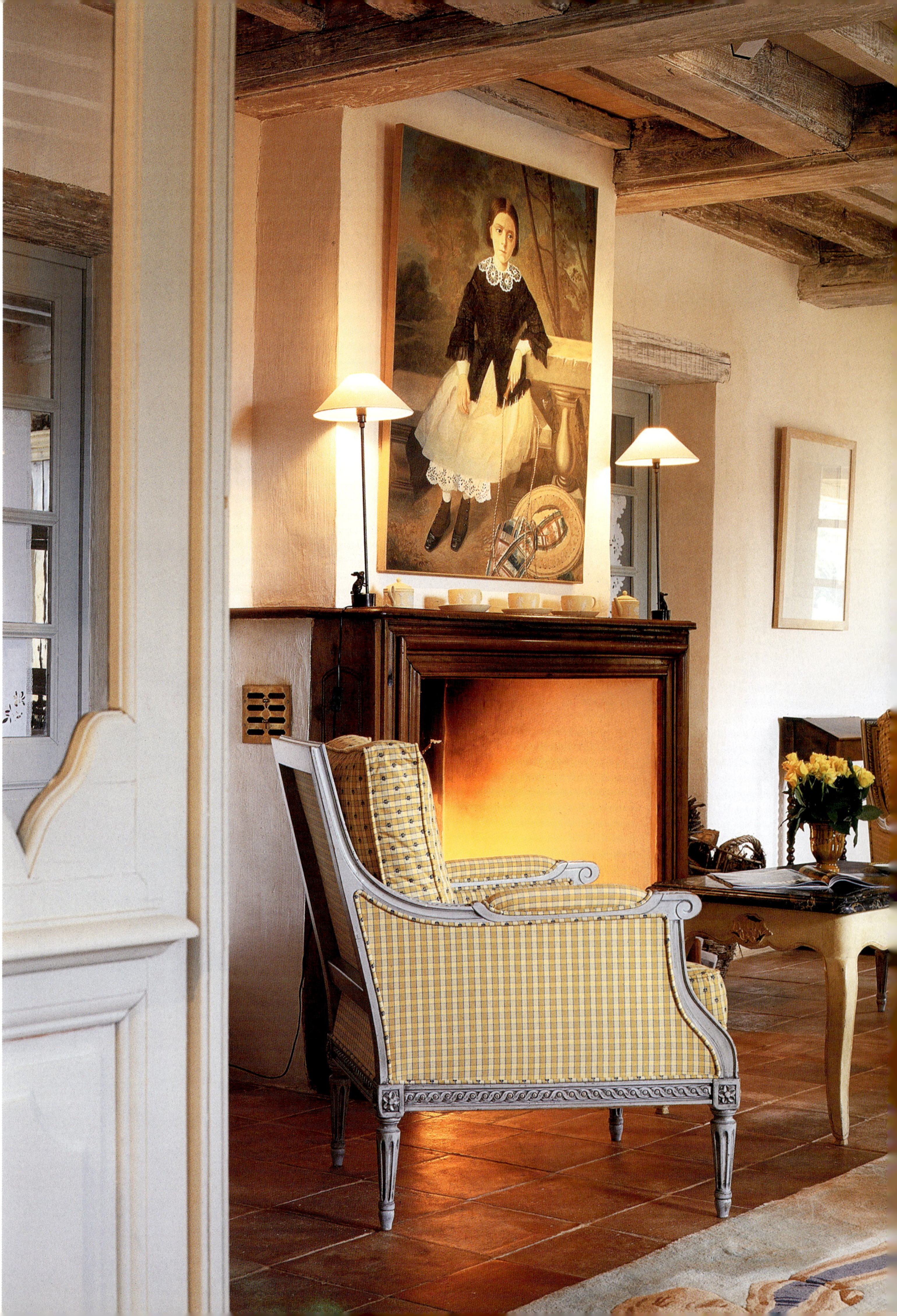

La Ferme aux Grives

Als Kaiserin Eugénie, die schöne Gemahlin Napoleons III., im Herbst 1859 per Kutsche die Gascogne durchquerte, wurde ihr Troß von einem heftigen Unwetter überrascht. Mit ihren Hofdamen quartierte sie sich im Gasthof La Ferme aux Grives ein, der damals einzigen Herberge des Ortes, der nach ihr benannt ist: Eugénie-les-Bains.
Betritt man heute das altehrwürdige Gebäude, das Michel und Christine Guérard mit viel Feingefühl renovieren ließen, kann man sich gut vorstellen, wie die adlige Reisegesellschaft damals um den Kamin saß und eine rasch zubereitete einfache Mahlzeit einnahm.
In neuer Pracht präsentiert sich das an die Scheune grenzende Haupthaus von 1815. Vier Zimmer mit den klangvollen Namen "Petit Jardin", "Joli Matin", "Bleu Palombe" und "Pomme Reinette" wurden hier für Gäste eingerichtet, die zwei Nächte oder länger bleiben möchten. Im Zimmer "Joli Matin" verleiht der Betthimmel aus einem von Pierre Frey entworfenen Stoff der im ländlichen Stil gehaltenen Einrichtung ein romantisches Flair.
Das Frühstück nimmt man in der gemütlichen *chocolaterie* an einem kastilischen Tisch aus dem 17. Jahrhundert ein. Der Raum ruft Erinnerungen an eine bäuerliche Küche mit grober Tischwäsche aus Leinen wach. Aber auch wer am Abend gern deftig speist, zum Beispiel Spanferkel oder Brathühnchen, kommt in diesem Gasthaus auf seine Kosten.
Im "Salon des Demoiselles" beeindrucken Louis-seize-Stühle mit Bezugsstoffen, die Pierre Frey ebenfalls entworfen hat, und in

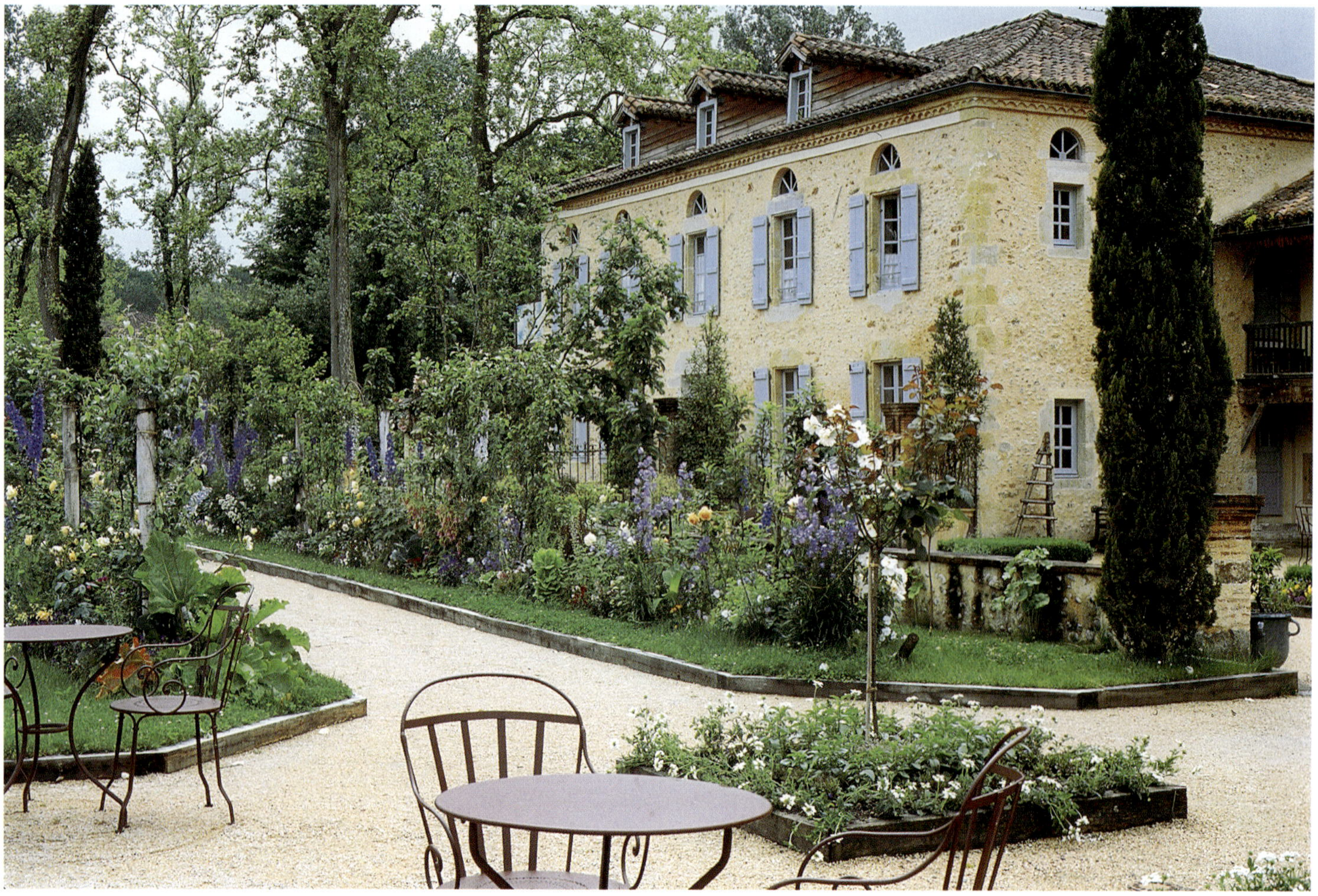

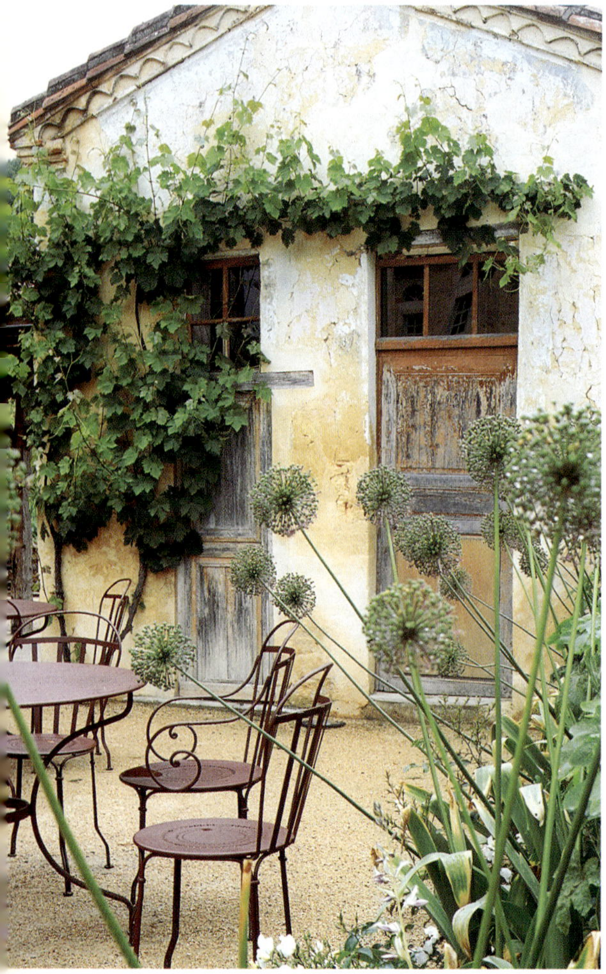

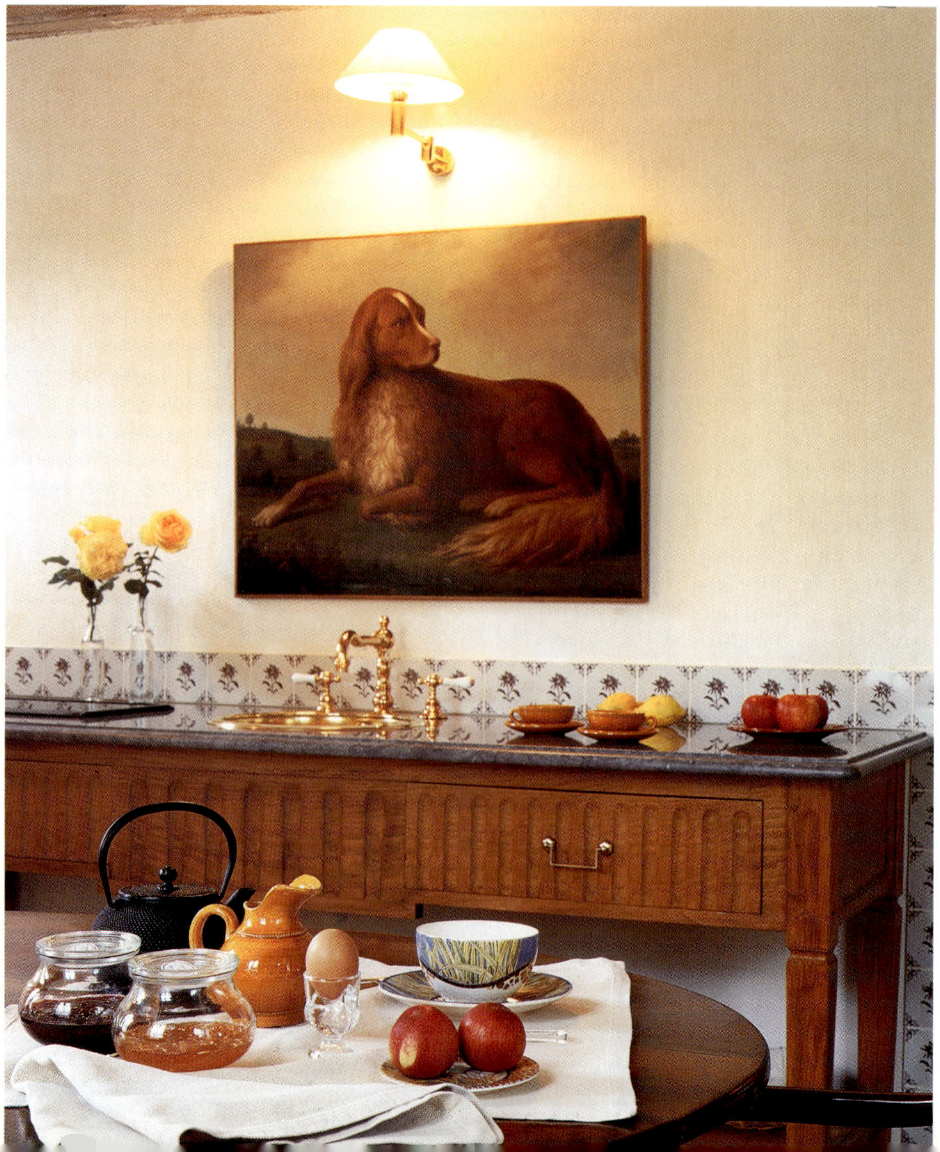

den Vitrinen aus heller Eiche ist antikes Geschirr aus der Zeit Karls X. und Napoleons III. ausgestellt.

Auch im Garten haben die Besitzer gestaltend gewirkt. Im weitläufigen Küchengarten gedeihen zu Füßen von Apfel- und Birnbäumen Melisse und Verbene, Salat, Kohl und dazwischen immer wieder Rosen. Reizvoll präsentiert sich der ans Gebäude grenzende Gartenhof mit Stockrosen, wildem Thymian, Buchsbaum und vielen Topfpflanzen. Die schmiedeeisernen Gartenmöbel laden zum Verweilen in dieser friedvollen Atmosphäre ein.

Kein Zweifel: Das geschichtsträchtige Anwesen La Ferme aux Grives bietet eine überaus gelungene Kombination aus Charme, Komfort und Schlichtheit und vermittelt eindrucksvoll die Freuden des Landlebens.

(Dieses Landgasthaus aus dem Jahr 1815 hat nichts von seinem ursprünglichen Charme eingebüßt.

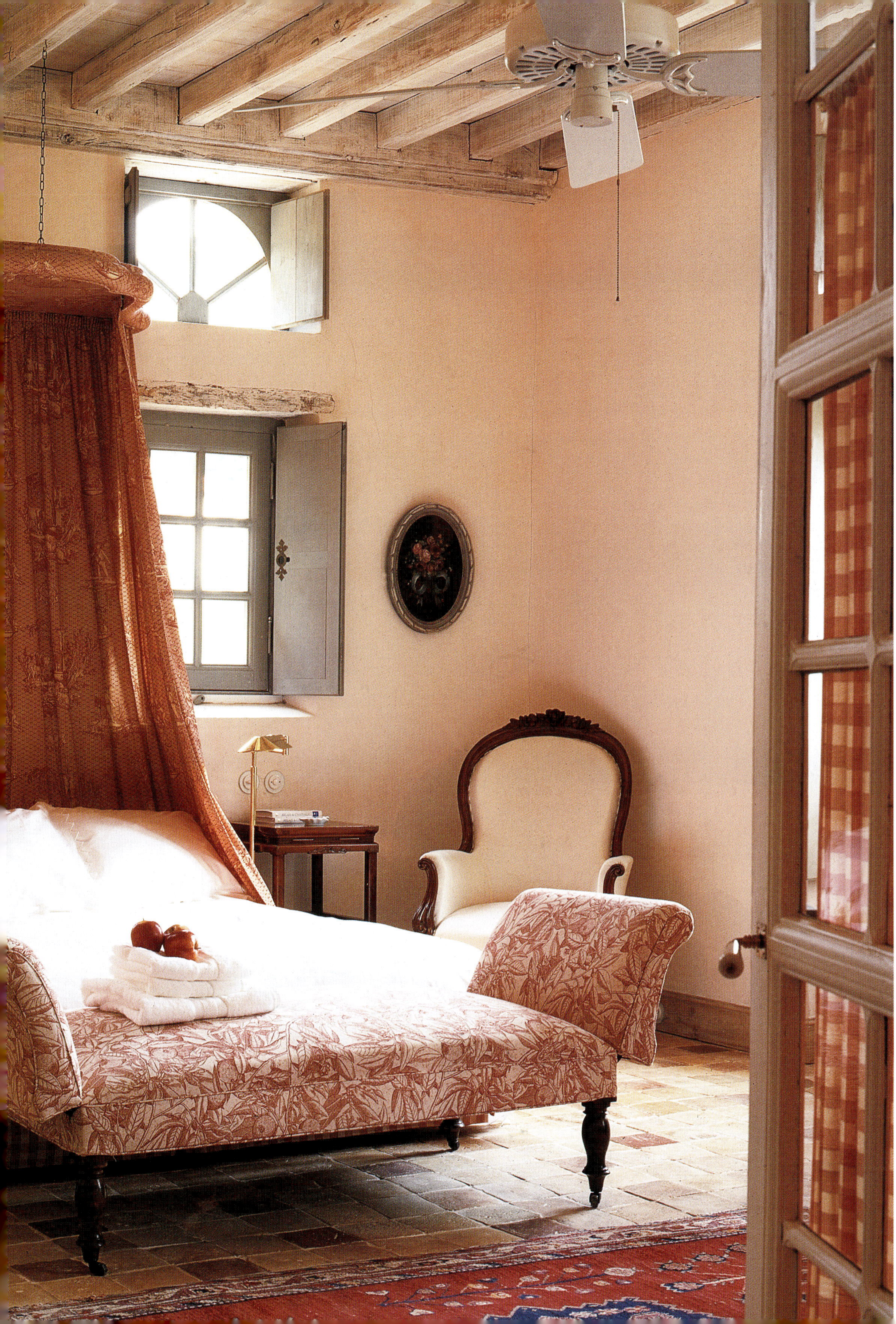

Le Parc Victoria

Saint-Jean-de-Luz ist ein entzückendes historisches Städtchen im Baskenland, das neben vielerlei kulturellen Eindrücken auch zahlreiche Freizeitmöglichkeiten bietet. Die Bucht mit ihrem Strand und der malerische Hafen rufen Urlaubsgefühle wach.

Zu den Besonderheiten des Ortes zählt ohne jeden Zweifel auch das Hotel Le Parc Victoria. Es beeindruckt durch seinen einzigartigen Baustil. Vor der leuchtendweißen Fassade sind ebenfalls weiße Sonnenschirme aufgespannt, und im Innern führen breite Treppen zu phantastisch ausgestatteten Räumen im Obergeschoß. Der Gast hat die Wahl unter acht Zimmern und vier Suiten mit eigenem Garten, die alle sehr individuell mit dem Art déco nachempfundenen Mobiliar eingerichtet sind. Komfortable Marmorbadezimmer verleihen dem unvergleichlichen Ambiente das gewisse Etwas.

Der Ausblick von meinen Zimmer aus ist einfach herrlich: schön gewachsene alte Bäume, blühende Sträucher, bunte Blumenbeete und sattgrüner Rasen mit gepflegten Wegen – ein kleines Paradies! Unter den schattenspendenden Bäumen läßt sich wunderbar promenieren, und ich genieße die Düfte und Aromen der Pflanzen und Blüten. Abends ist der Park stimmungsvoll mit schmiedeeisernen Laternen beleuchtet.

Die gedeckten Tische im Restaurant greifen die Atmosphäre des Gartens auf: Blumen- und Blattmotive schmücken Servietten und Tischtücher, und das Porzellan – Teller mit grünem Rand – vervollkommnet das anmutige Bild.

Der junge Küchenchef Olivier Millet verblüfft die Hotelgäste mit exquisiten Feinschmeckergerichten, zum Beispiel Steinbutt oder Thunfisch auf Gemüse aus dem Baskenland. Auch das zweite Restaurant am Schwimmbad beeindruckt mit elegantem Interieur und bietet erlesene Gaumenfreuden.

Zum Badestrand ist es nicht weit, und ganz in der Nähe kann man Tauchkurse absolvieren oder sich der Gesundheit zuliebe mit einer Thalassotherapie verwöhnen lassen.

Und natürlich eignet sich das Hotel auch ganz hervorragend als Ausgangspunkt für Ausflüge in die Umgebung, etwa nach Bilbao oder in die Pyrenäen.

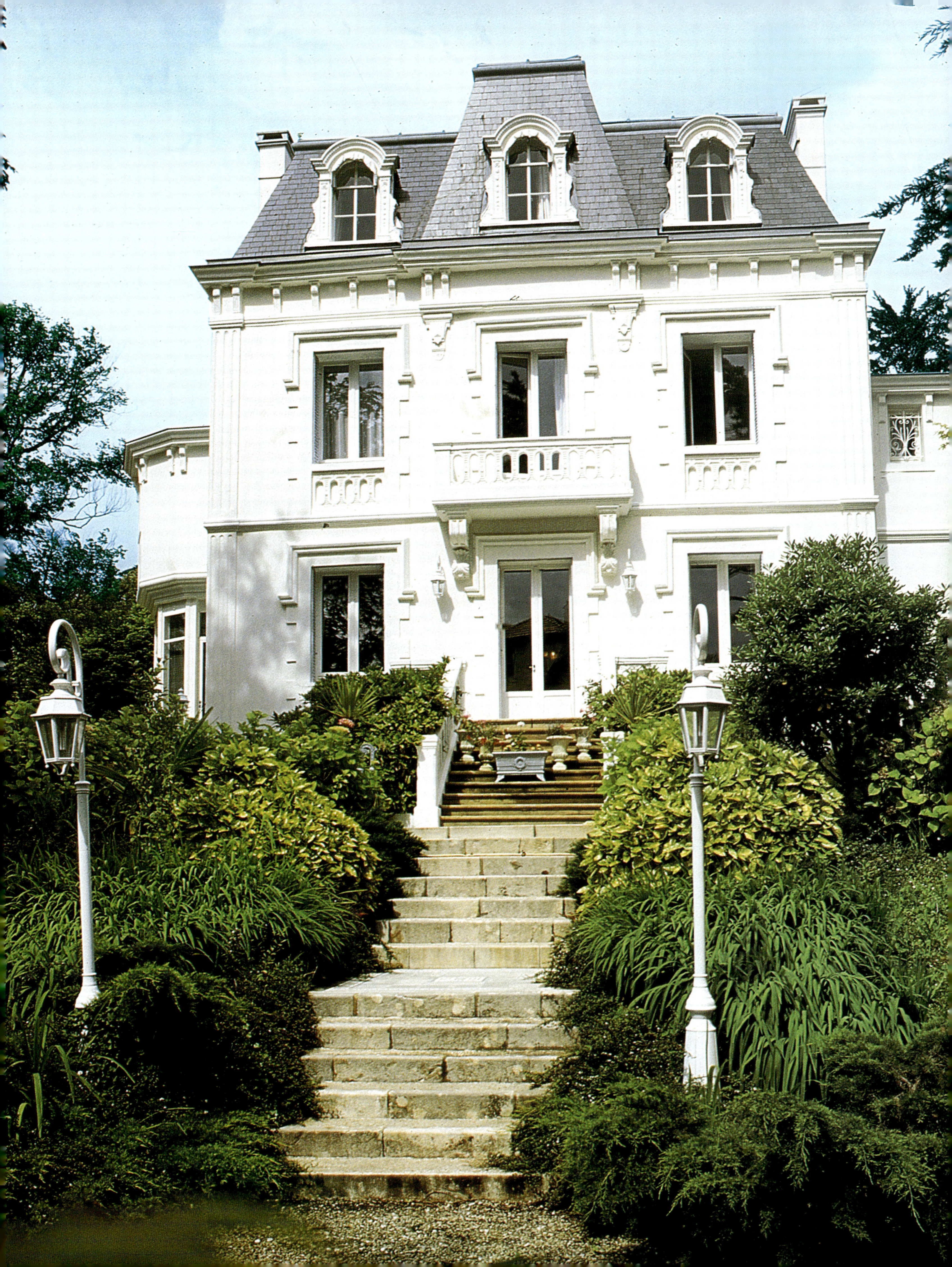

Das Interieur strahlt Gemütlichkeit aus – man fühlt sich wie in einem Wohnzimmer.

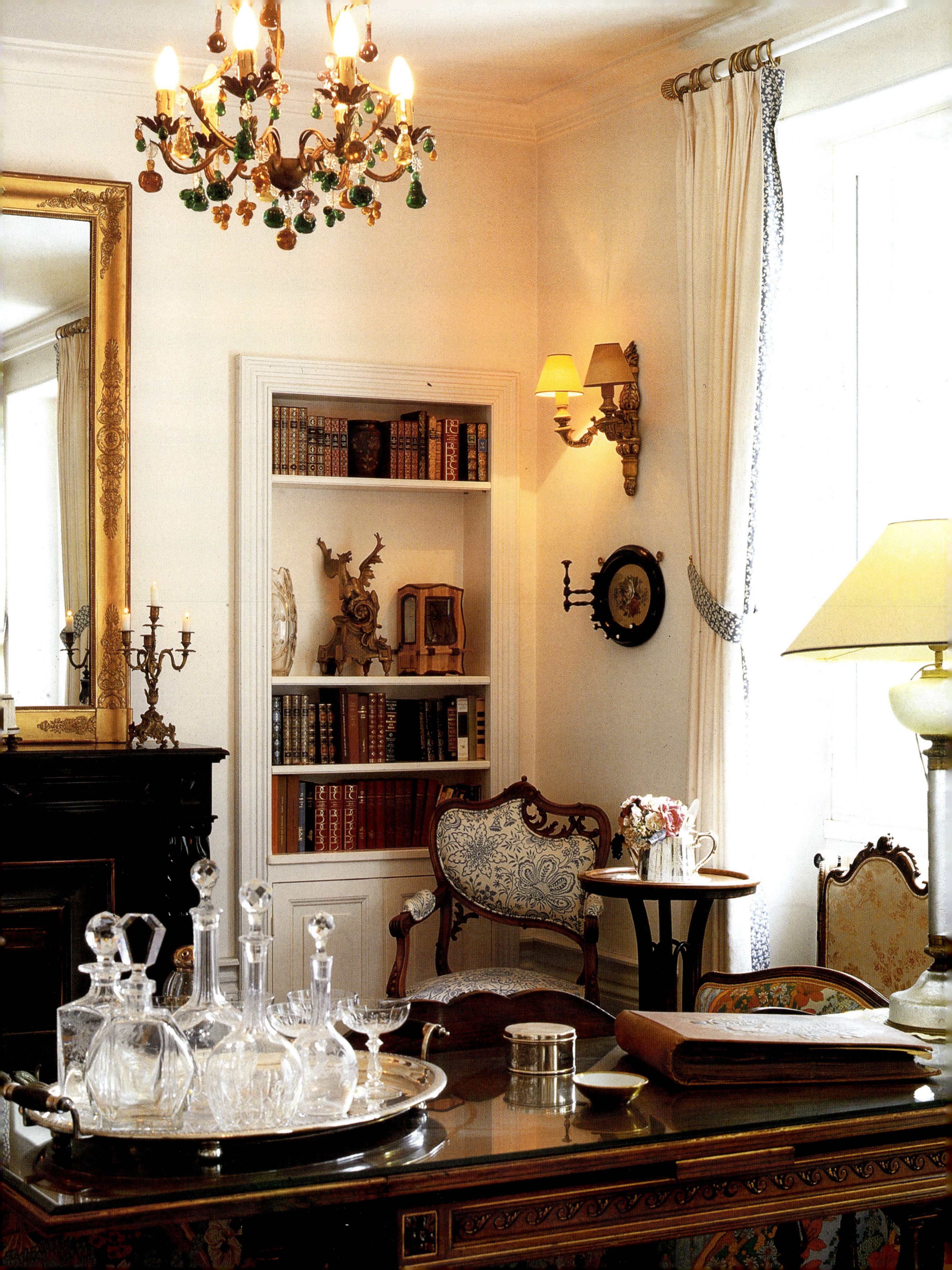

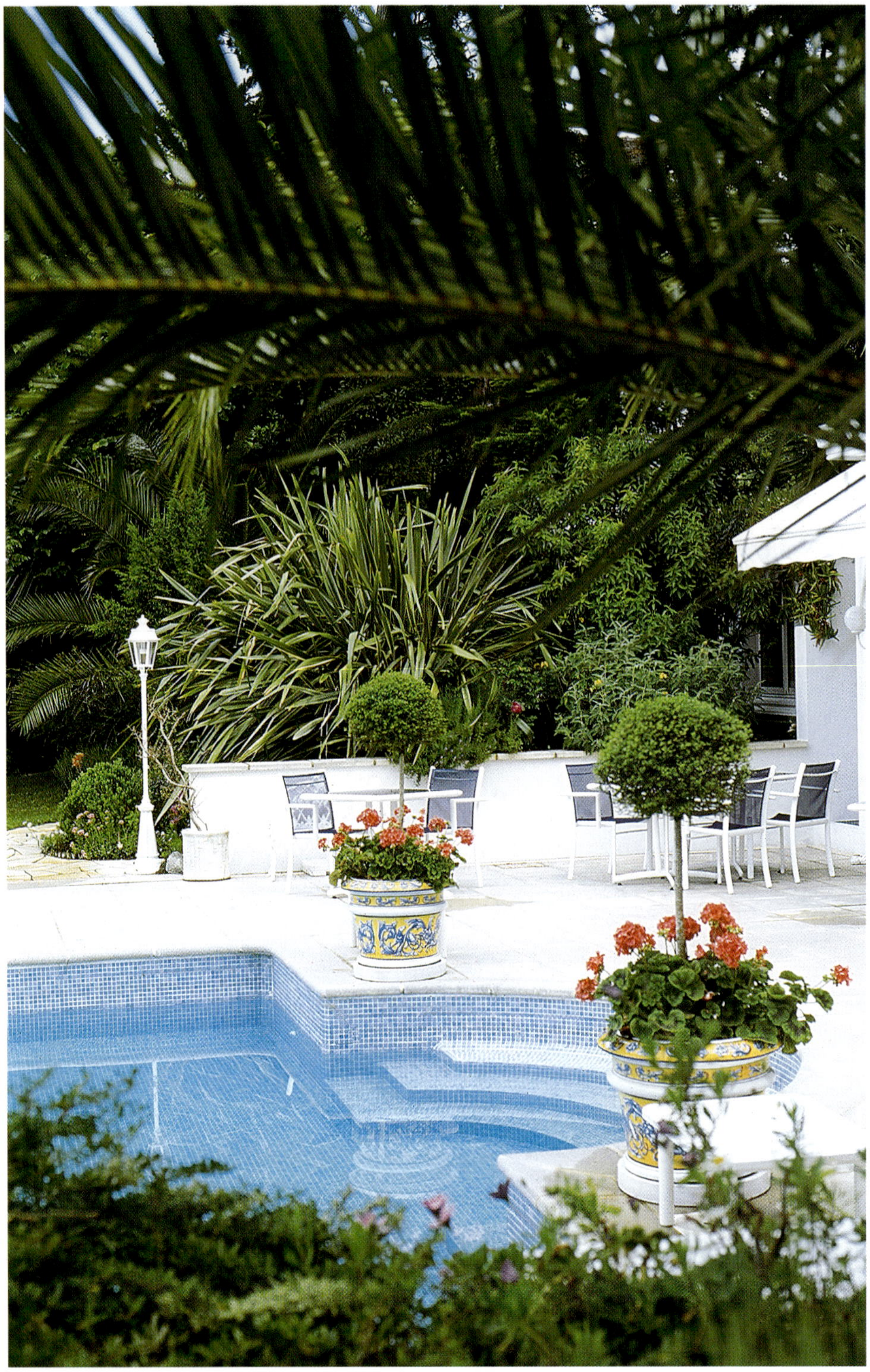

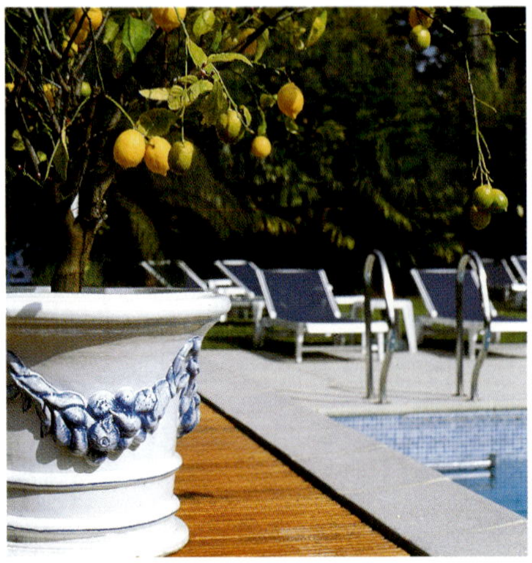

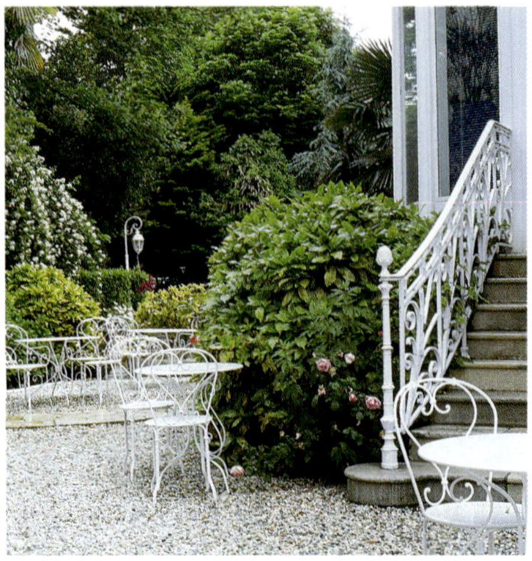

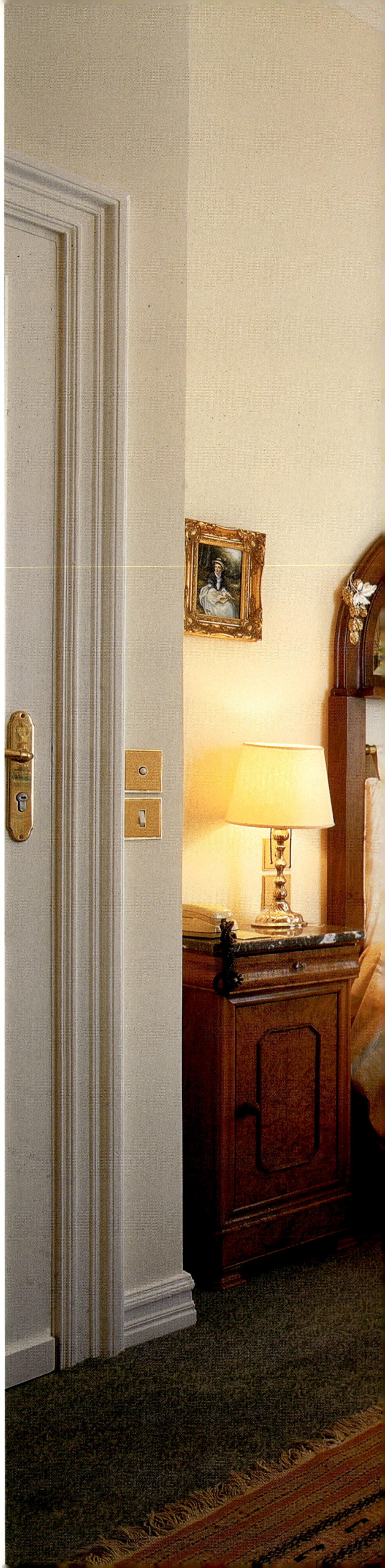

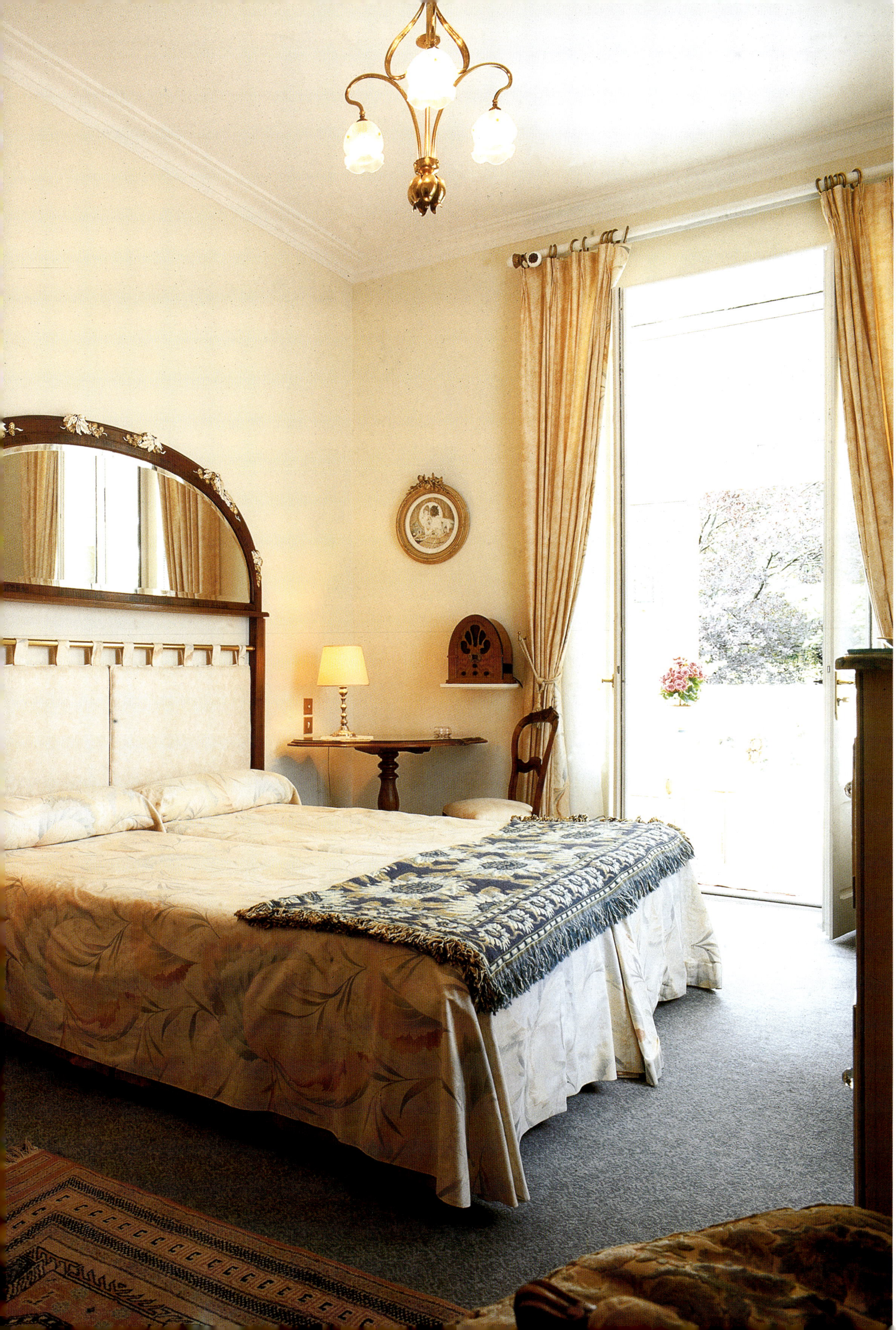

Le Moulin de l'Abbaye

Windmühlen haben mich schon als Kind fasziniert, sowohl ihre Bauweise wie auch das immer wieder eindrucksvolle Spiel mit den Elementen. So war ich denn auch begeistert, im idyllischen Périgord am Ufer der Dronne eine zum Hotel umgebaute Mühle vorzufinden: Le Moulin de l'Abbaye – so heißt das Anwesen heute.

Aus der alten Mühle des Ortes und dem direkt gegenüberliegenden Getreidespeicher des Klosters wurde unter der fachkundigen Leitung von Cathy Bulot ein überaus reizvolles Hotel mit 17 Zimmern und drei Appartements. Die Zimmer tragen die Namen der "Grands Crus classés du Bordelais". Meines – die "Chambre Château Haut-Brion" – ist ganz im provenzalischen Stil gehalten. Der Himmel über dem Kopfende des Bettes, die farblich darauf abgestimmten Vorhänge, hübsche Korbsessel und reizvolle kleine Dekorationsgegenstände aus Holz schaffen Atmosphäre – hier fühlt man sich als Gast einfach wohl!

Das Restaurant ist eine Symphonie aus Gelbtönen – von der von Pierre Frey gestalteten Decke bis hin zur Einrichtung –, und das gelb-blaue Porzellan auf den Tischen ruft Erinnerungen an Claude Monets Speisezimmer in Giverny wach.

Von der Terrasse aus blickt man auf die ruhig dahinfließende Dronne und dahinter das malerische Brantôme mit seinen fünf Brücken, deren älteste und schönste im 16. Jahrhundert errichtet wurde. Eine Bootsfahrt auf dem Fluß ist gewissermaßen ein Muß, bietet sie doch Gelegenheit, die liebliche Landschaft aus einem ganz ungewöhnlichen Blickwinkel zu erleben. Auch ein Bummel durch die mittelalterlichen Gäßchen Brantômes mit ihren vielen Antiquitätenläden ist überaus empfehlenswert, und in einiger Entfernung beeindruckt das Château de Bourdeilles, ein Renaissancebau, dessen Turm noch aus dem Mittelalter stammt, mit einer prachtvollen Sammlung spanischer und burgundischer Möbel aus dem 16. und 17. Jahrhundert sowie zahlreichen alten Gemälden und kunstvollen Wandteppichen.

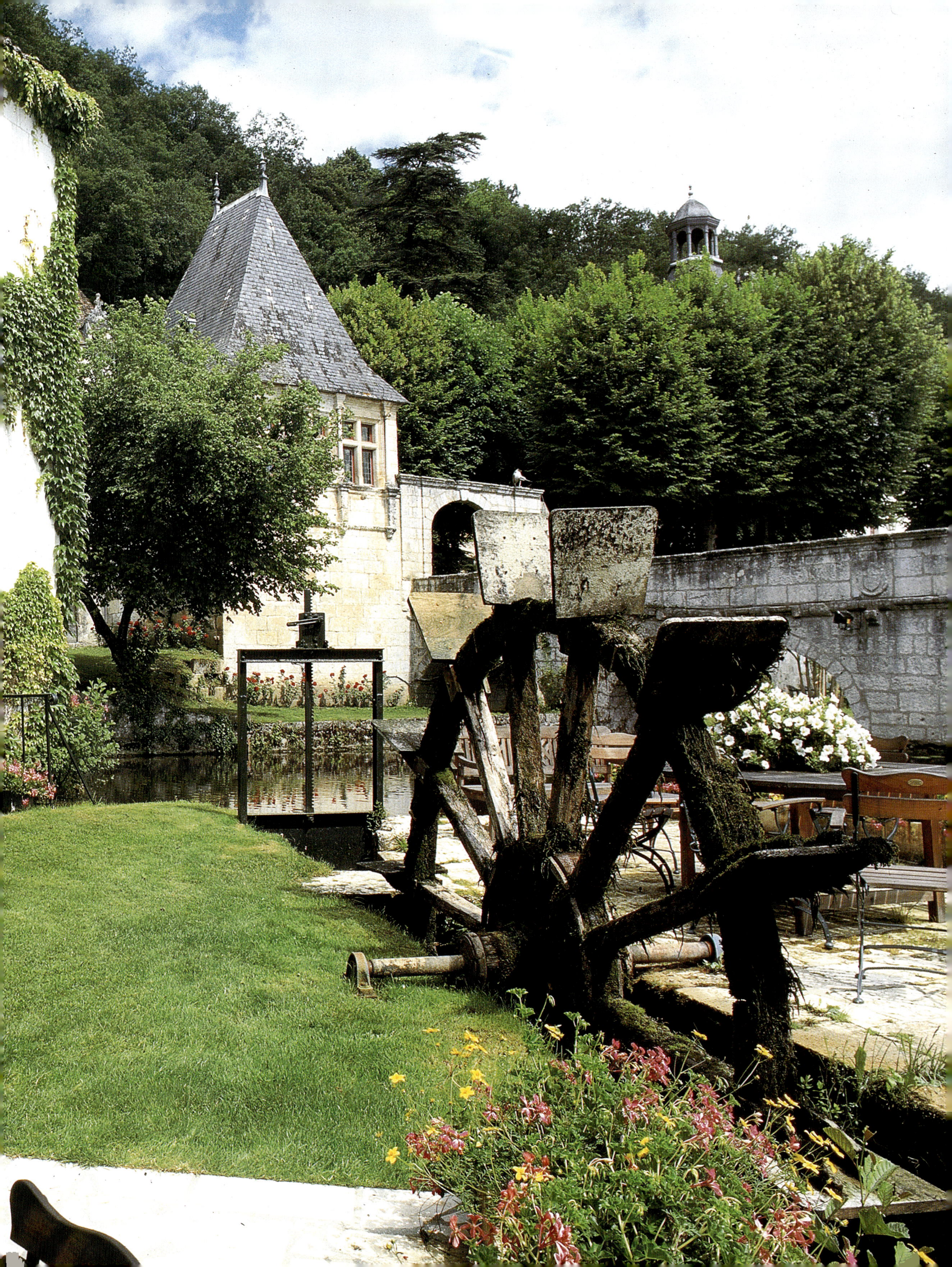

Was könnte man sich nach einem abwechslungsreichen Tag Schöneres vorstellen, als in der Dämmerung dem sanften Murmeln des Wassers und dem leisen Knarren der Windmühlenflügel zu lauschen – ich genieße und fühle mich in meine Kindheit zurückversetzt!

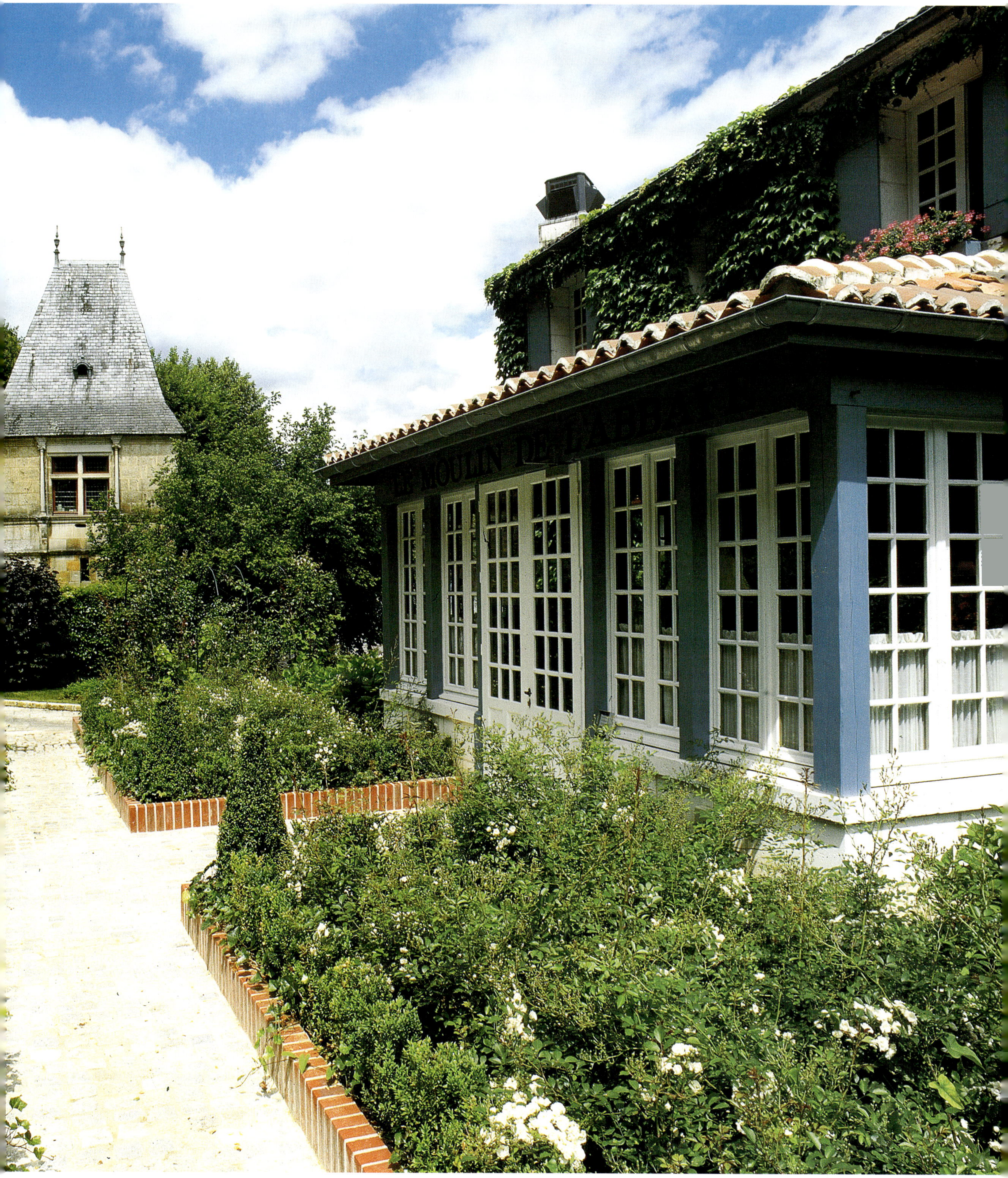
LE MOULIN DE

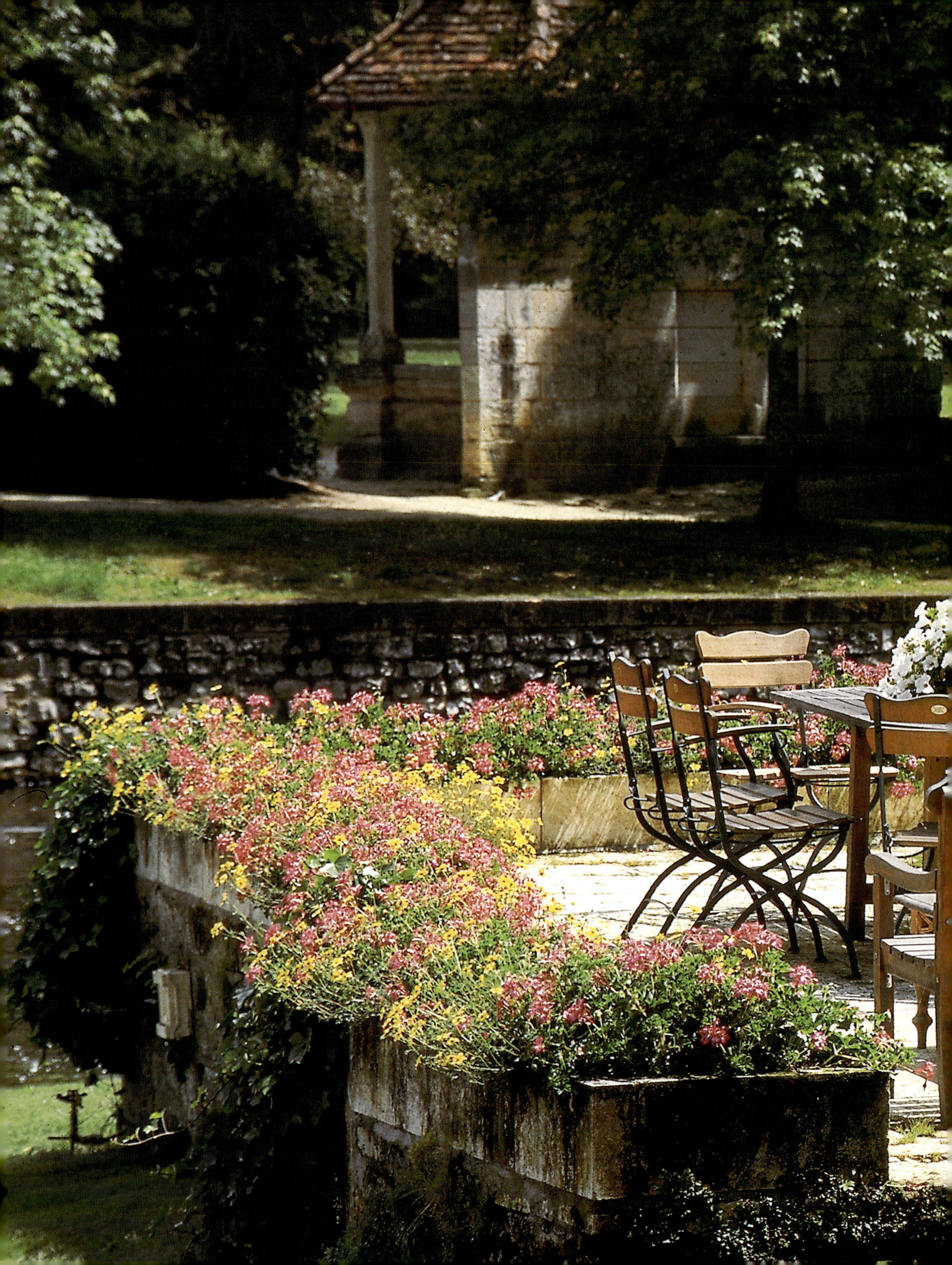

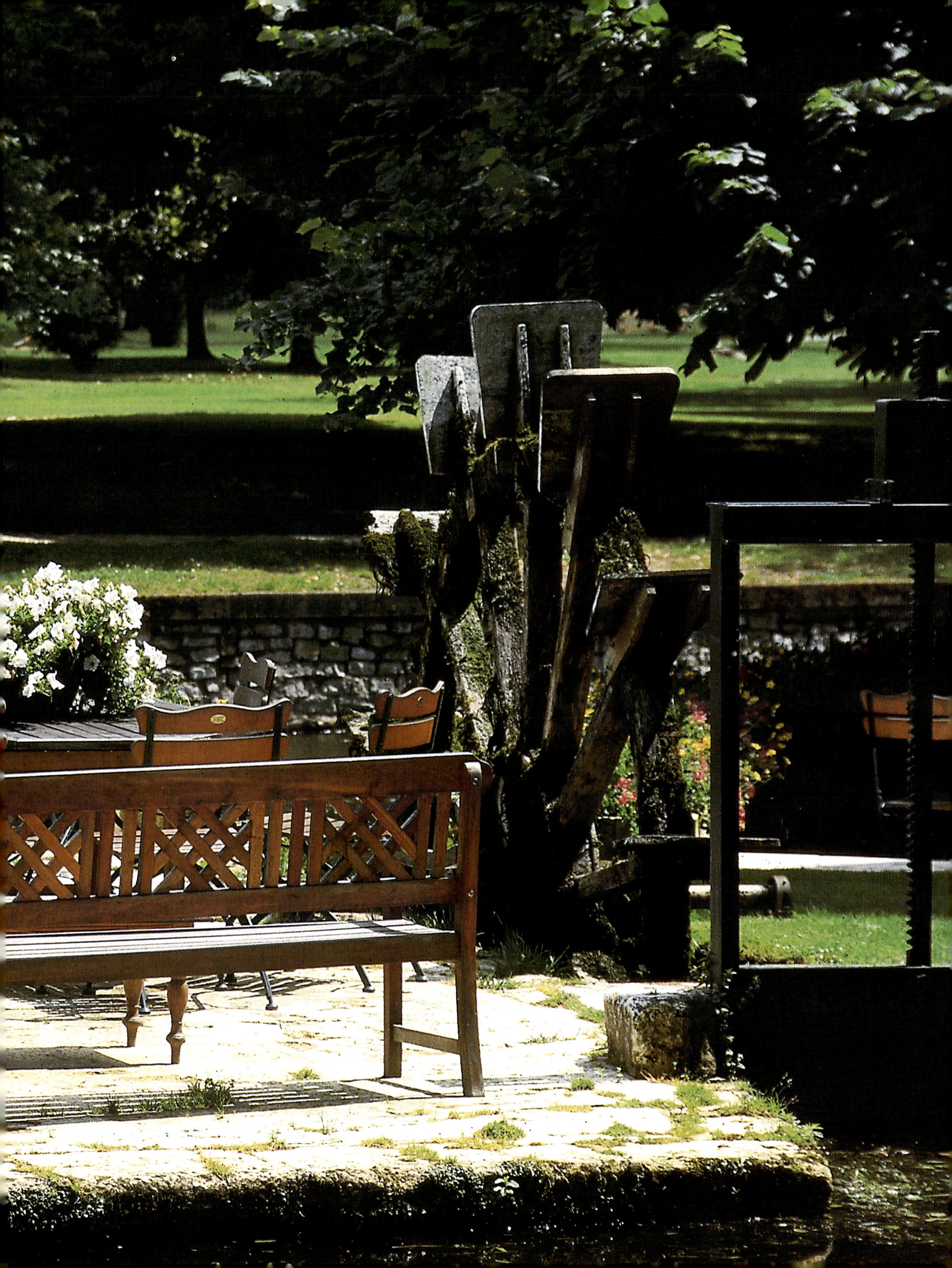

92

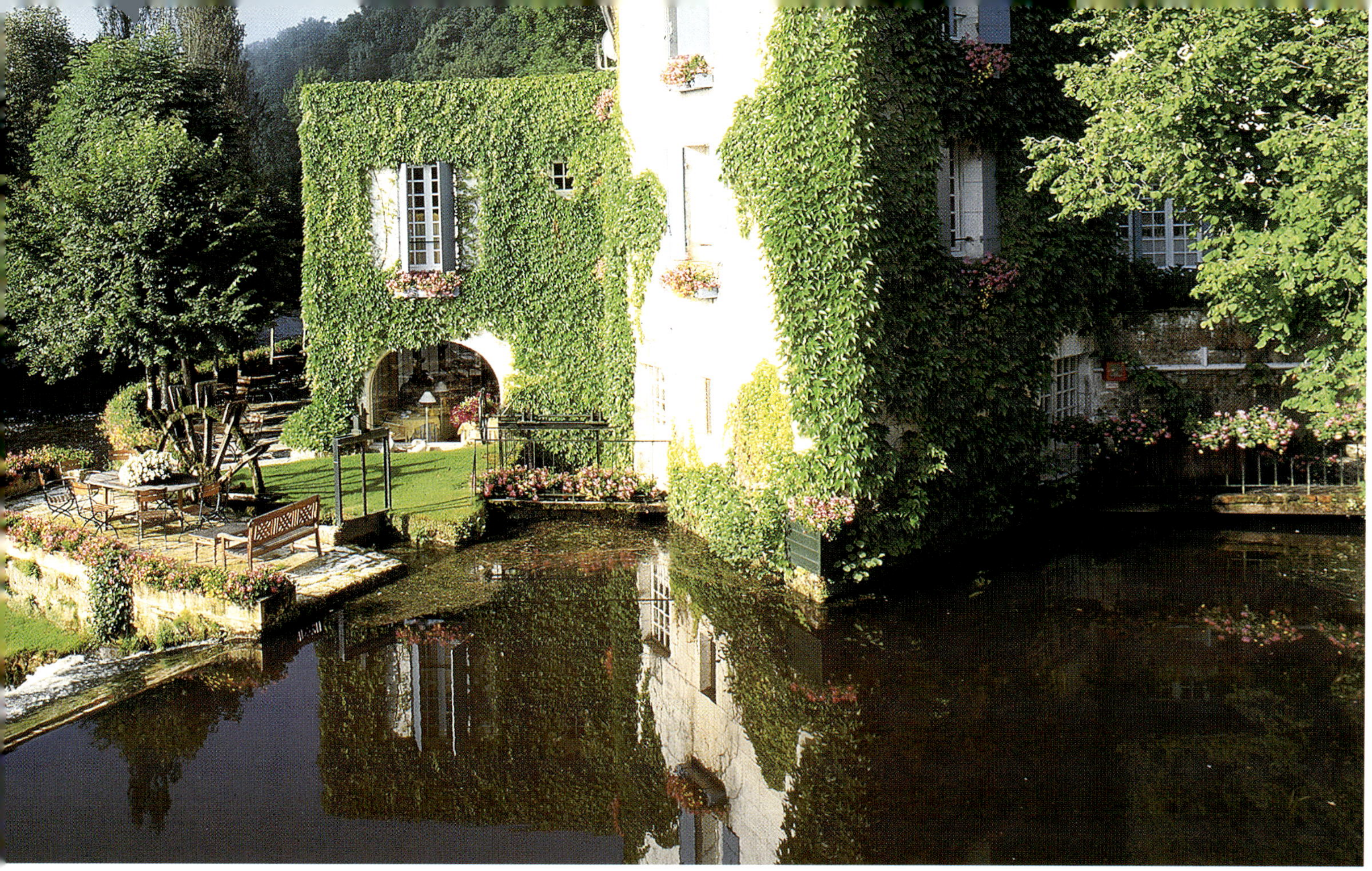

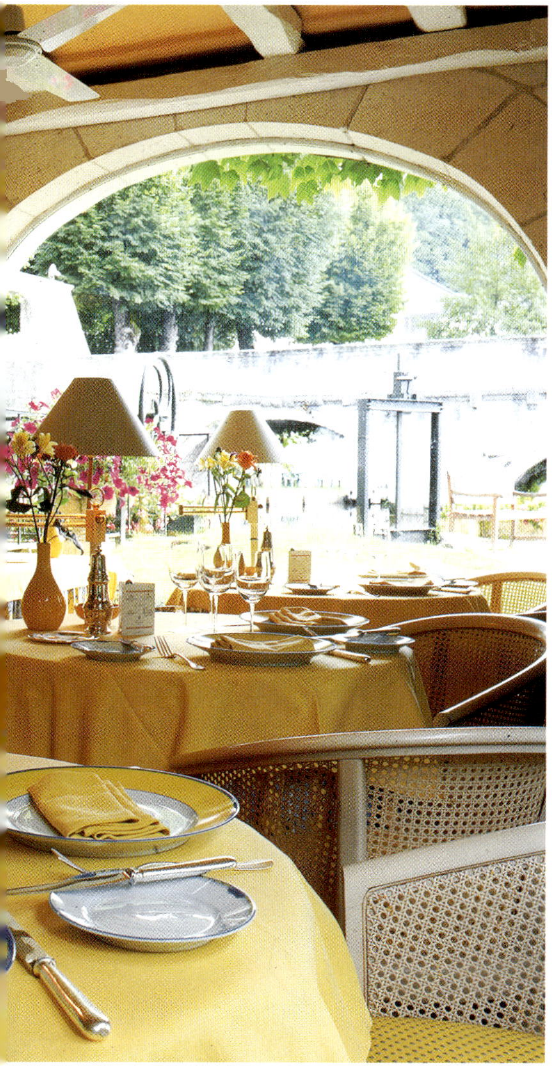

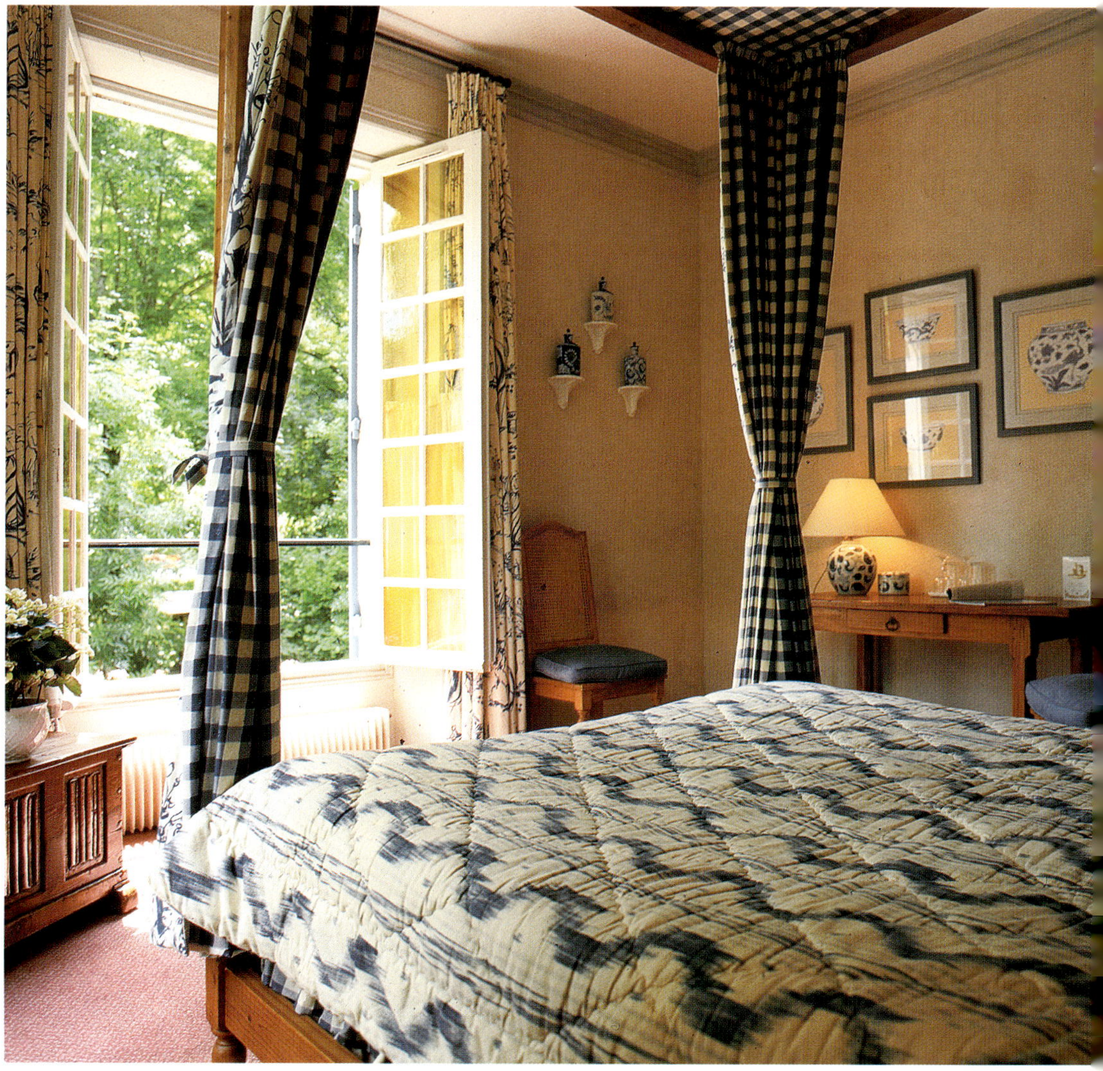

Château de Puy Robert

Eineinhalb Kilometer von dem reizenden Städtchen Montignac entfernt liegt am Ufer der Vézère das Château de Puy Robert. Die Türmchen werfen Schatten auf die für das Périgord Noir so typische weiße Steinfassade und in den vielen Fenstern des Gebäudes, das der Renaissance nachempfunden ist, spiegelt sich der Himmel.

Charmant und herzlich begrüßen Vincent und Isabelle Nourrisson ihre Gäste, unter denen nicht selten Berühmtheiten wie François Mitterrand, Prinzessin Galyani von Thailand und James Coburn sind. Auch der Dalai Lama weilte hier schon des öfteren als Gast.

Die fünf luxuriösen Suiten und über 30 Zimmer sind individuell und komfortabel eingerichtet. Blumenmotive vermitteln die Illusion eines blühenden Gartens. In den Zimmern im Dachgeschoß kann man direkt unter dem Sternenhimmel einschlafen, andere haben Balkone mit Blick auf das einladend glitzernde Schwimmbad.

Wer vor dem Essen in aller Ruhe einen Aperitif nehmen möchte, kann es sich an der Bar oder in einem der beiden stilvollen Salons gemütlich machen.

Vom lichtdurchfluteten Speisesaal aus hat man eine wunderschöne Aussicht auf den zehn Hektar großen Park, der von Vögeln, Eichhörnchen, Fasanen, Kaninchen und sogar Füchsen bewohnt wird. Die Kochkunst des *chef de cuisine* Laurent Dufour ist weit über Montignac hinaus bekannt: Der Michelinstern, dessen er sich seit zehn Jahren rühmen darf, ist mehr als verdient. Aus gartenfrischen Zutaten zaubert er ebenso schmackhafte wie gesunde Gerichte nach traditionellen Rezepten. Der Wein wird direkt von den Erzeugern geliefert: Monbazillac, Cahors und andere große Namen zieren die Weinkarte.

Eine besondere Spezialität des Hauses ist übrigens das siebengängige "menu Lascaux" das nach einer spektakulären Sehenswürdigkeit ganz in der Nähe benannt ist. Nur eine Viertelstunde ist es bis zu den Höhlen von Lascaux mit ihren weltberühmten Malereien. Die jungpaläolithischen Zeichnungen zeigen Wildpferde und Urrinder, aber auch Maskentänzer. Unter dem Eindruck dieser lebendigen Darstellungen sieht man die Welt eine Zeitlang mit anderen Augen und schätzt sich glücklich, einen Blick auf diese Zeugnisse der frühen Vergangenheit des Menschen getan zu haben.

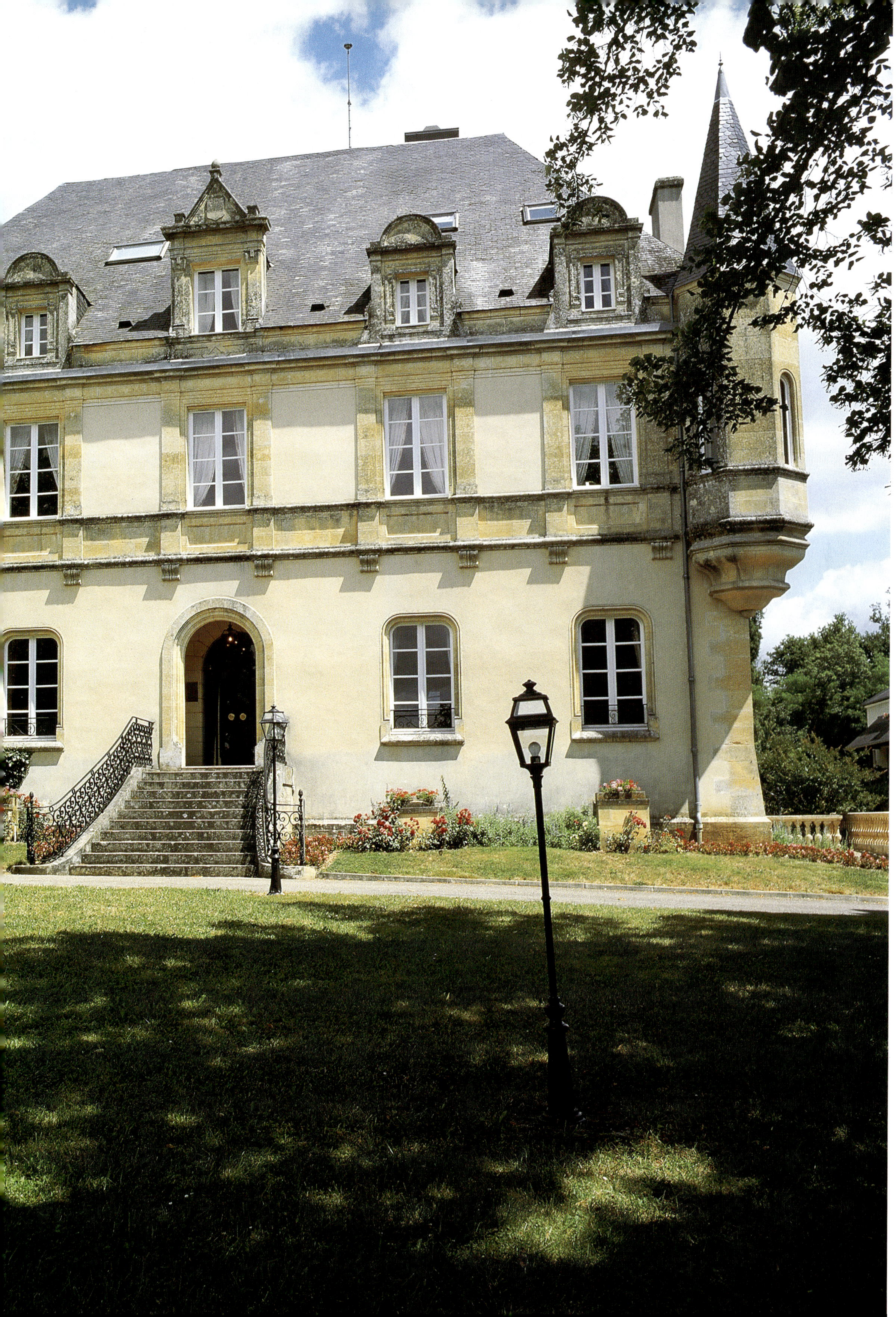

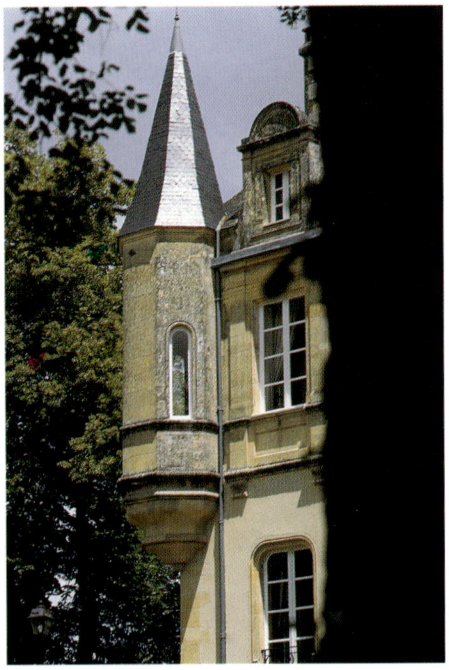

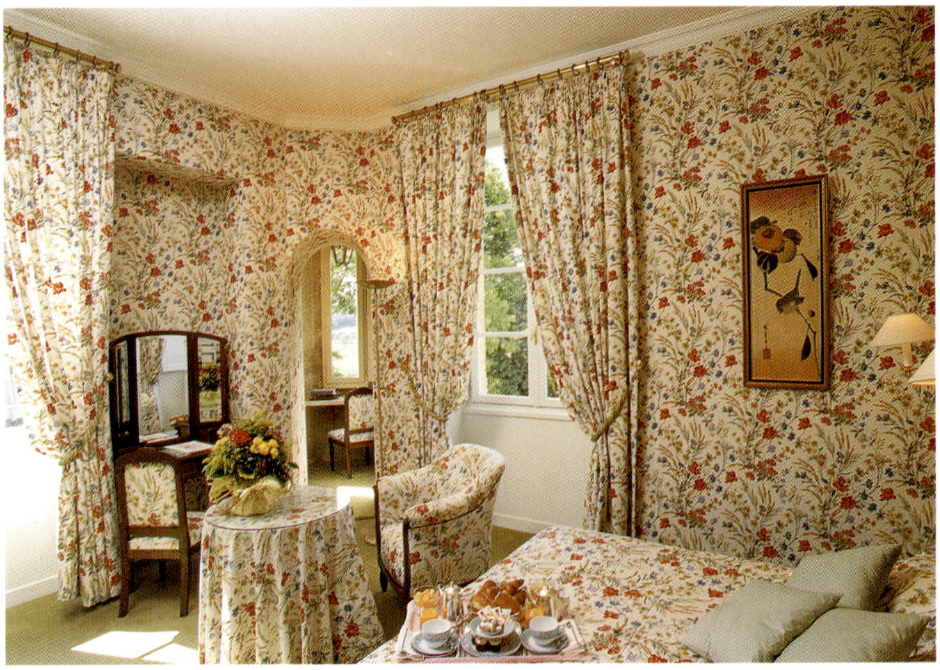

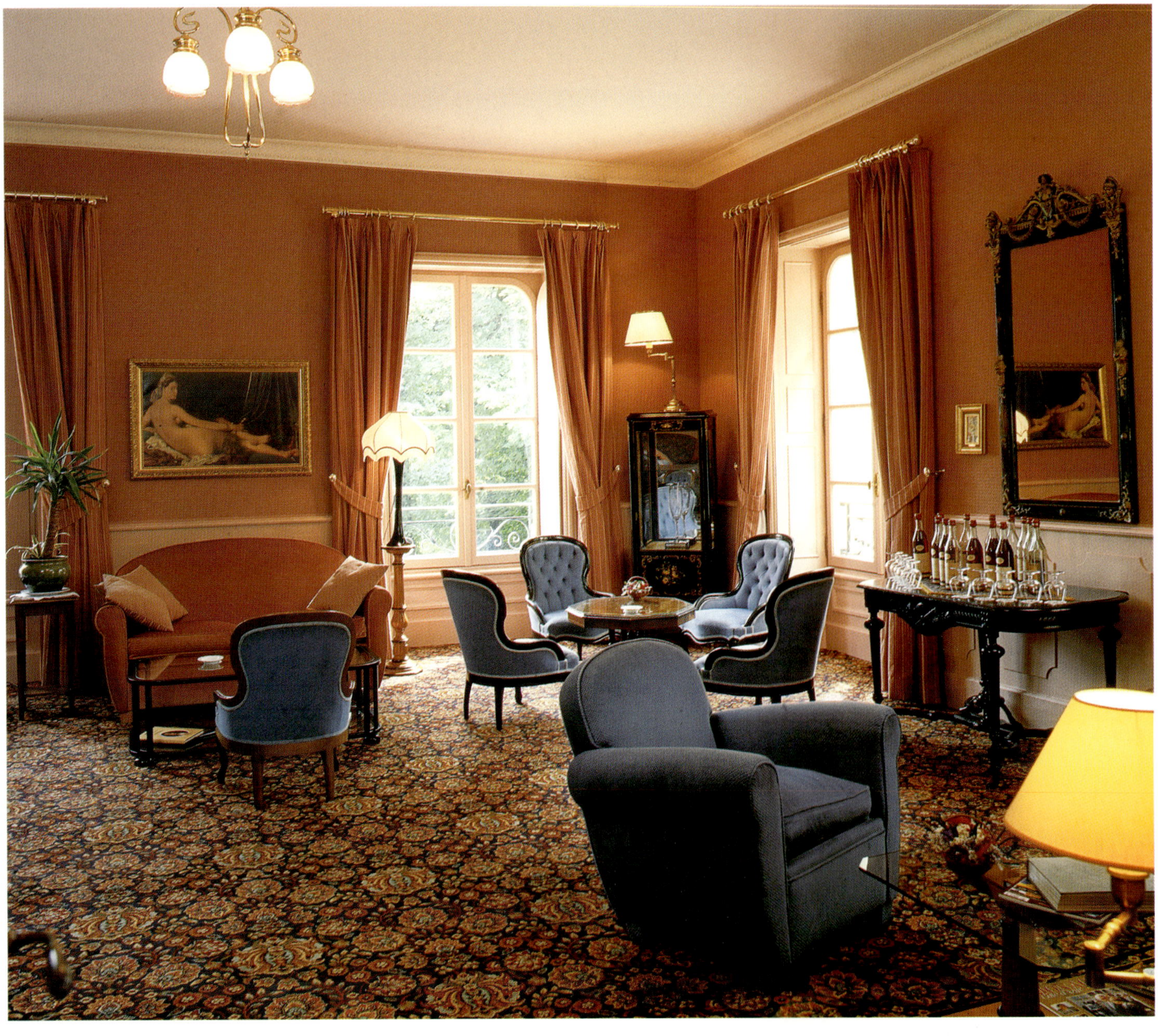

97

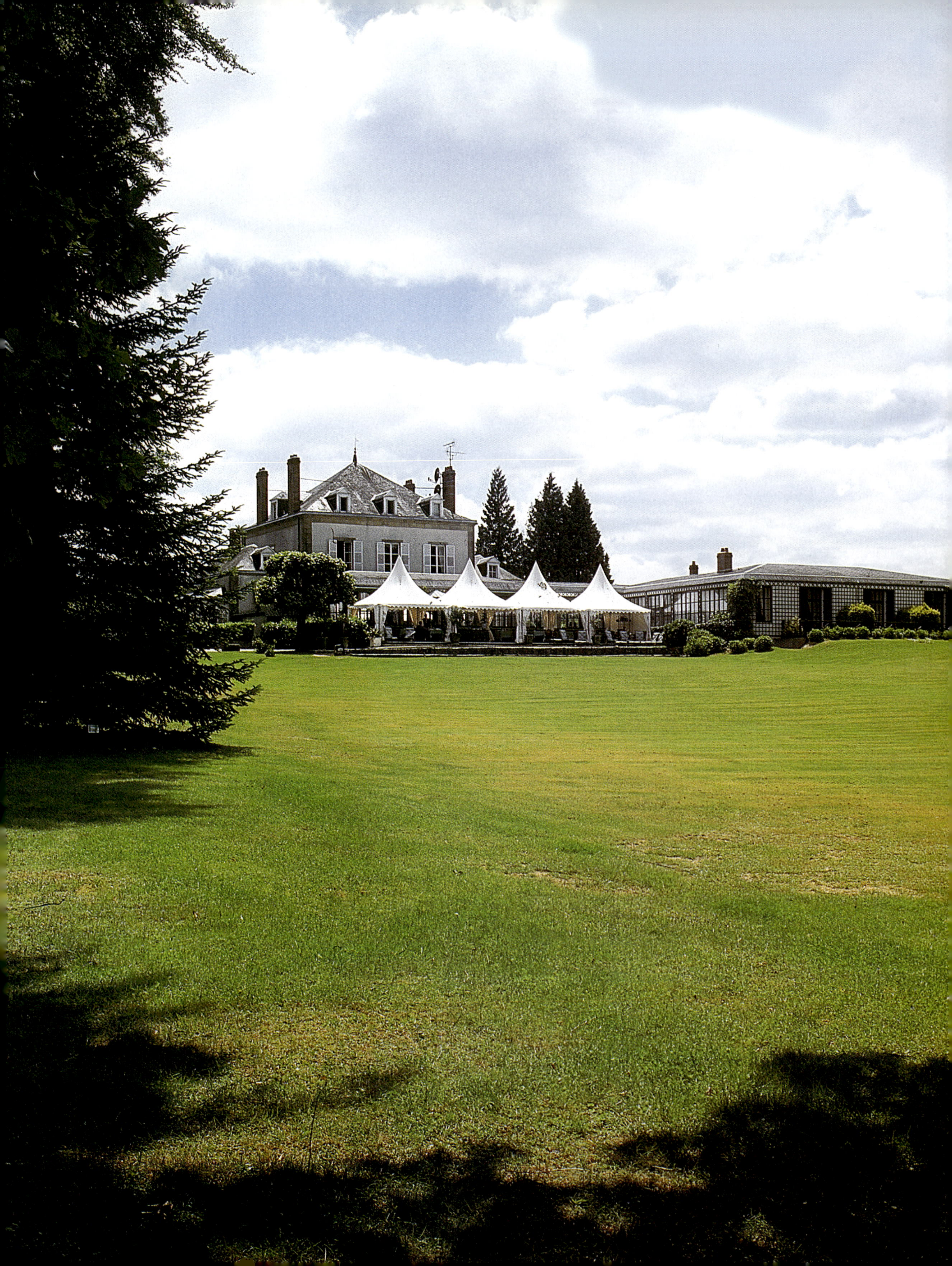

La Chapelle Saint-Martin

Daß dieses Hotel ganz in der Nähe von Limoges liegt, verrät nicht zuletzt das wunderschöne Kaffeeservice aus feinstem Porzellan nach einem Entwurf von Bernardaud auf dem Tisch. Gelb und andere lebhafte Farbtöne prägen nicht nur die Atmosphäre beim Frühstück, auch in einigen Zimmer sind Gelb und Blau mit roten Akzenten vorherrschend.

Die große Veranda des neoklassizistischen Anwesens leitet in den Garten – eine üppig grüne Oase – über. Das Hotel liegt in einem rund 40 Hektar großen Waldgebiet inmitten eines Parks mit gepflegtem Rasen und Blumenrabatten. Naturmotive spielen auch bei der Innenausstattung eine Rolle: In meinem Zimmer, dem übrigens ein ebenso geräumiges wie komfortables Badezimmer angegliedert ist, haben die Tapete und der Bettüberwurf ein Muster aus Bäumen.

Überall im Hotel fallen sorgsam ausgewählte Gemälde und Skulpturen auf: Sie verleihen der Bar und auch allen anderen Räumen ihre Individualität.

Die umfangreiche Speisekarte beeindruckt mit erlesenen Fisch- und Fleischgerichten sowie Spezialitäten aus Erzeugnissen der Region. Kein Wunder bei dem Renommee Gilles Dudugnons, der es im Laufe seiner Karriere bereits zu mehreren Erwähnungen im Guide Michelin gebracht hat.

Das Schwimmbecken im Garten glitzert einladend – ich gebe der Verlockung nach und schließe ein paar Saunagänge an. Herrlich ausgeruht gehe ich auf Erkundungsfahrt in der näheren Umgebung. Mein Weg führt an saftig grünen Weiden mit friedlich grasenden Kühen vorbei zum Ufer der Vienne, wo ein paar Angler ihr Glück versuchen. Am See von Saint-Pardoux betrachte ich mein Spiegelbild im stillen Wasser. Unwillkürlich muß ich an das Märchen vom Froschkönig denken: wer weiß, wenn ich lange genug warte ...

Zurück im Hotel genieße ich auf einer Liege neben der Veranda ein Glas von dem edlen Tropfen, den mir der Chefkoch besonders empfohlen hat, und höre über mir die Baumwipfel in einer leichten Brise rauschen. Eine Zeitungsnotiz, die ich dieser Tage gelesen habe, kommt mir in den Sinn – über Hillary Clinton, die auf ihrer Reise zu Bernadette Chirac eineinhalb Stunden hier im Hotel verbracht hat. Möglicherweise hat sie an der gleichen Stelle gesessen und die friedvolle Atmosphäre genossen.

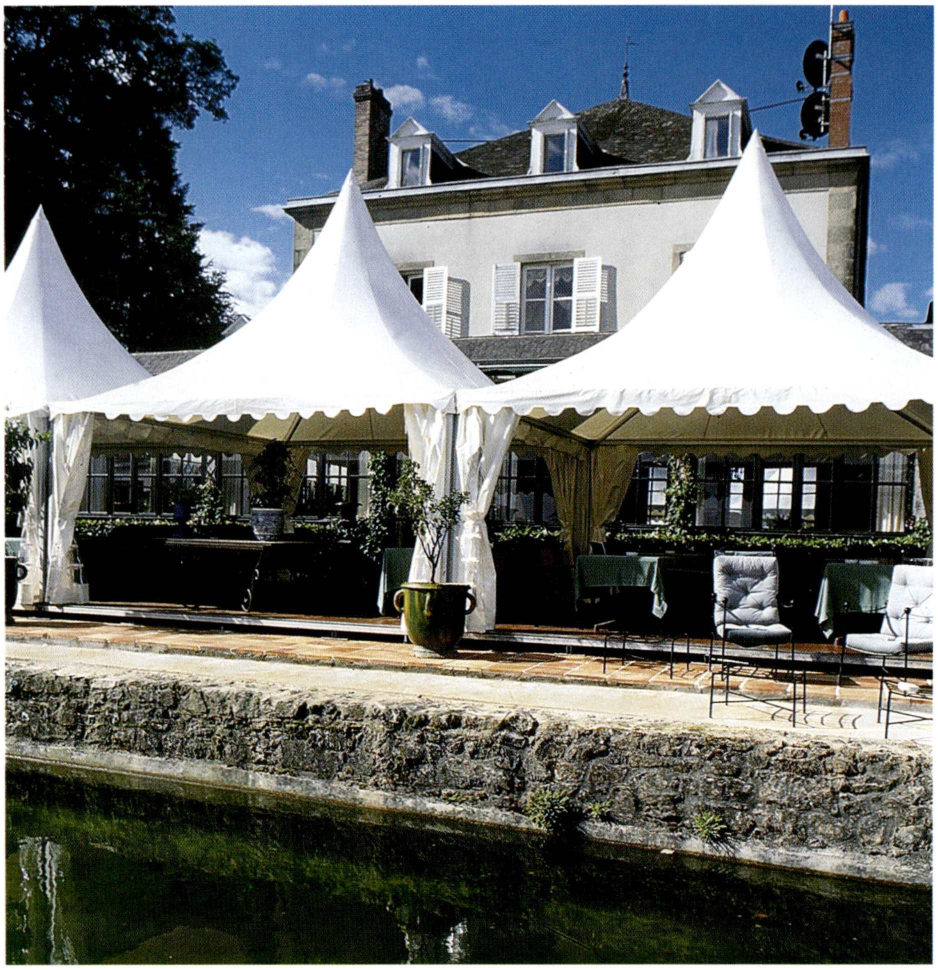

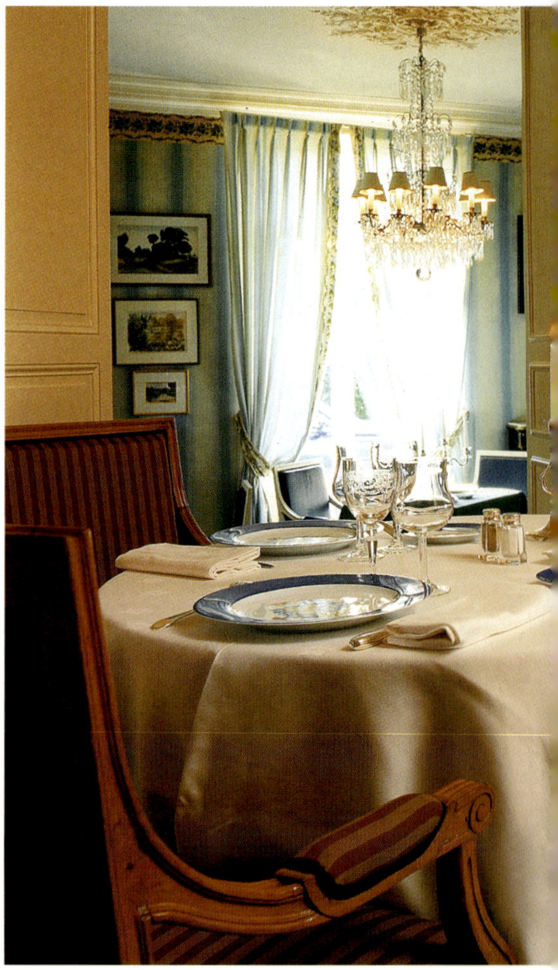

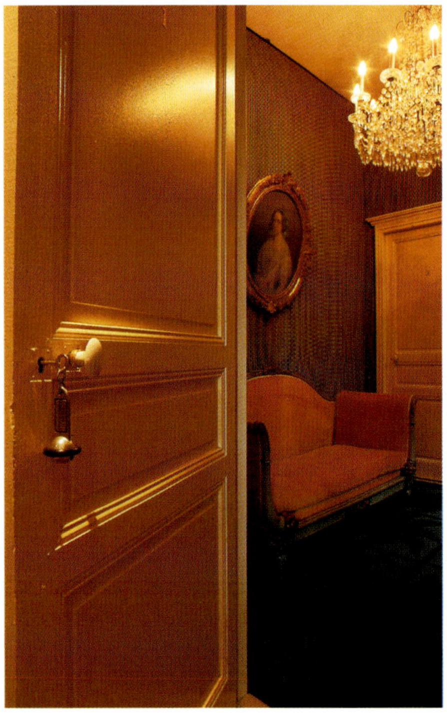

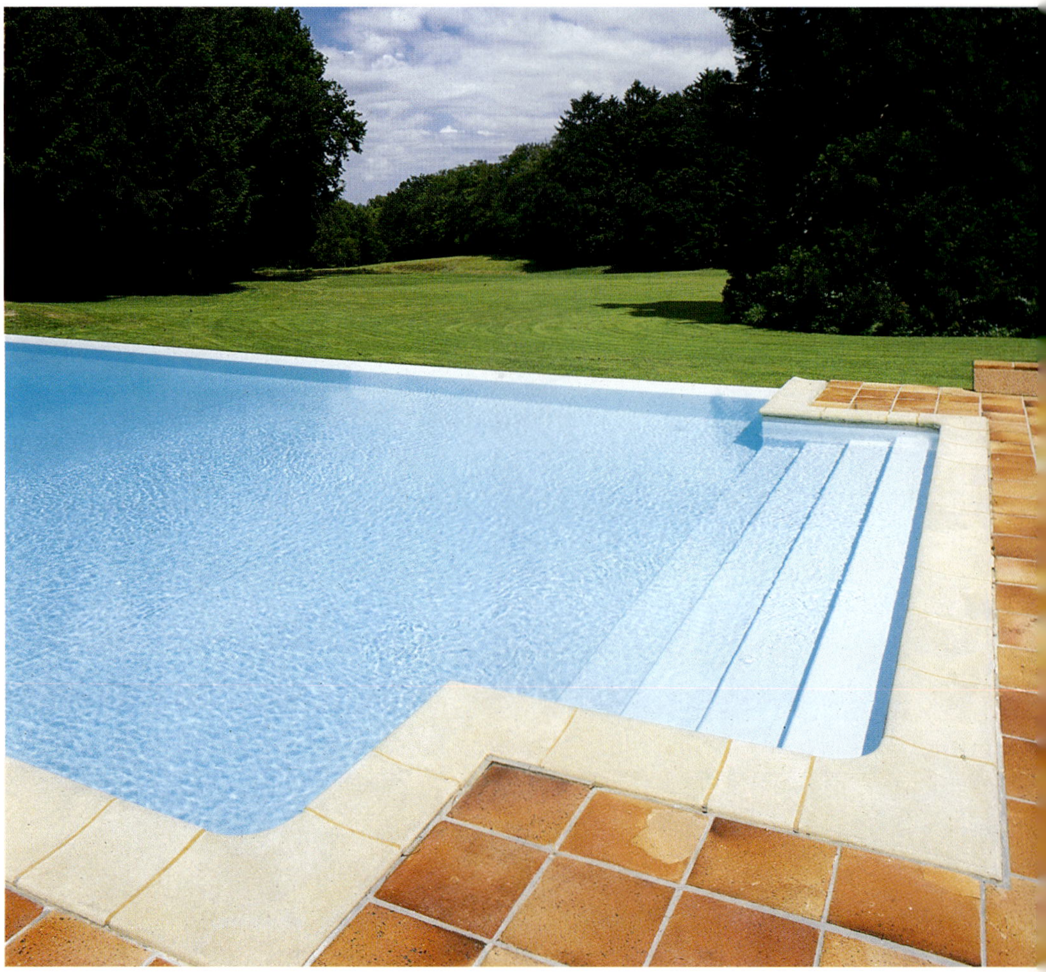

101

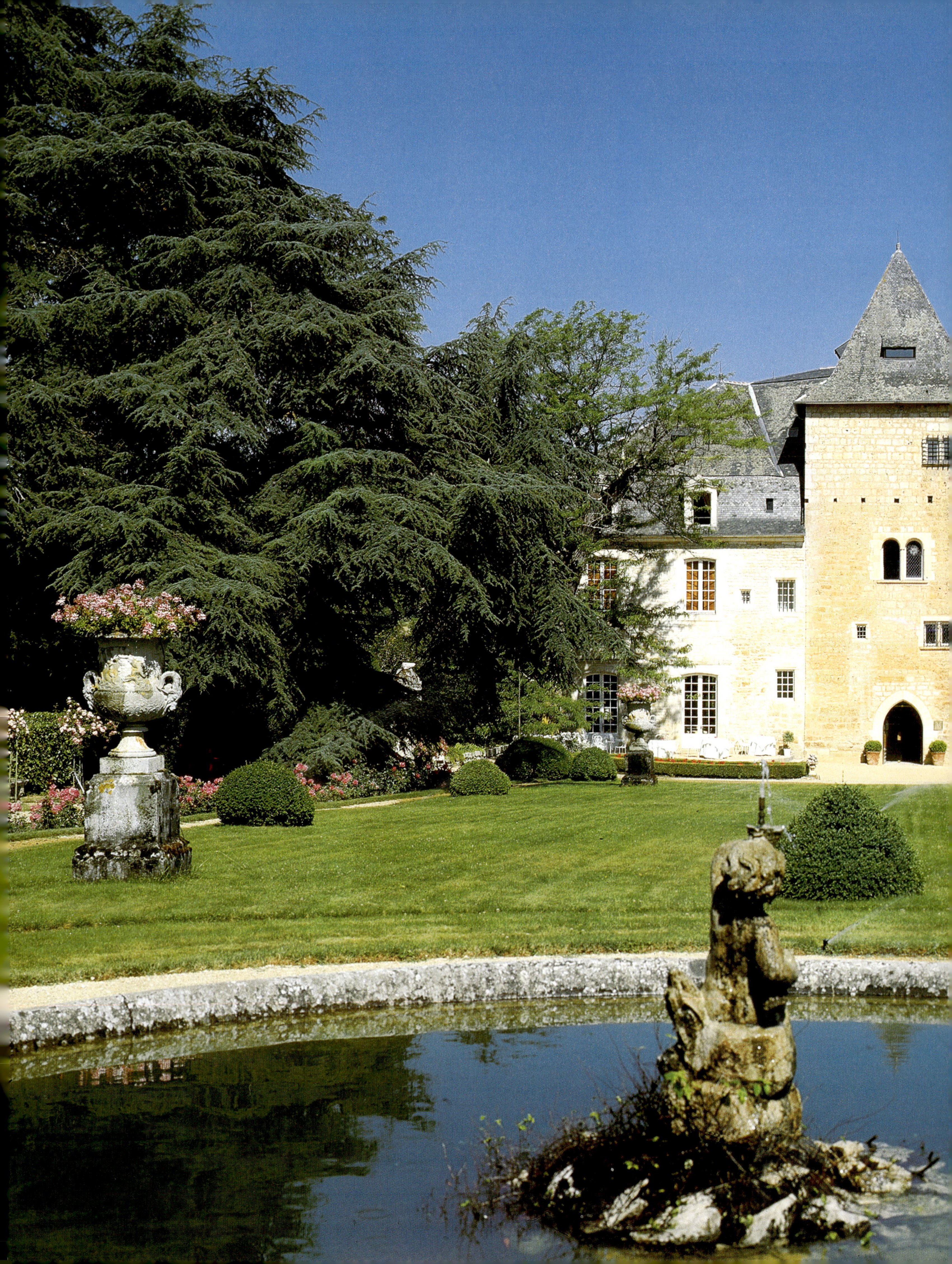

Château de la Treyne

Auf einem Felsen über der Dordogne thront das Château de la Treyne. Märchenhaft schön ist nicht nur seine Lage, sondern auch das Schloß selbst. Seine Geschichte reicht bis ins Jahr 1342 zurück. Im Hundertjährigen Krieg und während der Religionskriege wurde der Bau verwüstet und brannte zum Teil ab. Ludwig XIII. veranlaßte schließlich den Wiederaufbau der Anlage.

Heute präsentiert sich das wunderschön restaurierte *château* in alter (oder besser: neuer) Pracht. Michèle Gombert, Schloßherrin mit Leib und Seele, kultiviert den Charme und die Eleganz des altehrwürdigen Bauwerks bis ins kleinste Detail. So ist zum Beispiel der offizielle Empfangssaal Ludwigs XIII. über die Jahrhunderte hinweg weitgehend unverändert geblieben.

Der Gast hat die Wahl unter 14 Zimmern und zwei Appartements. Sie liegen zum Teil zum stilvoll angelegten Garten hin – hier sieht man am Morgen hinter den prachtvoll gewachsenen Libanon-Zedern die Sonne aufgehen – und zum Teil an der dem Fluß zugewandten Seite. Unter letzteren sind die "Chambre Louis XIII." mit Himmelbett und die "Chambre Vendanges", eine Reminiszenz an die herrlichen Cahors-Weine, die außerdem eine Besonderheit aufweist: Das Zimmer ist in einem Turm untergebracht, der in längst vergangener Zeit als Verlies diente!

Unbedingt empfehlenswert ist es, die wunderschöne und sehr abwechslungsreiche Umgebung zu erkunden. Prähistorische Stätten wie Les Eyzies, die Höhlen von Lacave und Lascaux mit ihren weltberühmten Felsbildern vermitteln unvergeßliche Eindrücke. Sarlat und Rocamadour, zwei überaus reizvolle Städtchen, liegen malerisch in der hügeligen, von Kalksteinmassiven durchsetzten idyllischen Landschaft. Auf den Märkten der *bastides* (befestigten Garnisonsstädtchen) werden allerlei regionale Spezialitäten, unter anderem *foie gras* und Trüffeln feilgeboten.

Aus diesen und vielen anderen Zutaten komponiert der Küchenchef kulinarische Meisterwerke und berät außerdem fachkundig bei der Auswahl der jeweils passenden Weine. Bei schönem Wetter werden die Mahlzeiten auf der lauschigen Terrasse mit wundervoller Aussicht auf die Dordogne – und die untergehende Sonne dahinter – serviert. Eine Atmosphäre, bei der keine Wünsche offenbleiben!

Oben: Die Lage oberhalb der Dordogne ist geradezu einzigartig.

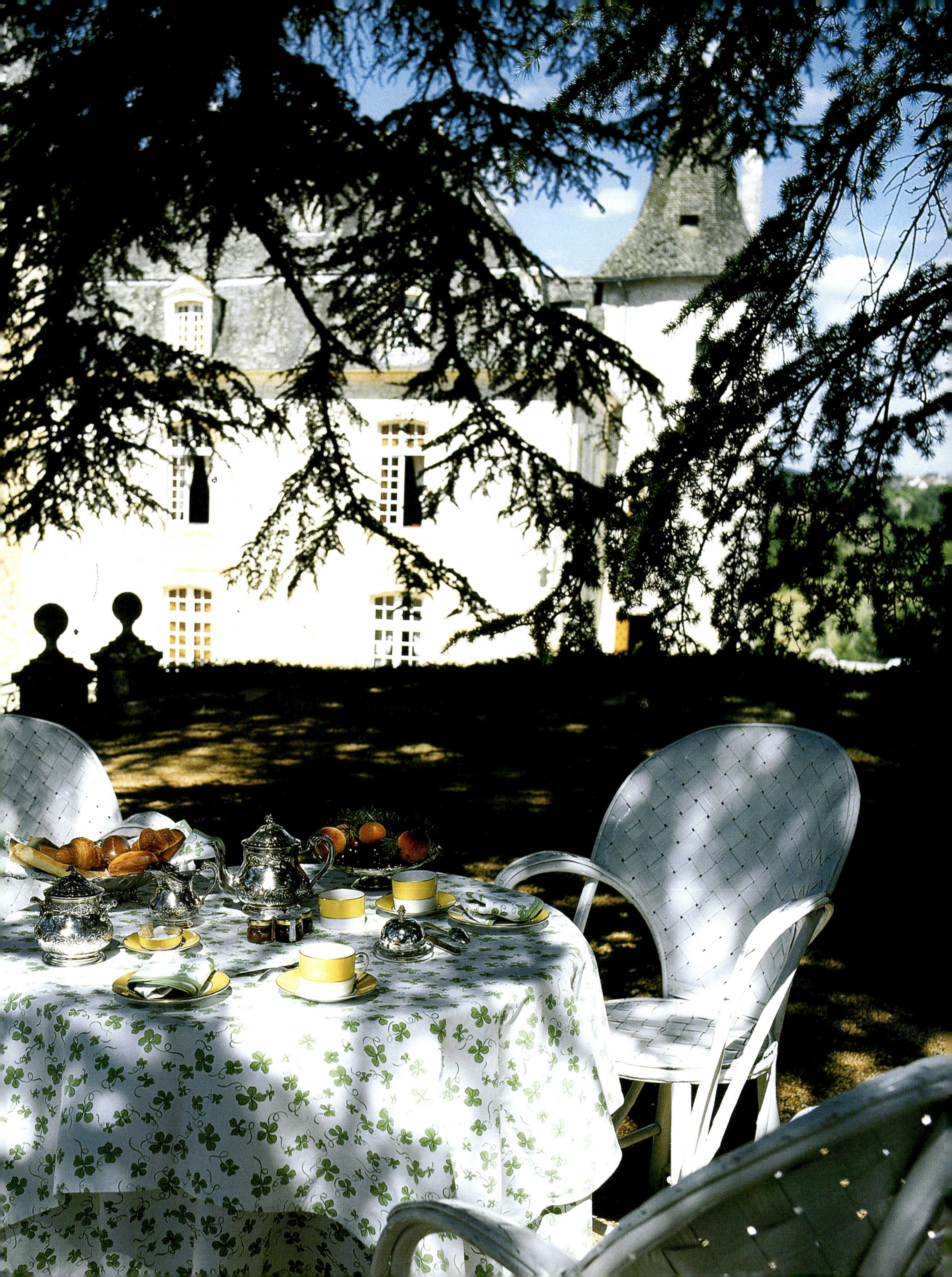

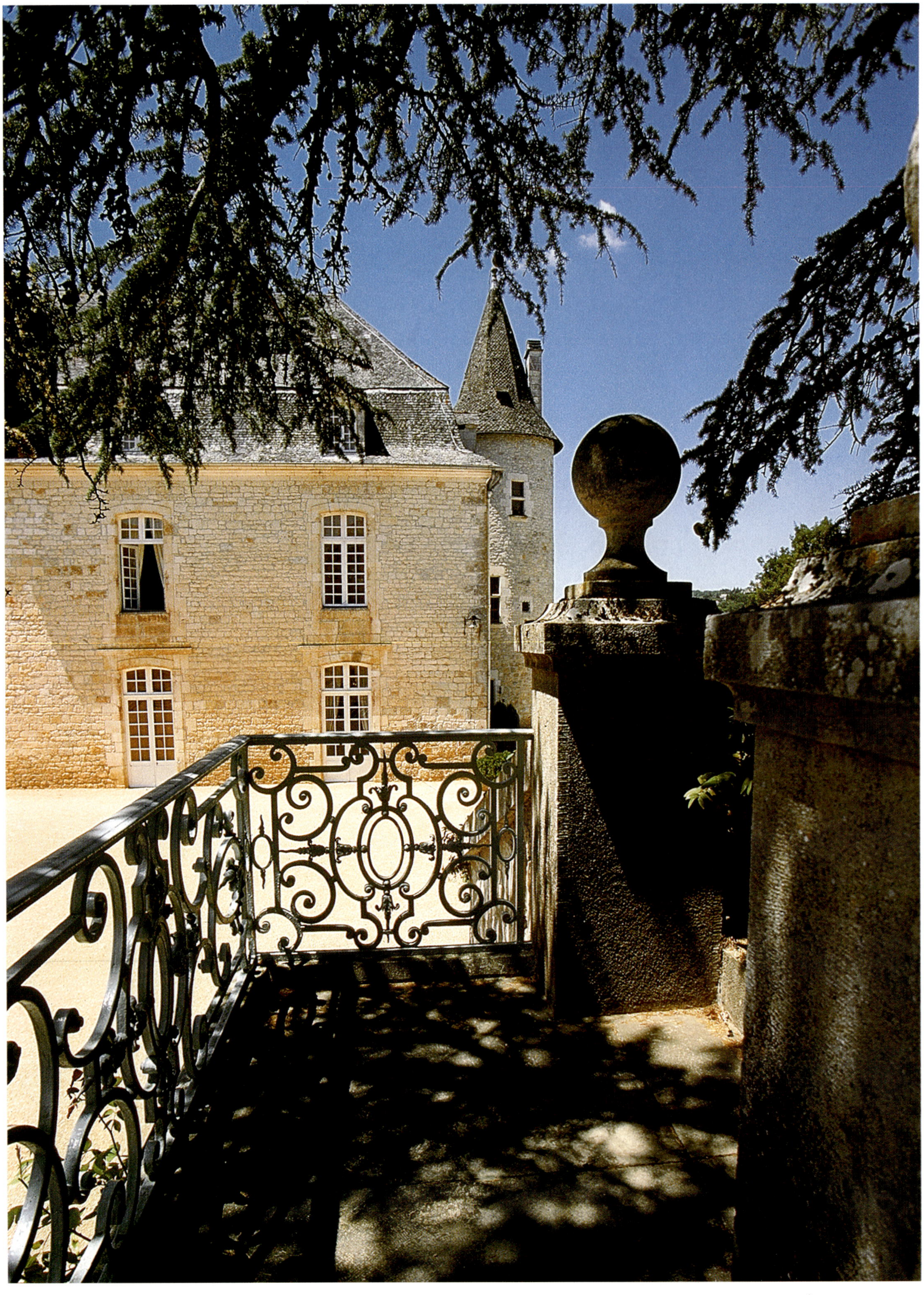

Nach den Religionskriegen wurde das Schloß unter Ludwig XIII. in neuer Pracht wiederaufgebaut.

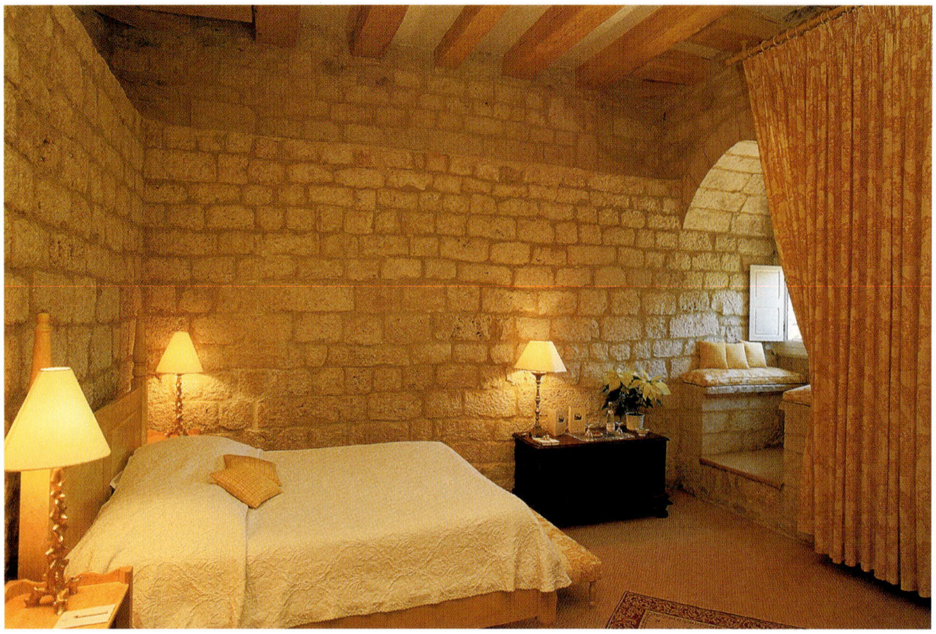

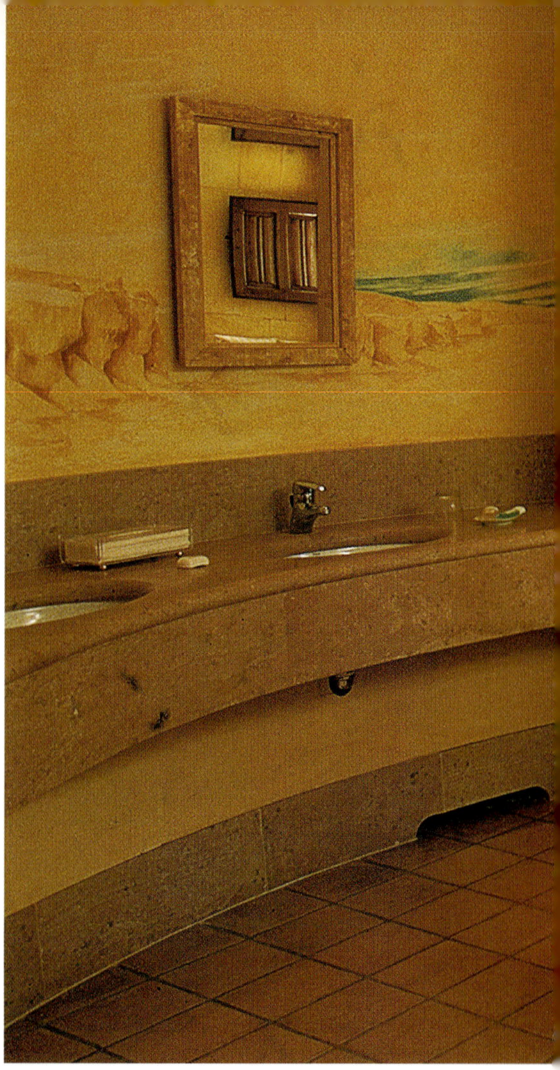

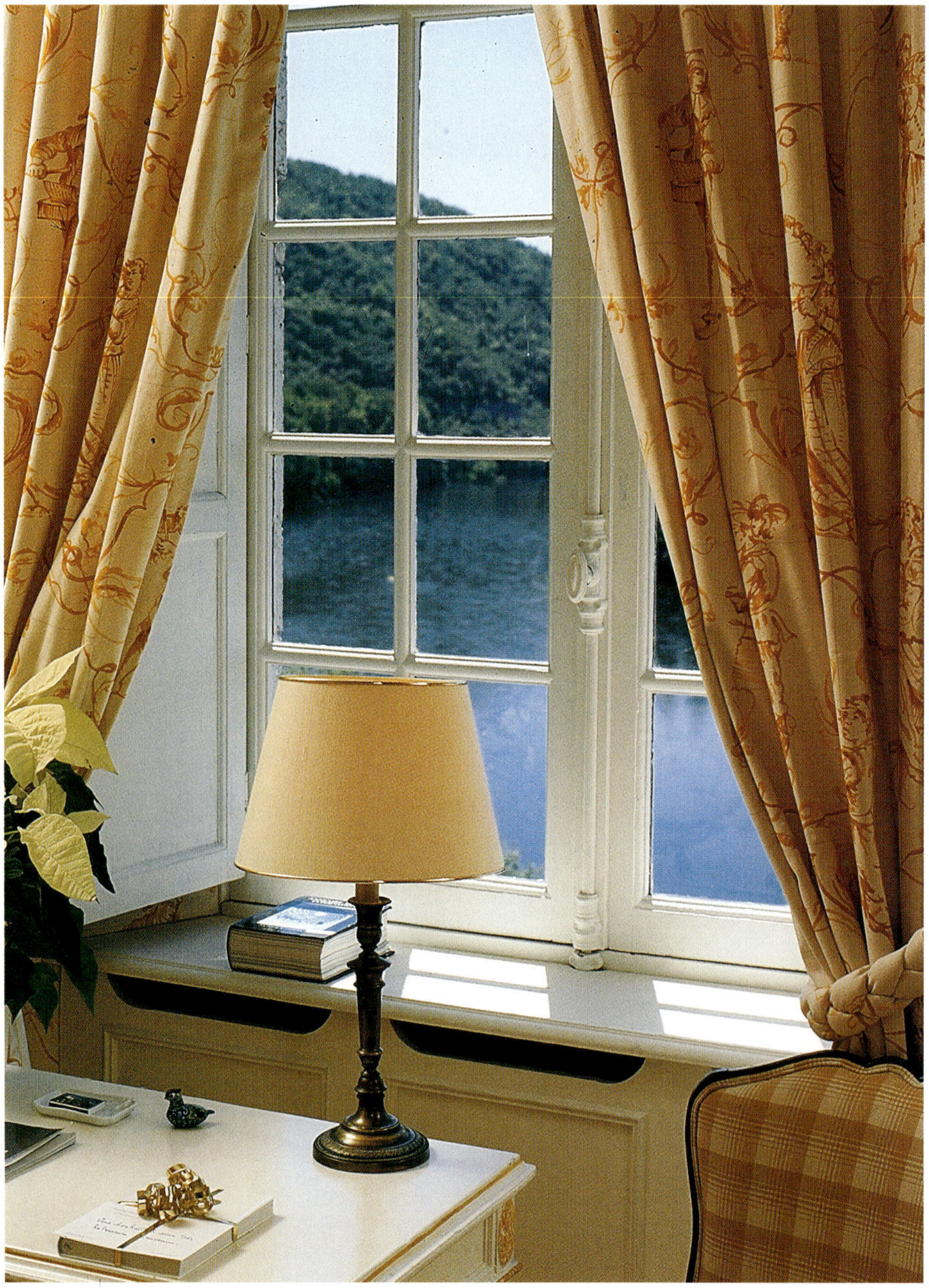

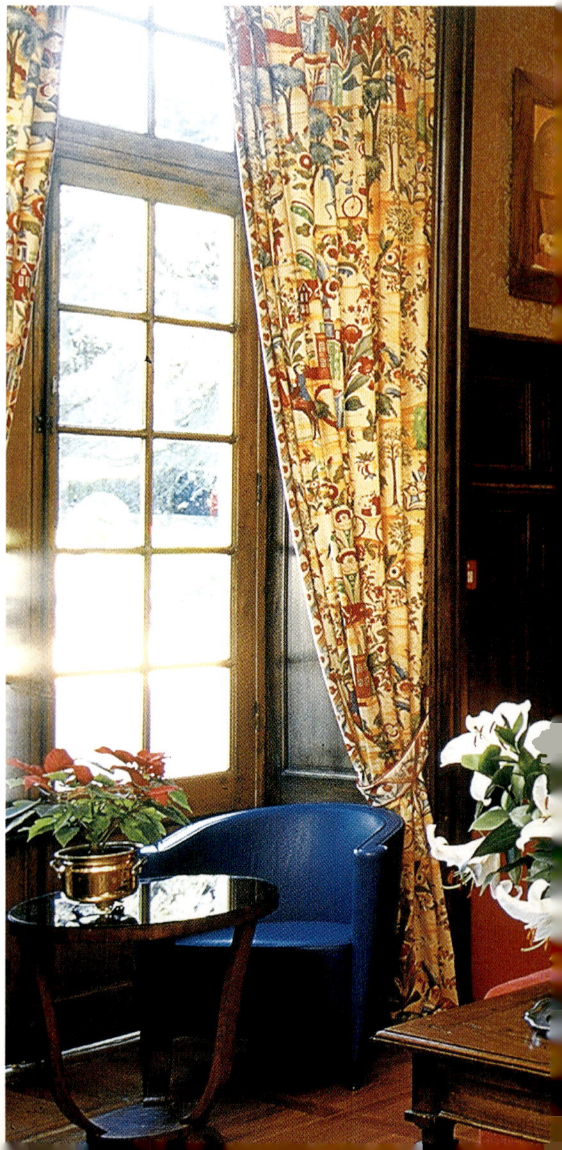

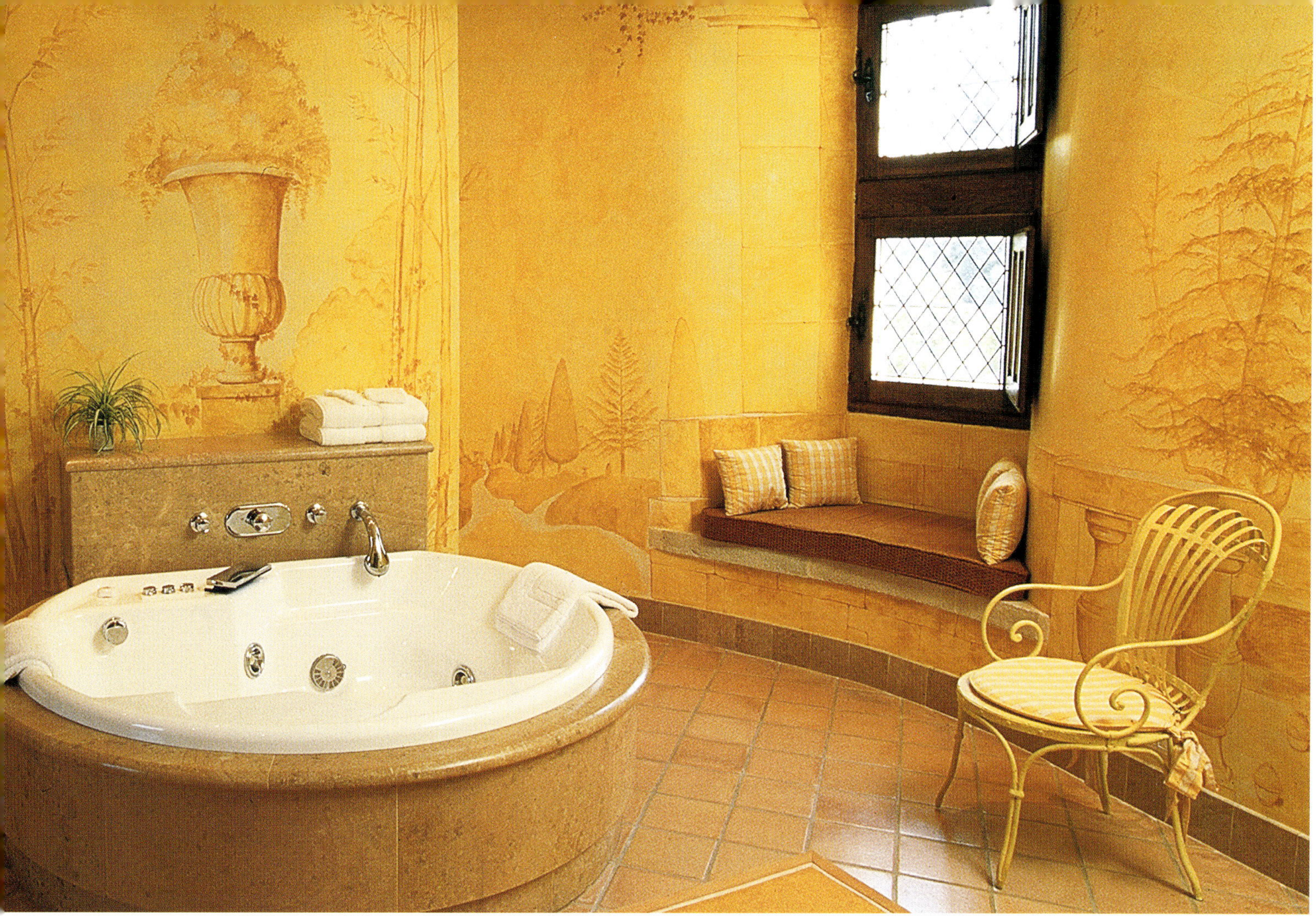

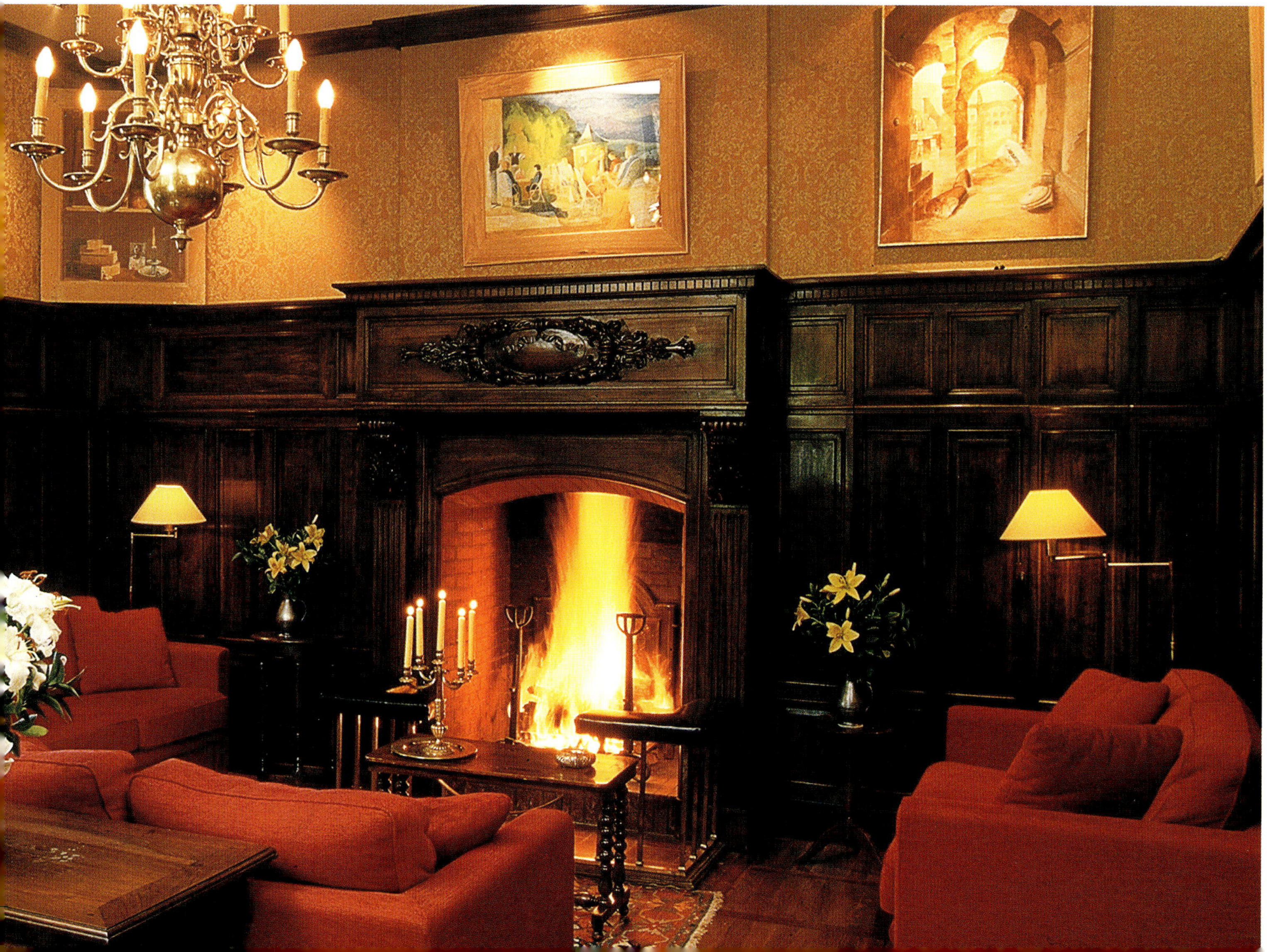

Michel Bras

Wenn man sich dem Städtchen Laguiole im Aveyron nähert, ändert sich die Landschaft. Die ländliche Stille intensiviert sich, und das Sonnenlicht wirkt stärker und lebendiger. Von Buchenhecken durchzogenes ausgedehntes Weideland, an dem die Naturgewalten im Laufe der Zeit Spuren hinterlassen haben, bietet einen faszinierenden Anblick, ebenso die *burons*, die alten Sennhütten, deren Dächer den Boden zu berühren scheinen. Ganz deutlich wird einem bewußt, daß man im Aubrac angekommen ist, einem hochgelegenen rauhen Landstrich mit hauptsächlich Granit- und Basaltboden. Man hat den Eindruck, die Menschen hätten diese Gegend über die Jahrhunderte hinweg vollkommen vergessen!

Für Michel Bras jedoch ist diese ursprüngliche Landschaft ein Faszinosum. Michel und Ginette Bras sind hier geboren und geblieben, sie fühlen sich eins mit der Natur. Ihr Hotel offenbart sich dem Besucher Stück für Stück, wie übrigens auch die Landschaft. Dahinter steht die Philosophie, daß sich die Reize des Aubrac dem, der dort weilt, ganz allmählich erschließen sollen. Die schlichte, strenge Architektur der Gebäude fügt sich trotz ihrer Modernität nahtlos in die Umgebung ein.

Bei den verwendeten Baumaterialien wie auch bei der Gestaltung hat man dem Charakter der Gegend Rechnung getragen. Das Restaurant scheint gleichsam in der Luft zu schweben, fließend in die Landschaft überzugehen. Es vermittelt dank des üppigen Lichteinfalls sogar im Winter die Illusion, man würde im Freien speisen. Und im Salon, dessen sämtliche Wände verglast sind, fühlt man sich tatsächlich wie in einem Luftschloß – hier einen Digestif zu nehmen, ist ein ganz besonderer Genuß.

Die Zimmer wiederum strahlen eine ganz andere Atmosphäre aus. Das einzigartige Licht des Aubrac durchflutet die Räume, die grandiose Ausblicke auf die unberührte Natur gewähren. Über das unebene Gelände

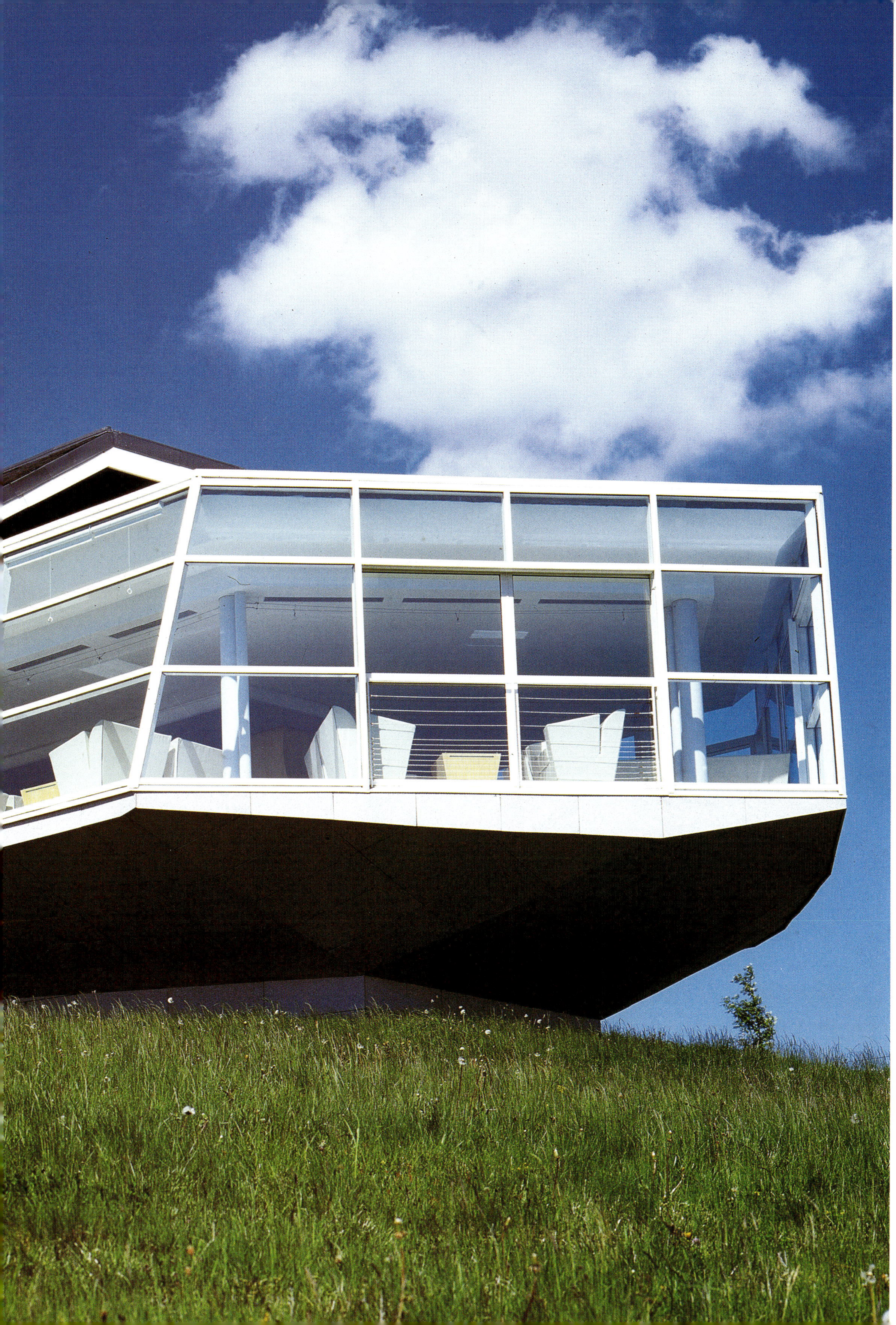

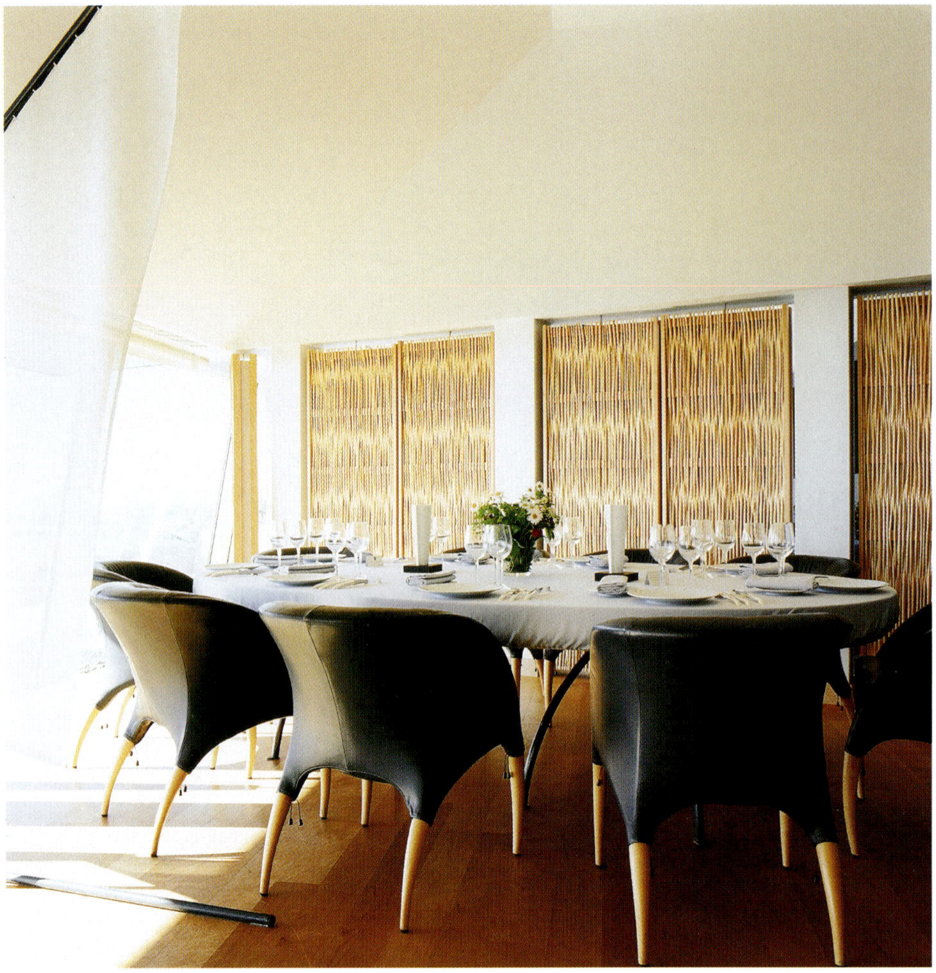
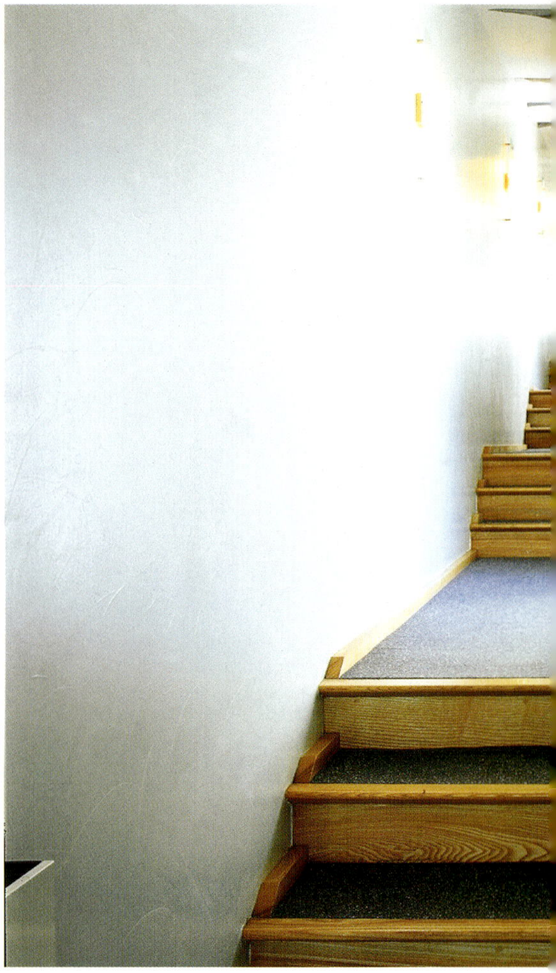
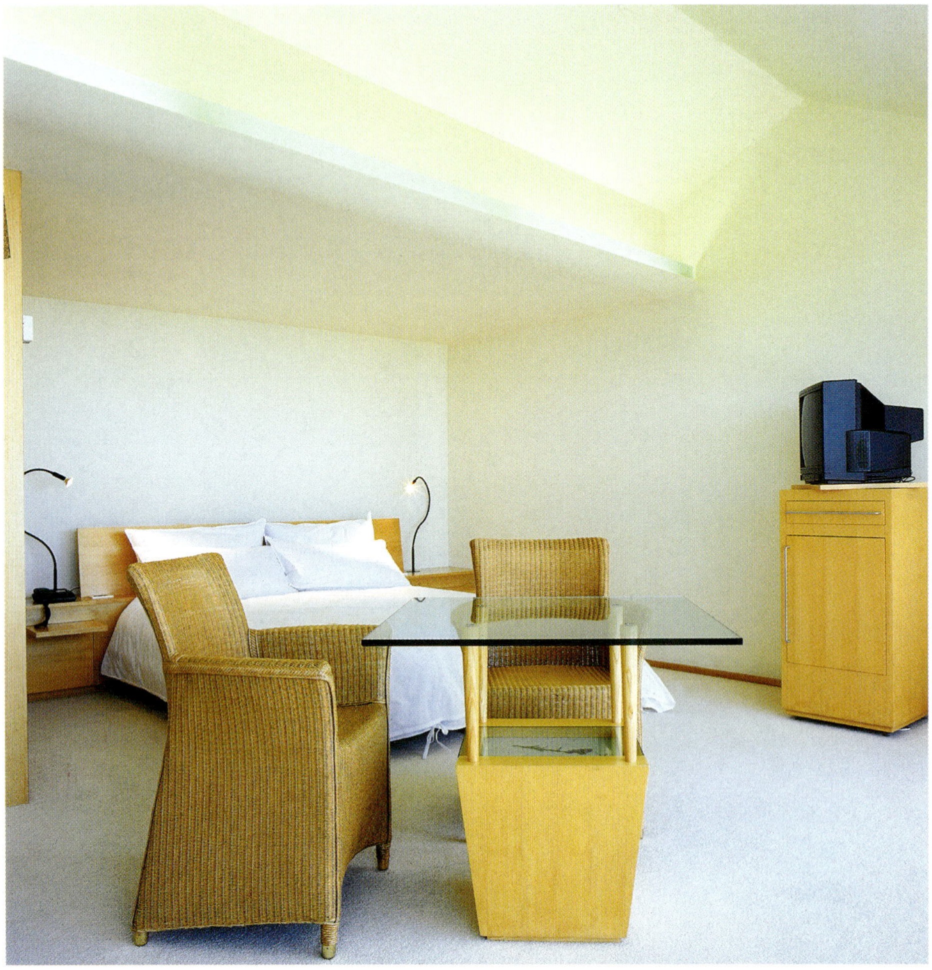
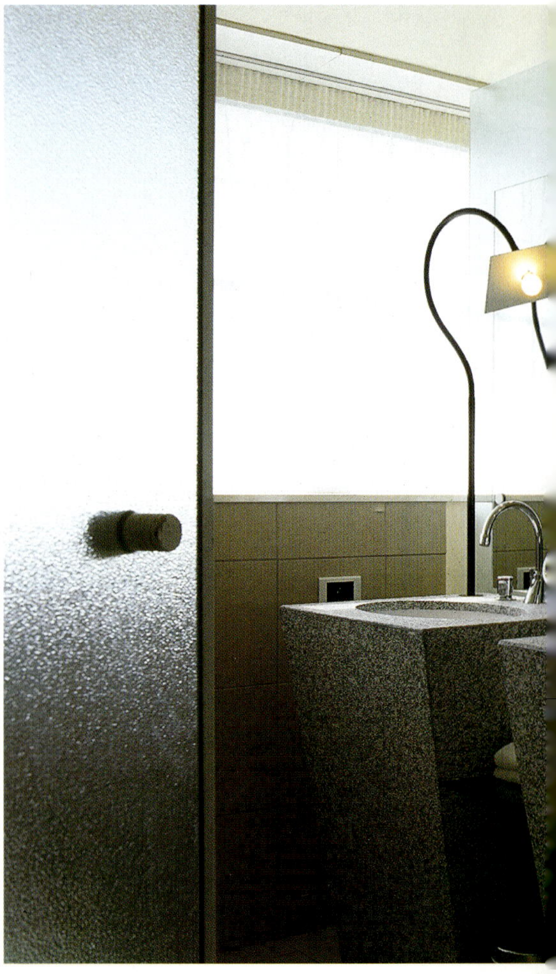

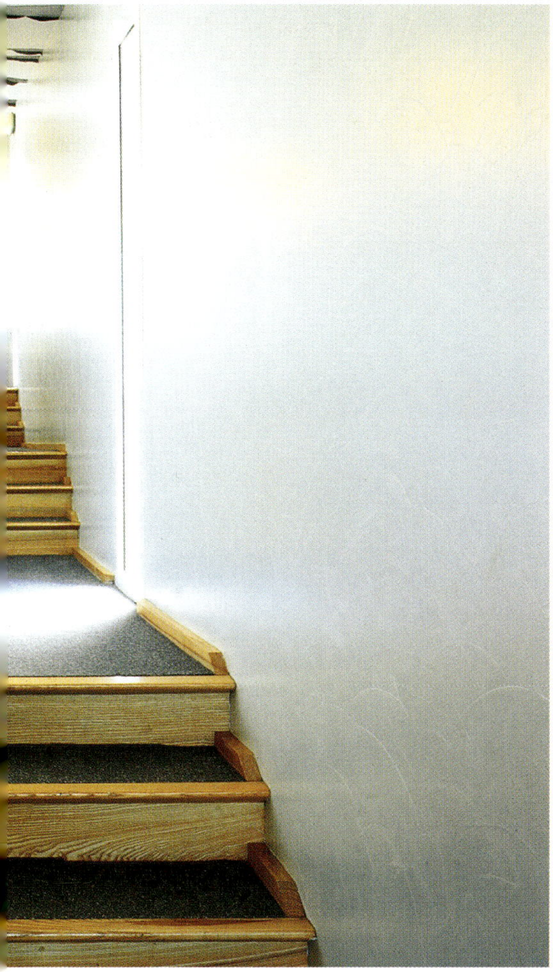
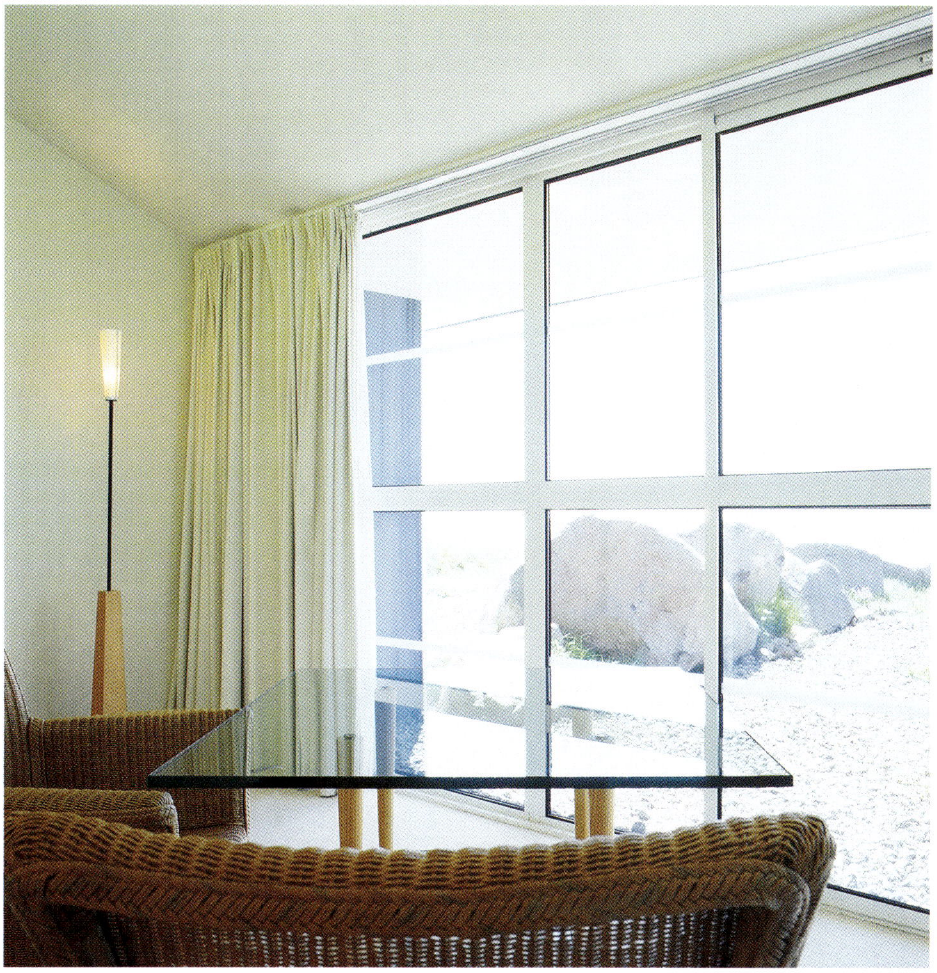
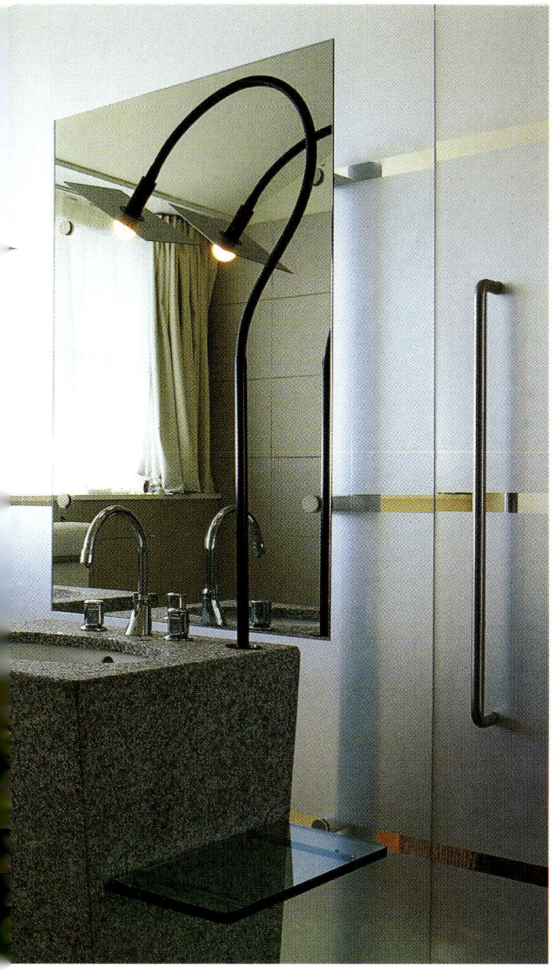
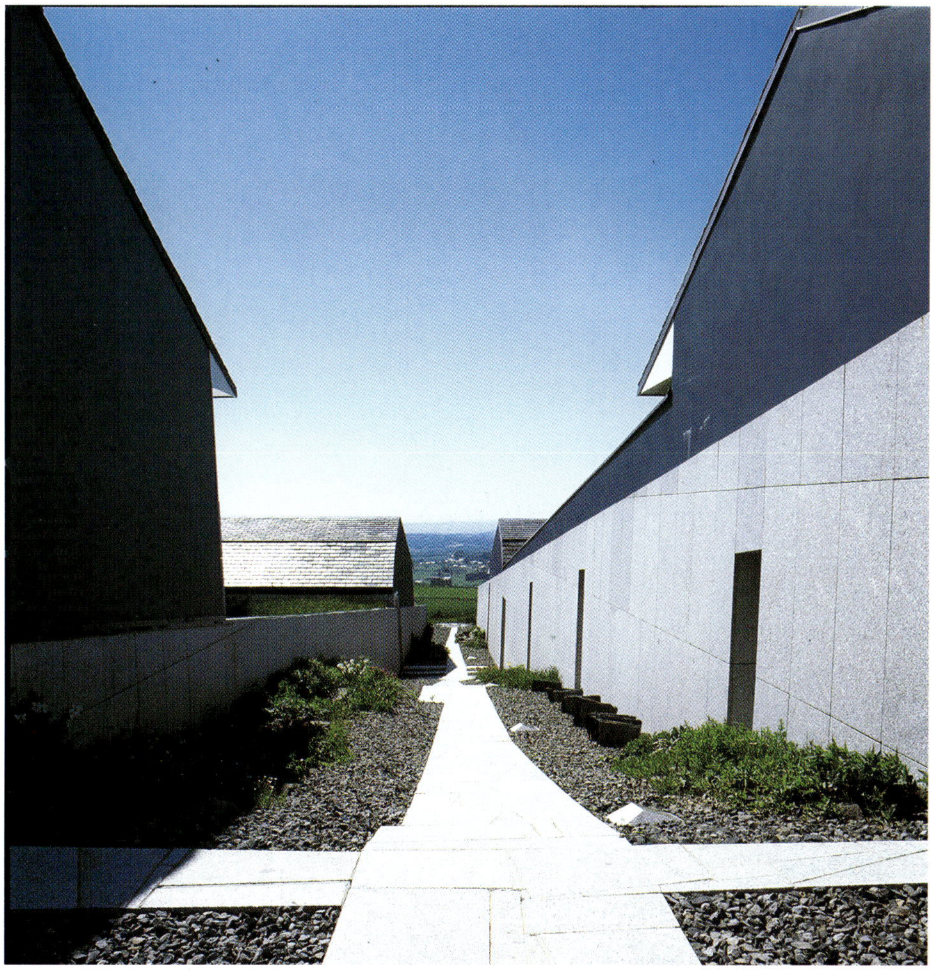

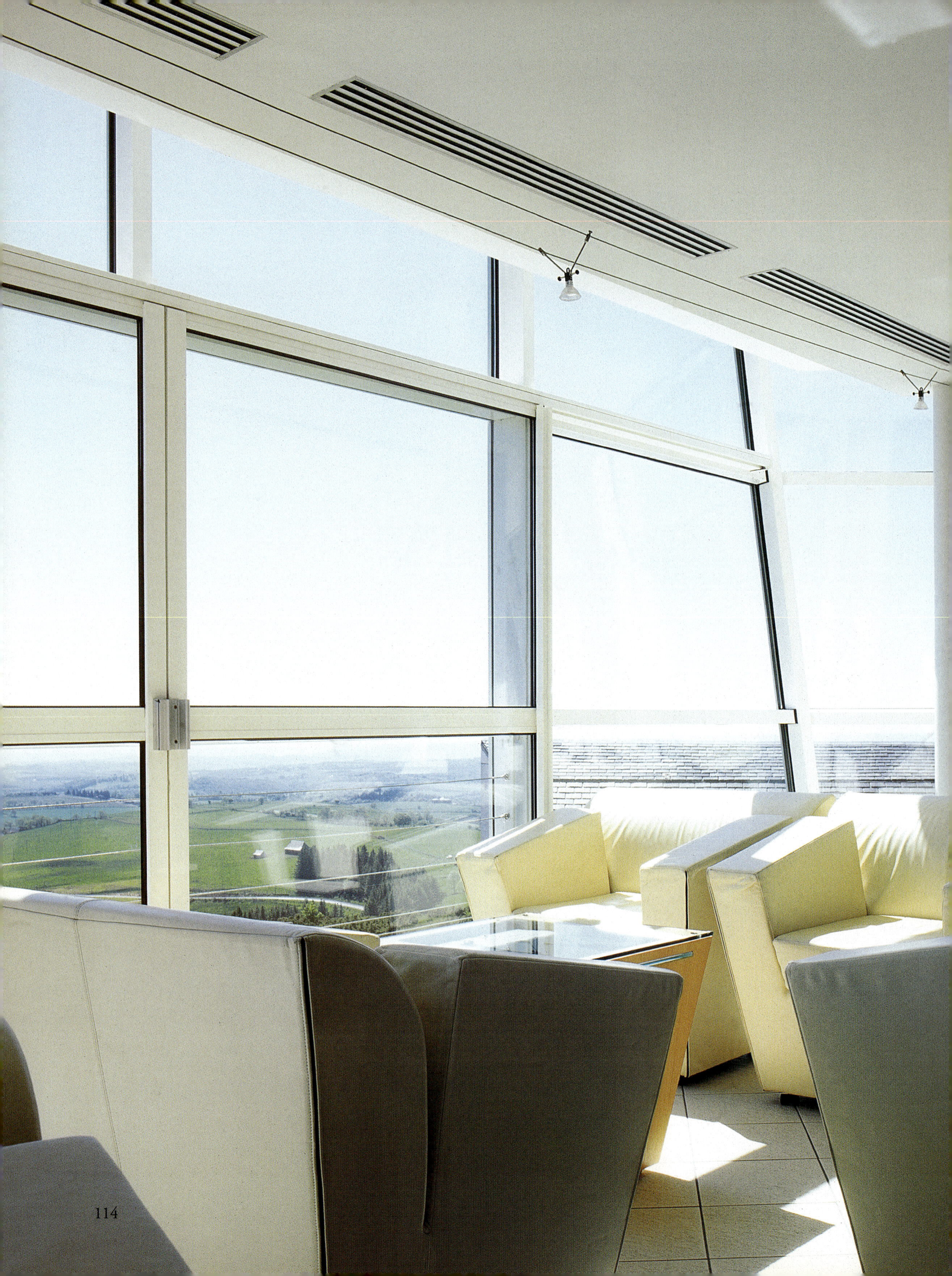

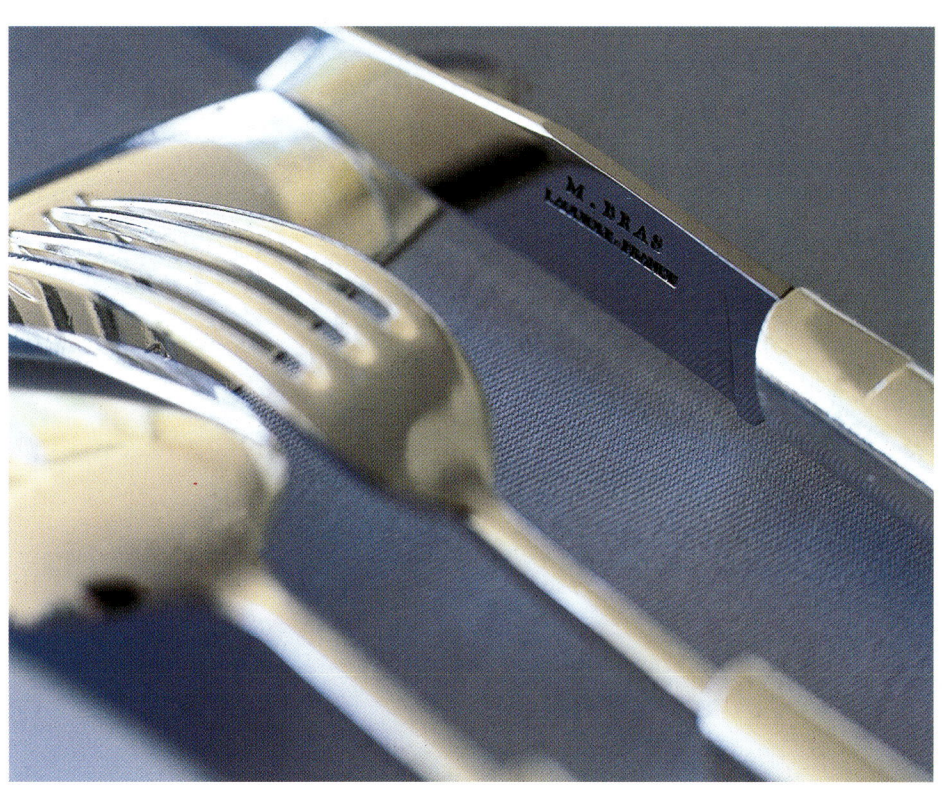

verteilt, bieten die Zimmer dem Gast nicht nur genügend Privatsphäre, sondern erwecken zugleich das Gefühl, die eindrucksvolle Landschaft sei ganz allein für ihn erschaffen worden!

Wenn der Abend hereinbricht, kann man vom Hotel aus einen unvergleichlichen Blick auf den sternübersäten Himmel genießen. Kulinarische Genüsse garantiert die Küche Michel Bras`, die ganz und gar von der "Lebenskunst" durchdrungen ist, die diese so charakteristische Gegend prägt. Jede Mahlzeit kommt einer Entdeckungsreise gleich, und Michel Bras bekennt: "Das Aubrac ist für mich ein Schmelztiegel, der Ort, an dem alle Lebenskraft zusammenfließt."

Wer bei Michel und Ginette Bras logiert hat, wird sich später vor allem an die Momente erinnern, in denen er die übrige Welt für eine kleine Weile vollkommen vergessen hat.

Le Manoir d'Hautegente

Weit weg vom Getriebe der Großstädte und vom Straßenlärm liegt zwischen dem Tal der Vézère und dem der Dordogne inmitten des Périgord Noir das Hotel Le Manoir d'Hautegente. An der Fassade rankt sich Efeu bis zum grauen Schieferdach empor – ein romantischer Anblick! Von der angrenzenden Wassermühle aus dem 13. Jahrhundert sind nur noch ein paar Mauerreste übrig, neben denen sich ein kleiner Wasserfall ergießt. Eine Schar Gänse, die sich vor ihrem Stall an saftigem Gras gütlich tun, vervollkommnet die ländliche Idylle.

Bei der Ausstattung der Zimmer hat man Aufzeichnungen und Gemälde aus der Zeit Ludwigs XVI. zu Rate gezogen: Die antiken Möbel nehmen sich auf den Parkettböden wunderschön aus, und die leuchtenden Farben der Teppiche wiederholen sich bei den Vorhängen und Bettüberwürfen. Rot und Grün prägen die Atmosphäre und leiten gewissermaßen in den Garten über, wo zwischen üppigem Grün rote Blumen leuchten. Auch alle anderen Zimmer des Hotels bieten einen herrlichen Blick auf die gepflegte Gartenanlage.

Ich sehe mich im Parterre um: Hier befinden sich der Speisesaal und mehrere kleine Salons. Die gedeckten Tischche mit Kerzen und die antiken Stühle harmonieren aufs schönste mit der für die Gegend typisch skulpturierten Kamineinfassung und einer Louis-quatorze-Kommode mit drei Schubladen – einem Stück von außergewöhnlicher Eleganz! Die angrenzende alte Schmiede wurde zu einem stilvollen Raum mit Louis-treize-Interieur umgewandelt.

Ich begebe mich auf die beleuchtete Terrasse und genieße eine *lasagne de cabillard aux chanterelles*. Das Flüßchen gleich neben dem Hotel – übrigens ein kleines Paradies für Forellenangler – ergänzt die friedvolle Stimmung durch sein leises Plätschern.

Nach dem Diner erfrische ich mich im Schwimmbecken und nehme anschließend beim sanften Rauschen der Bäume einen roten Bergerac als Schlummertrunk. Morgen will ich die Schlösser von Losse und Hautefort besichtigen, zwei der zahlreichen Sehenswürdigkeiten in der reizvollen Umgebung des Manoir d'Hautegente.

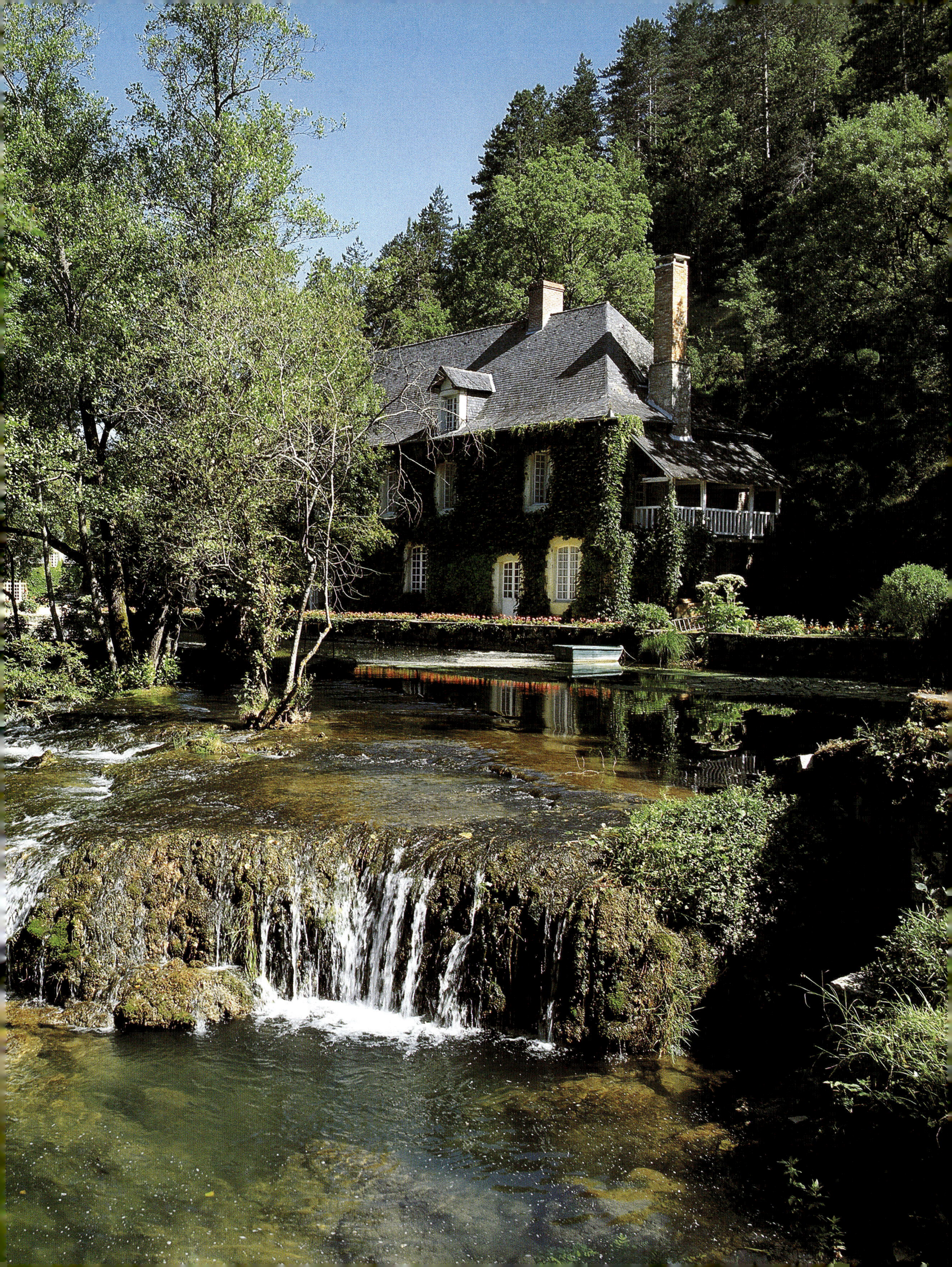

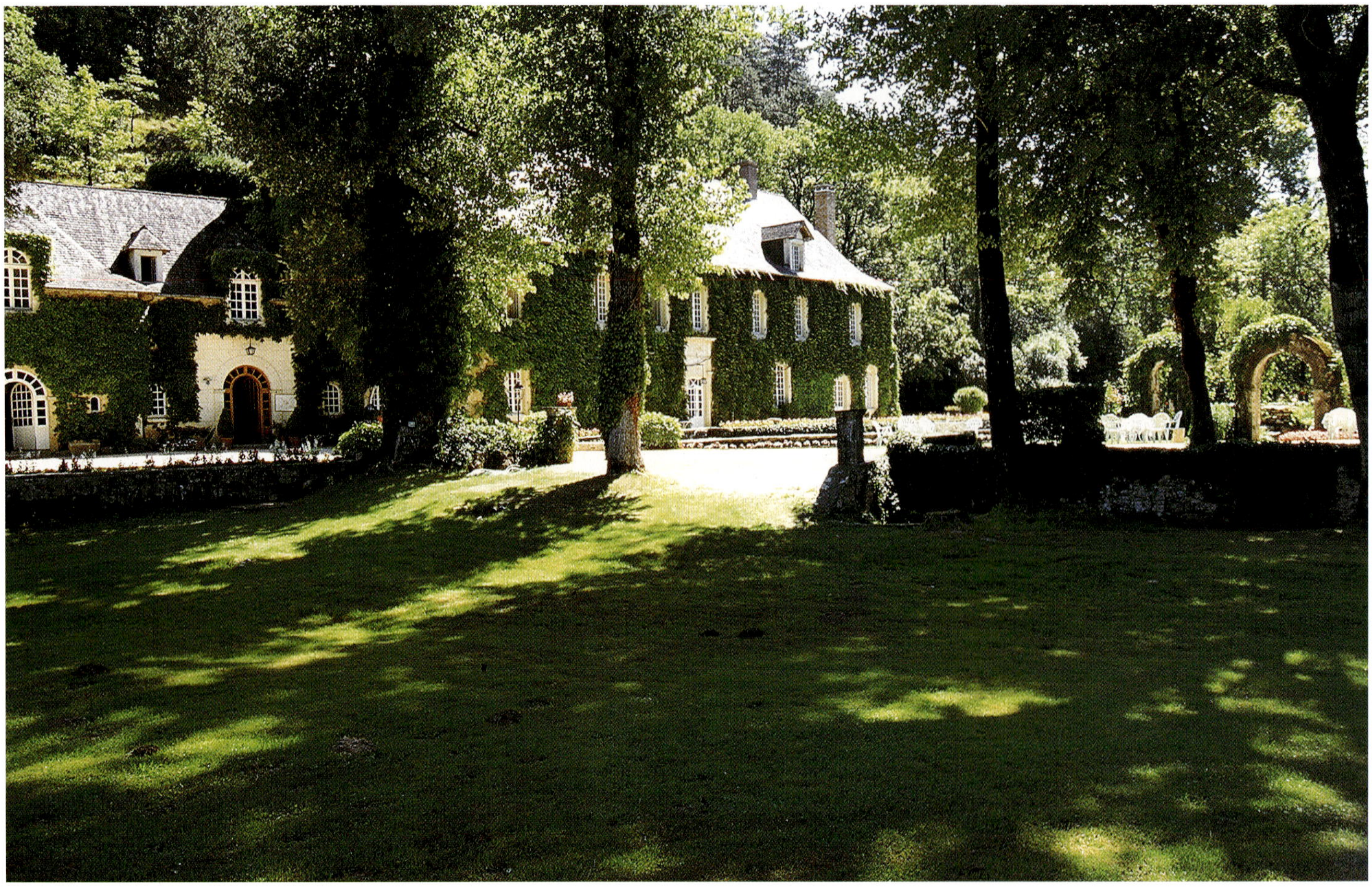

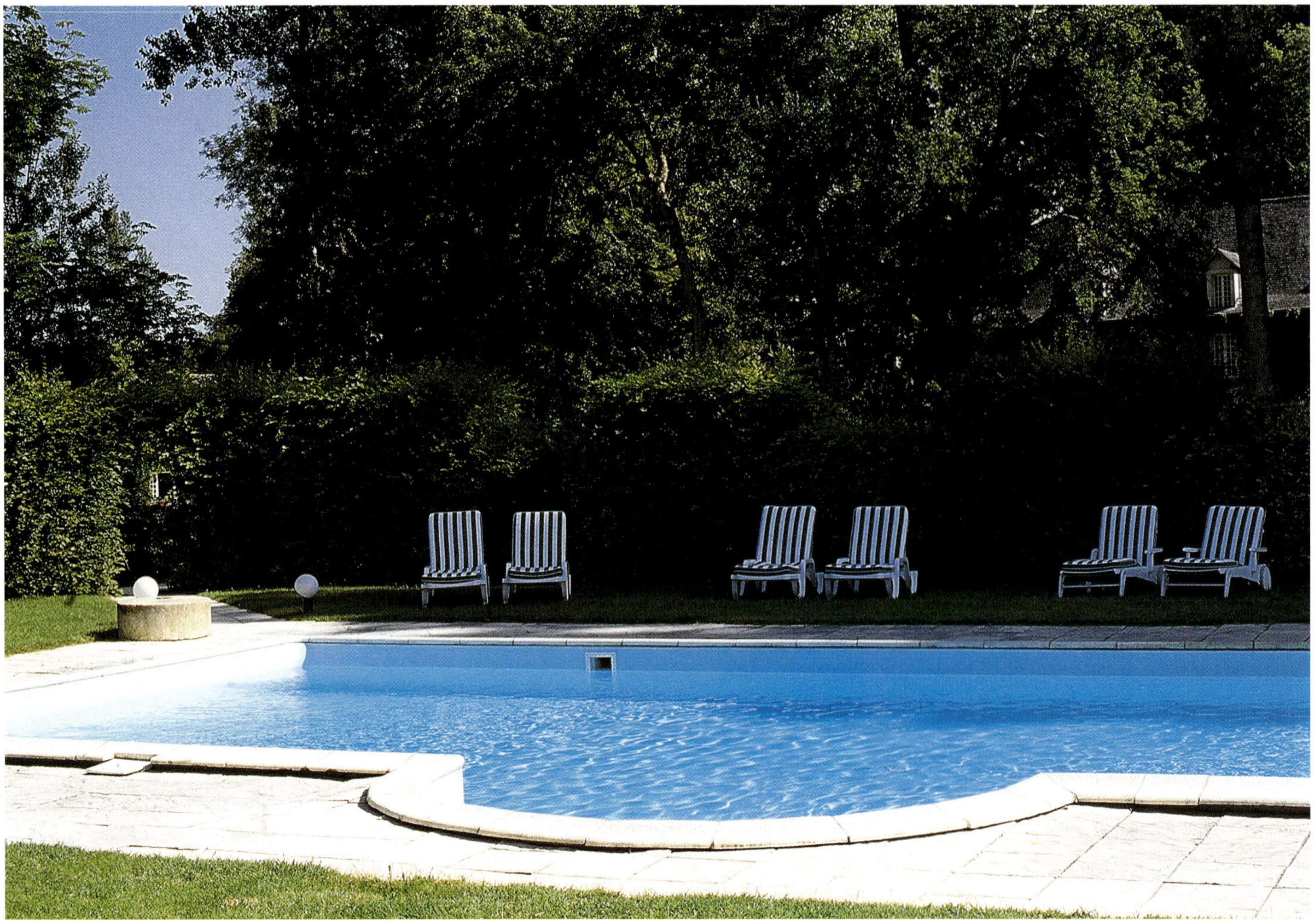

Le Manoir d'Hautegente - ein verborgenes Juwel im Herzen des Périgord

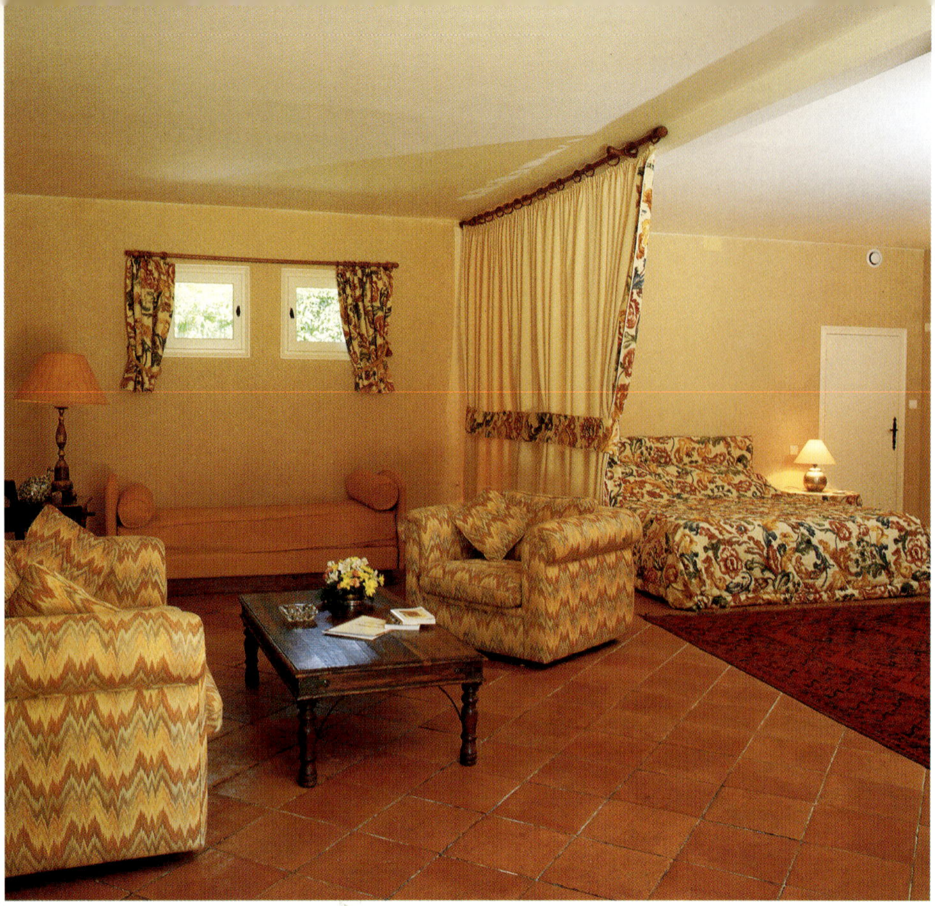

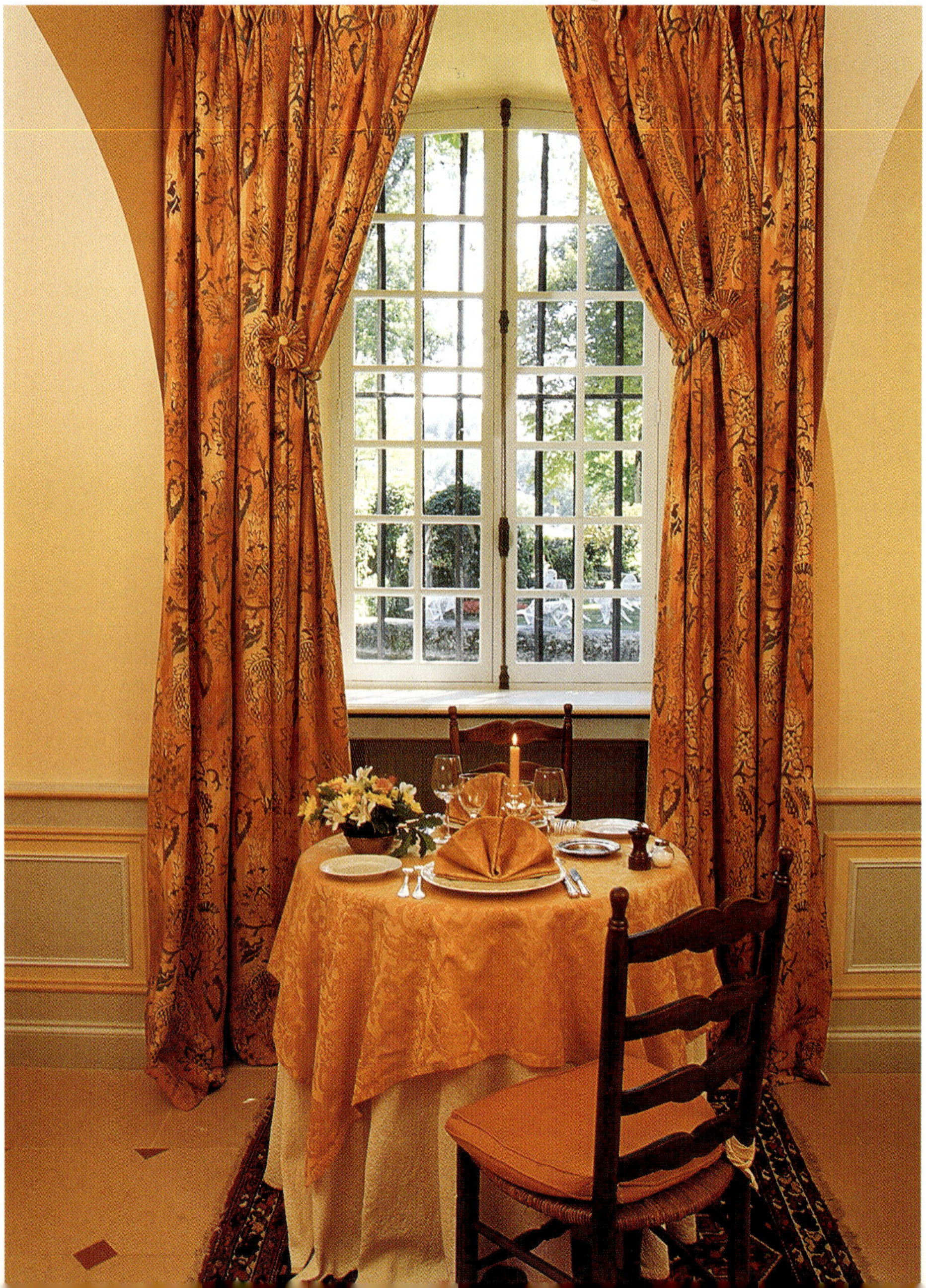

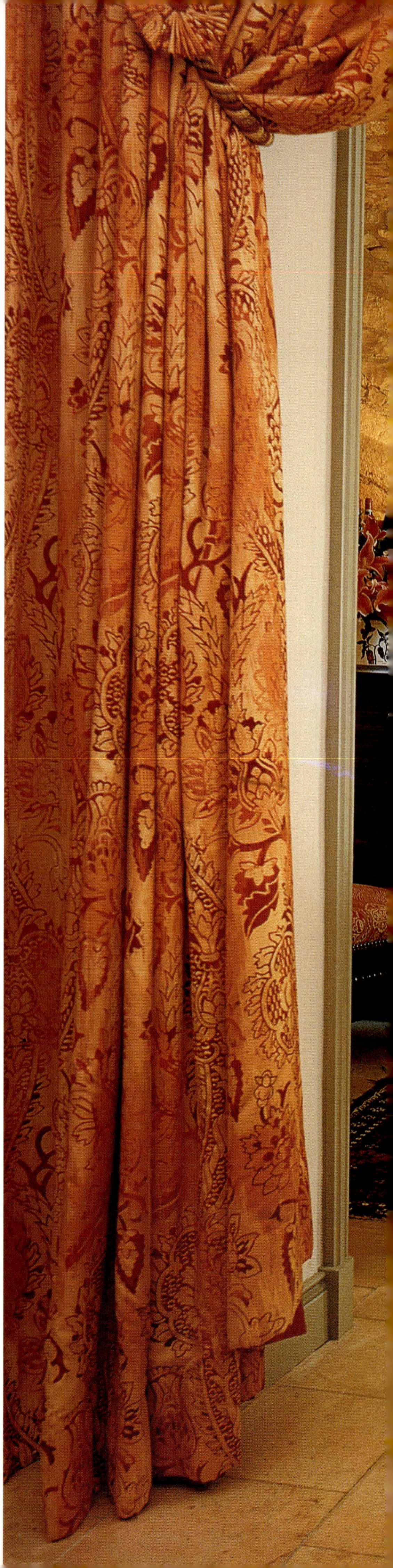

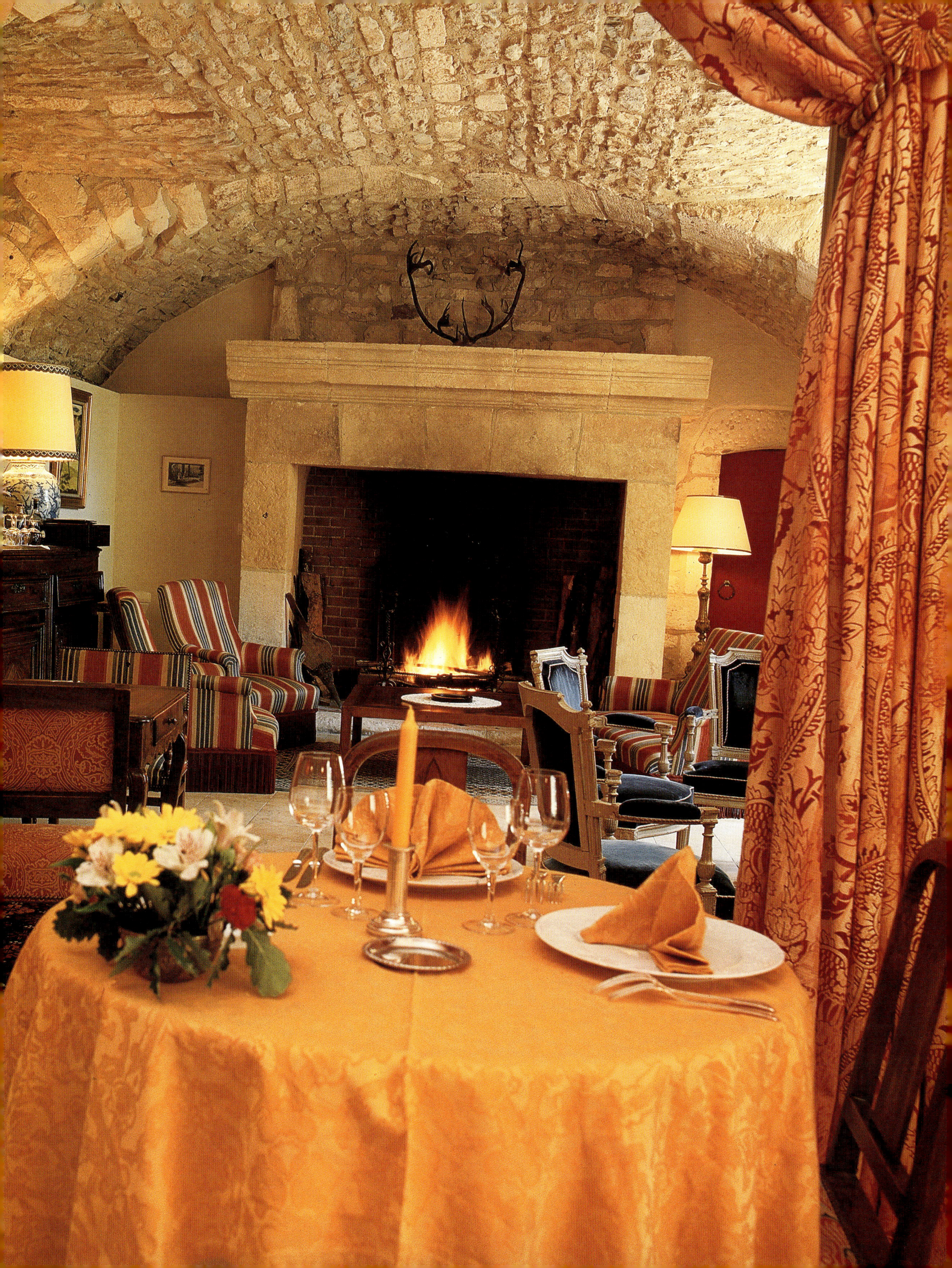

Le Château de Roumegouse

Reste einer Festungsmauer, ein Gewirr von Dachtürmchen, eine Terrasse voller Sonnenschirme und ein verlockend glitzerndes Schwimmbad – so präsentiert sich das Château de Roumégouse seinen Gästen. Das Schloßhotel, in dem sich Elemente der Gotik und der Renaissance vereinen, liegt im Norden des Departements Lot, einer unter dem Namen Quercy bekannten Gegend, auf einem kleinen Hügel inmitten eines fünf Hektar großen waldreichen Parks. Die Umgebung ist schlicht traumhaft: Die Dordogne durchfließt hier das Grand Périgord, und man trifft immer wieder auf Orte mit großer Vergangenheit, zum Beispiel Rocamadour am Jakobsweg nach Santiago de Compostela.

Antike Möbel, Gemälde und an den Wänden drapierte Stoffbahnen prägen den besonderen Charakter der Räume, denen die vielen Ziergegenstände aus der Sammlung der Eigentümer Luce und Jean-Louis Laîné eine sehr individuelle Note verleihen. Alles ist hier komfortabel, ohne jedoch übertrieben zu wirken. Die in Blau, Rot und Braun gehaltene Bibliothek mit ihrem schönen Balkenwerk bietet eine breite Auswahl an Lektüre. Hier – wie in allen anderen Räumen – stellt Luce Laîné regelmäßig frische Blumensträuße auf.

In der Küche führt Jean-Louis das Regiment. Nach traditionellen und eigenen Rezepten bereitet er köstliche Gerichte zu, die bei schönem Wetter auf der mit weißen Geranien geschmückten Terrasse serviert werden.

Das Schloß ist ein idealer Ausgangspunkt für Sternfahrten in die Umgebung. Während der Sommermonate finden in Rocamadour, Martel und Gramat regelmäßig Konzerte statt; ein besonderer "Leckerbissen" ist das Opernfestival von Saint-Céré. Andere sehenswerte Städte in der Umgebung sind Carennac und Sarlat. Wer es abenteuerlich mag, dem sei eine Kajakfahrt auf dem Lot empfohlen.

Den krönenden Abschluß eines jeden Tages – wie auch immer man ihn verbracht hat – bildet ein köstliches Dreigängemenü bei Kerzenlicht und leiser Musik, zu dem der Küchenchef einen Rotwein aus der Gegend um Cahors, einem der ältesten Weinbaugebiete Frankreichs, kredenzt.

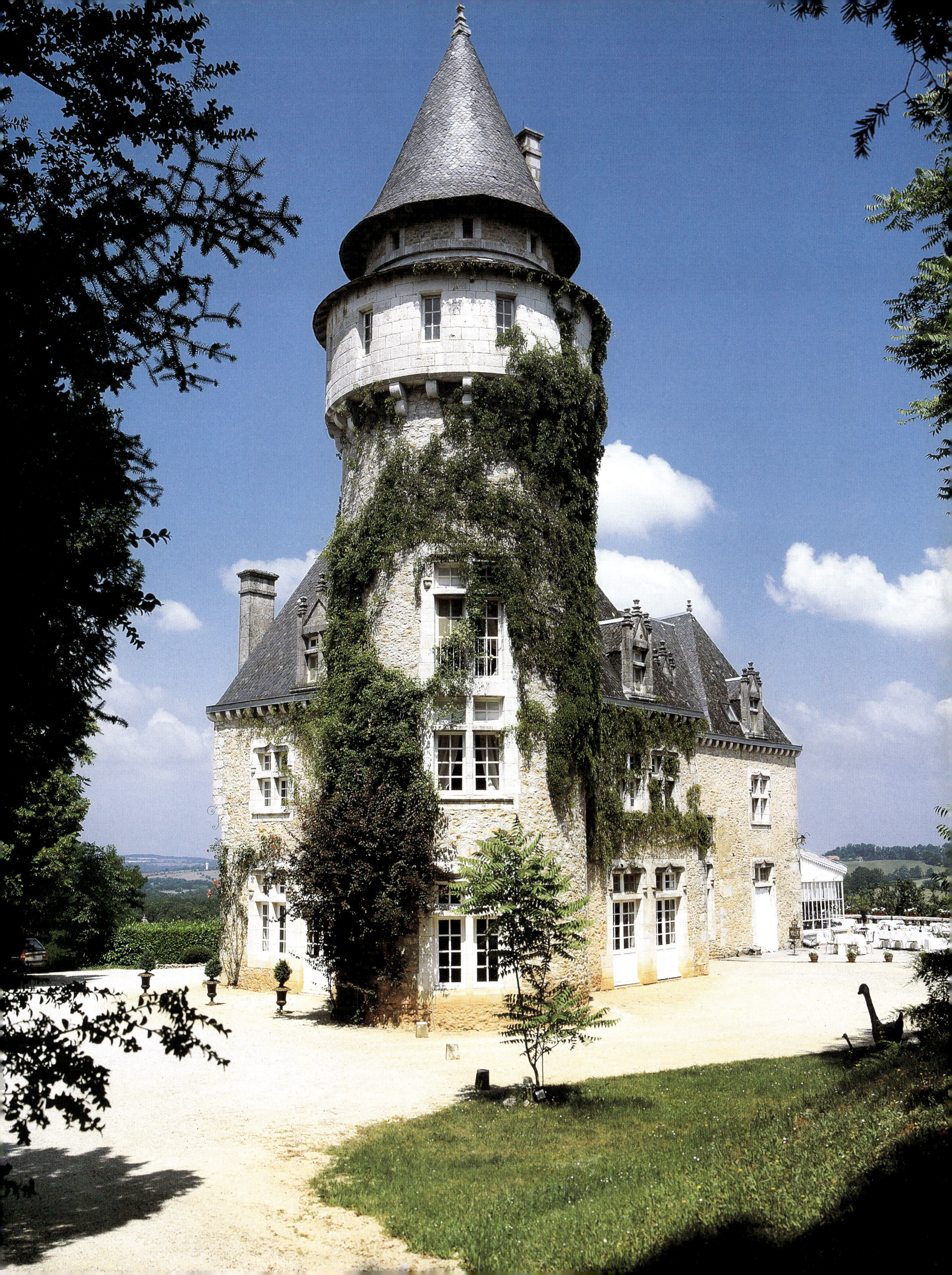

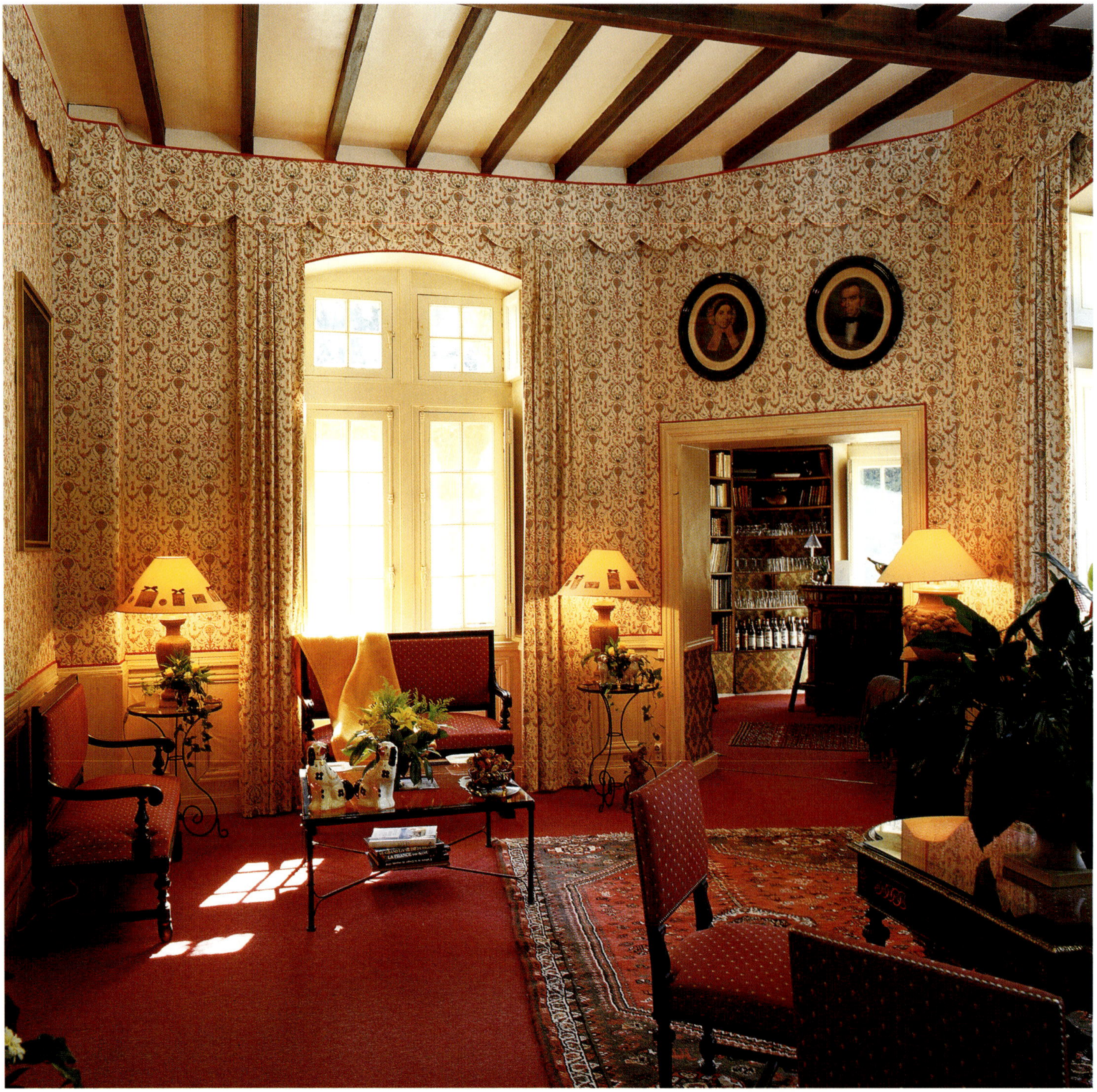

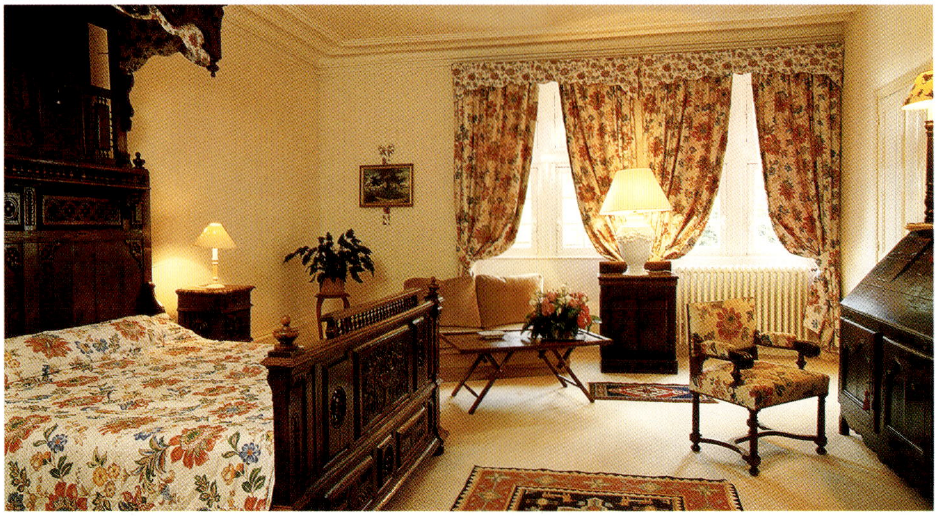

125

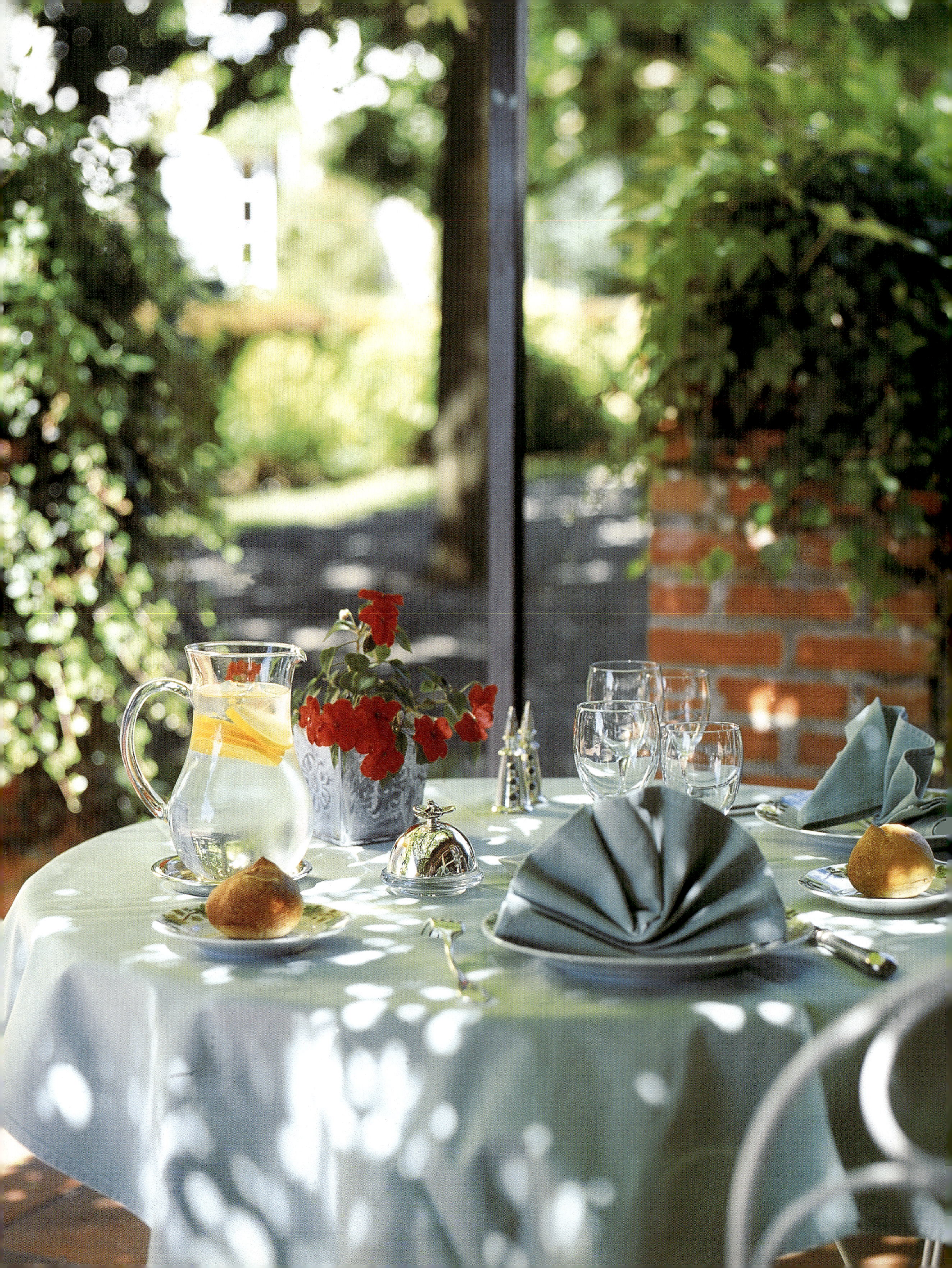

Le Domaine de Bassibé

Bassibé - der Legende nach bezeichnet dieser melodische Name einen "Ort, an dem man sich wohl fühlt", und solch ein Ort ist das Hotel Le Domaine de Bassibé in der Tat. Schon der Weg dorthin ist ein Genuß: Die von mächtigen Kastanien und Lorbeerbäumen gesäumte Straße führt auf eine Gruppe kleinerer Gebäude mit leuchtend roten Dächern zu, die um das alte Haupthaus aus dem 18. Jahrhundert gruppiert sind.

Das ursprünglich landwirtschaftlich genutzte Anwesen wurde im Laufe der Zeit zu einem Landhotel, von dem aus man herrliche Entdeckungsfahrten in die Gascogne machen kann. Die jungen Besitzer Sylvie und Olivier Lacroix empfangen ihre Gäste charmant und mit viel Herzlichkeit. Die Zimmer und Suiten, die ich bei einem Rundgang durchs Hotel besichtigen darf, sind individuell ausgestattet: Mobiliar und Stoffe variieren, und dennoch zeugt jeder Raum vom exquisiten Geschmack der Eigentümerin. Familienstücke, Fotos und Gemälde in allen Räumen vermitteln dem Gast den Eindruck, er befinde sich im Hause von Freunden und nicht in einem Hotel.

Mein Zimmer liegt im "Maison des Champs", zu dem man durch einen blühenden Naturgarten gelangt. Schön gewachsene alte Bäume spenden Schatten, und überall wuchern üppig Clematis, Rosen, Mimosen und sogar ein ungewöhnlicher Blauregen – eine Atmosphäre für Genießer! Die Terrasse an der Bar und das Schwimmbad laden ein, am Fuß einer riesigen Eiche zu entspannen und den herrlichen Blick auf das Gers-Tal zu genießen.

In der Küche, dem Reich Olivier Lacroix', werden hauptsächlich regionale Erzeugnisse verarbeitet. Auch die umfangreiche Wein- und Spirituosenkarte spiegelt die Vielfalt der Gegend wider: Madiran, Tursan, Côtes de Saint-Mont, Jurançon und natürlich Armagnac. Weinproben bei Winzern in der näheren Umgebung organisiert der Chef des Hauses auf Anfrage.

Das Frühstück wird, wenn man möchte, zur gewünschten Uhrzeit auf dem Zimmer serviert. Überhaupt wird man als Gast dieses Hotels so aufmerksam verwöhnt, daß es schwerfällt, von diesem herrlichen Ort Abschied zu nehmen.

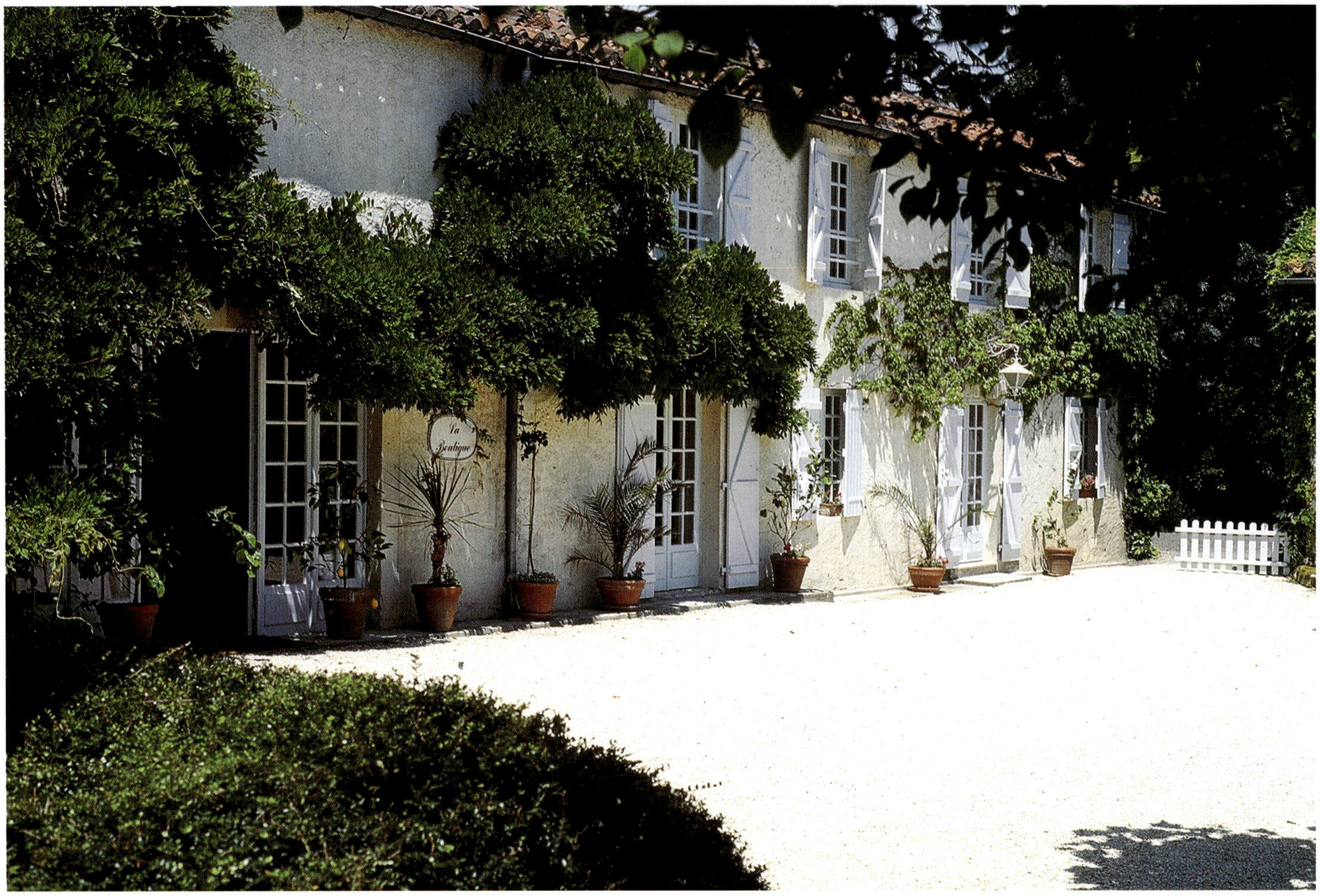
La Boutique

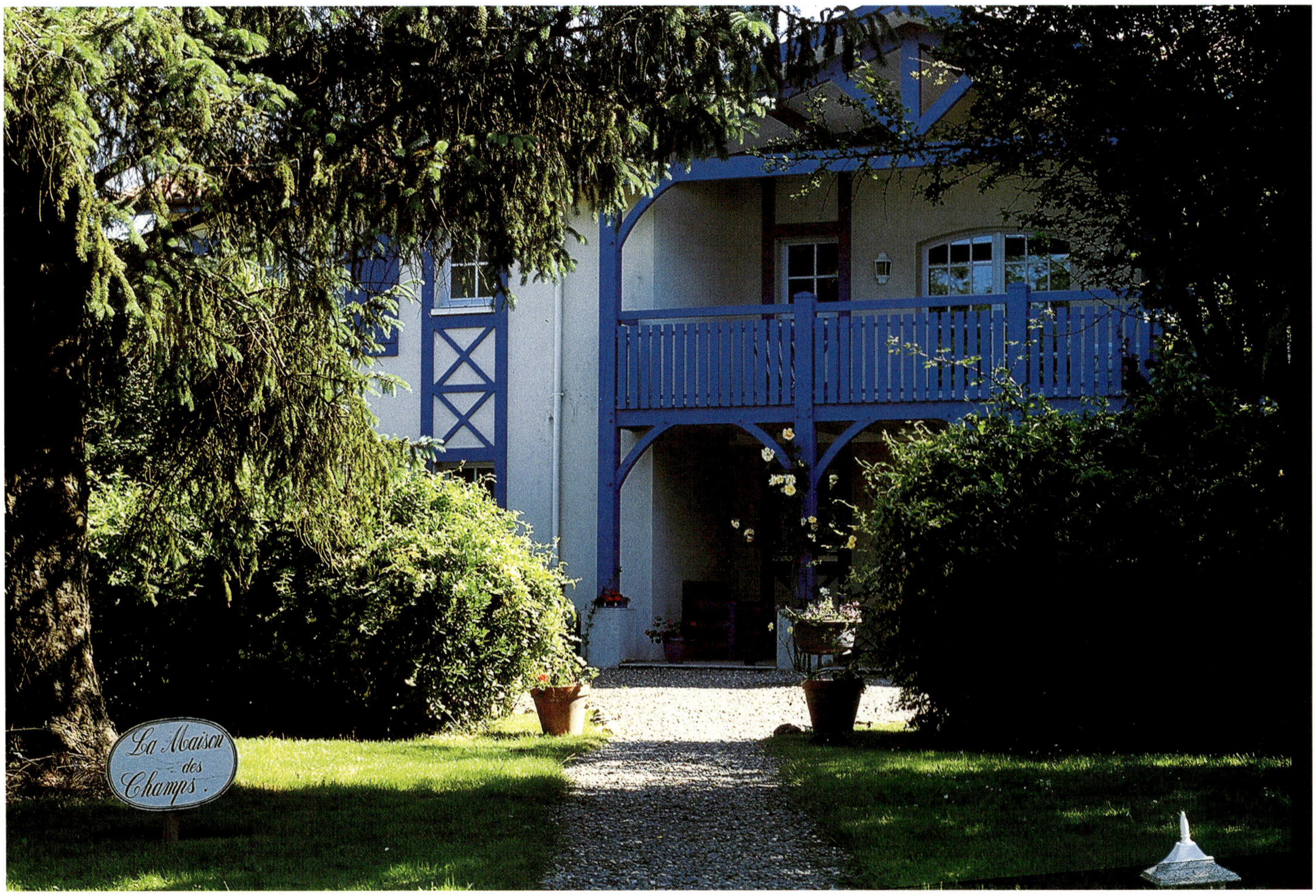
La Maison des Champs.

Das Anwesen Le Domaine de Bassibé besteht aus einem Haupthaus aus dem 18. Jahrhundert und mehreren kleineren Gebäuden.

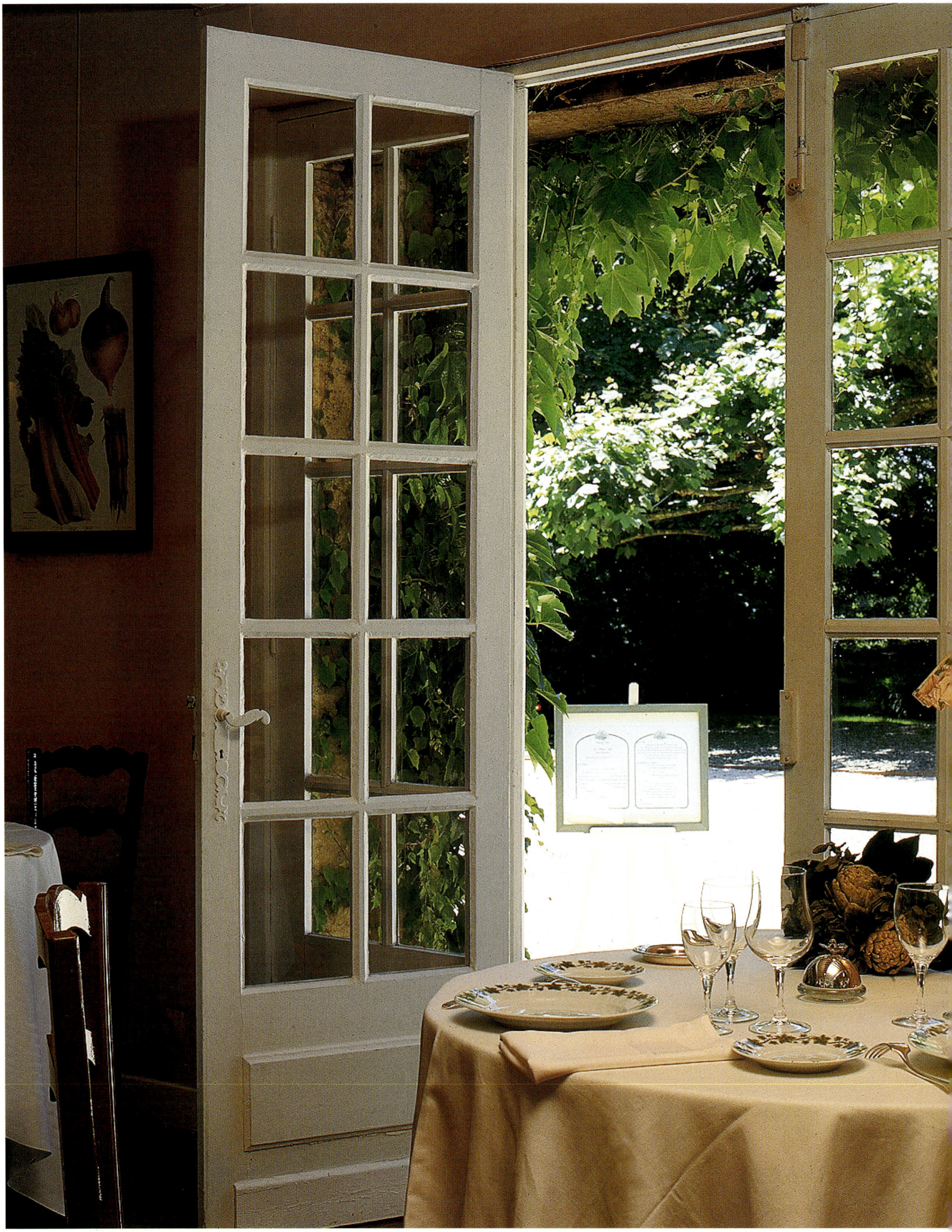

131

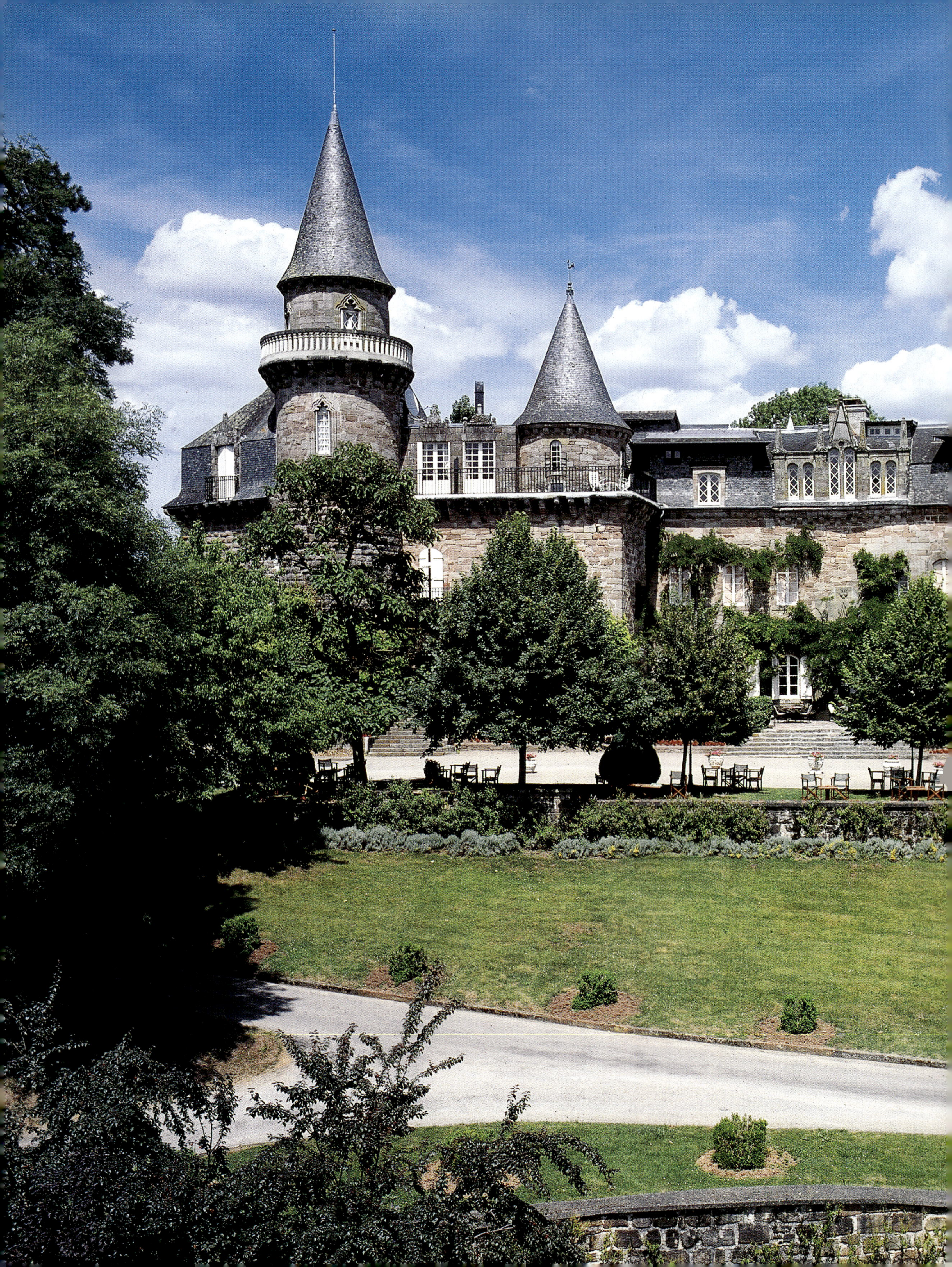

Château de Castel Novel

Unweit von Limoges, der Hauptstadt des Limousin, die auch als Porzellanstadt bekannt ist, liegt Schloß Pompadour. Der Prachtbau wurde einst für die Mätresse Ludwigs XV. errichtet, die als Marquise de Pompadour Berühmtheit erlangte. Sie tat sich nicht nur als Mäzenin von Künstlern und Schriftstellern hervor, sondern züchtete auf ihrem Landsitz auch anglo-arabische Vollblüter. So verwundert es nicht, daß hier eine Rennbahn entstand.

Auch rund 25 Kilometer weiter südlich, auf dem Château de Castel Novel, lebte lange Zeit ein berühmtes Paar: der Journalist Henri de Jouvenel und die Romanschriftstellerin Colette. Und wie Schloß Pompadour ist auch das Château de Castel Novel ein bauliches Juwel. Die hellbraune Fassade und das schwarze Schieferdach kontrastieren reizvoll mit dem üppigen Grün der umgebenden Landschaft. Wuchtige efeubewachsene Türme unterstreichen den wehrhaften Charakter des Bauwerks, das im Mittelalter als Festung diente. Später spielte das Schloß durch seine Besitzer wie d'Aubusson de la Feuillade und de Beaupoil de Sainte-Aulaire eine bedeutende Rolle in der Politik der Region und diente auch als Postkutschenstation. Vermutlich hat nicht zuletzt die Atmosphäre dieser Gegend Colette zu ihren zahlreichen Romanen inspiriert.

Daß das berühmte Paar diesem majestätischen Bau seinen Stempel aufdrückte, kommt den heutigen Besitzern, Albert und Christine Parveaux, zugute. Die steinernen Wendeltreppen, die historischen Wandteppiche und die scheinbar willkürlich verlaufenden altehrwürdigen Holzbalken lassen keinen Zweifel daran, daß man sich hier in einem "Schloßhotel" befindet. In meinem Zimmer – einem von insgesamt 32 – herrscht die Farbe Rosa vor. Vom Balkon aus überblickt man das weitläufige Anwesen und die ländliche Umgebung.

Ein zwölf Hektar großes Waldstück lädt nicht nur zum Spazierengehen ein, sondern stellt auch eine botanische Besonderheit dar: 40 Eichenvarietäten wachsen dort. Interessierten Gästen bietet der Hotelbesitzer

Albert Parveaux fachkundige Exkursionen an.
Ein Schwimmbad und ein Tennisplatz im Schloßpark laden zum Entspannen und zu sportlichen Aktivitäten ein, und wer an seiner Golftechnik feilen möchte, wird den Übungsplatz mit drei Löchern und die beiden 10 bzw. 25 km vom Château entfernten Golfplätze mit jeweils 18 Löchern für Profis zu schätzen wissen.

Vor dem Abendessen genießt man am besten ein Dämmerstündchen im Salon – eine ideale Vorbereitung auf die Tafelfreuden, für die das Hotel bekannt ist.
Die Speisekarte erweist den ehemaligen Bewohnern des Schlosses Referenz: Ich entscheide mich – wie könnte es anders sein – für das "menu Colette" und lasse mich mit ausgesuchten Weinen aus der Region verwöhnen. Mein Fazit nach dem exquisiten

Diner lautet wie das des bekannten Gastronomiekritikers Marc de Champérard: "C'est bon, délicat et bien pensé." Diesen Eindruck bestätigt auch der krönende Abschluß: Pâtisserie *La Flognarde* nach dem Originalrezept von Colette und dazu ein vollmundiger Saussignac. Von diesem Dessert war übrigens der französische Staatspräsident Georges Pompidou so begeistert, daß er sich das Rezept für die Küche des Elyséepalasts in Paris mitgeben ließ.

Zufrieden setze ich mich unter einen der dichtbelaubten Bäume und vertiefe mich in einen Roman von Colette. Daß ich am nächsten Tag das mittelalterliche Städtchen Collonges-la-Rouge mit seinen reizvollen roten Backsteinbauten besichtigen will, habe ich über der faszinierenden Lektüre bald vergessen.

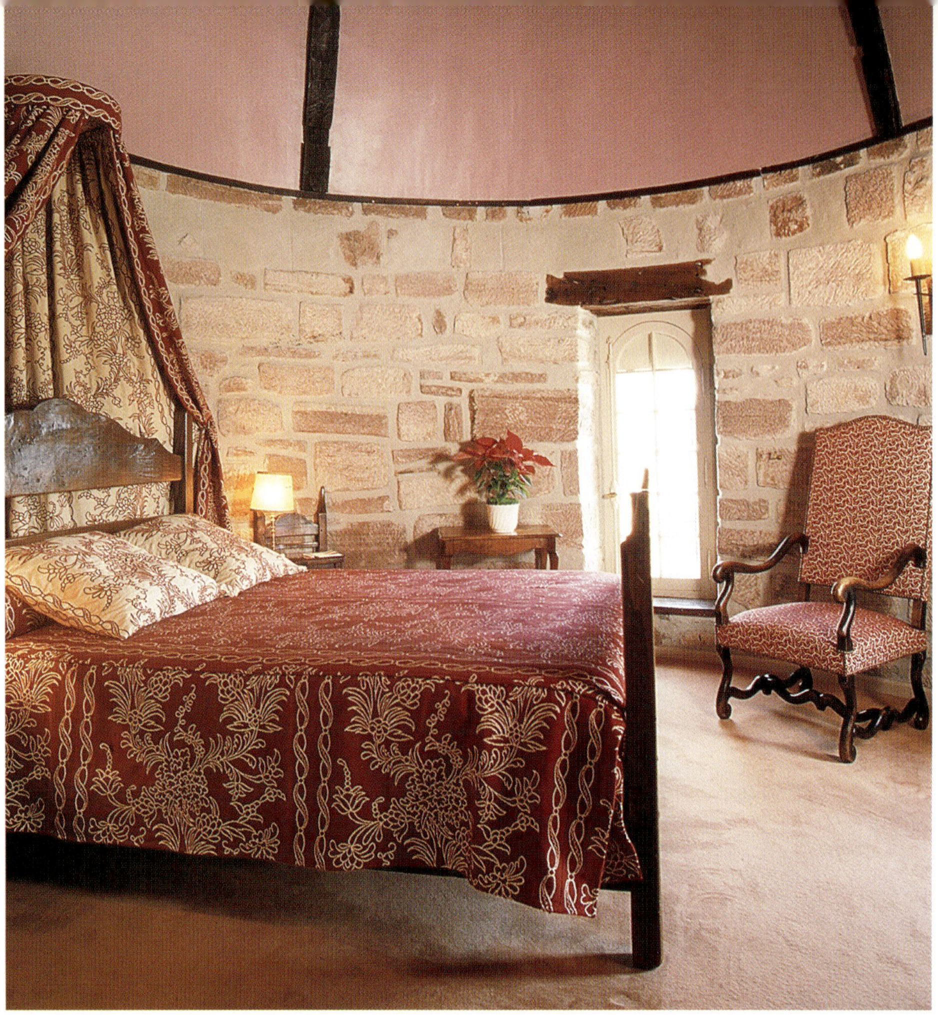

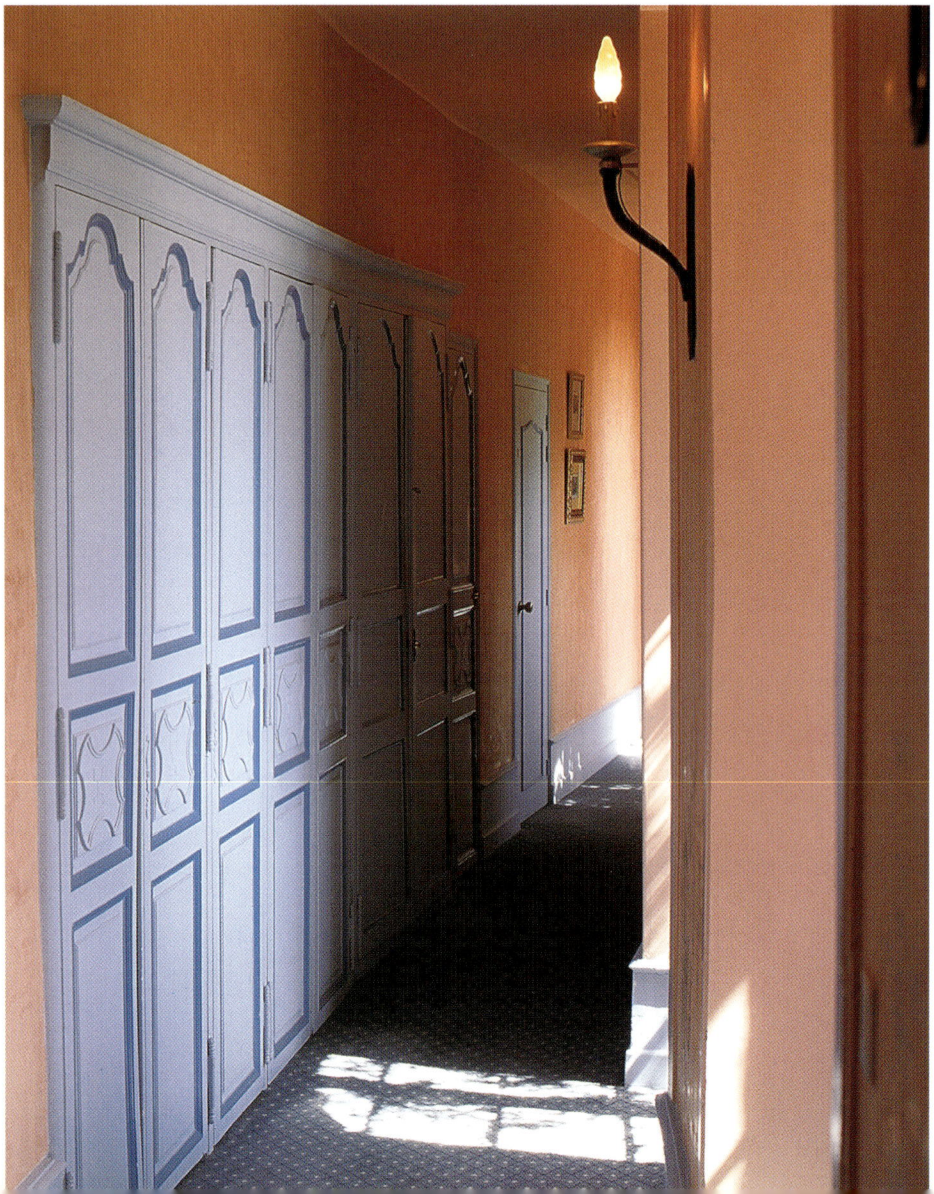

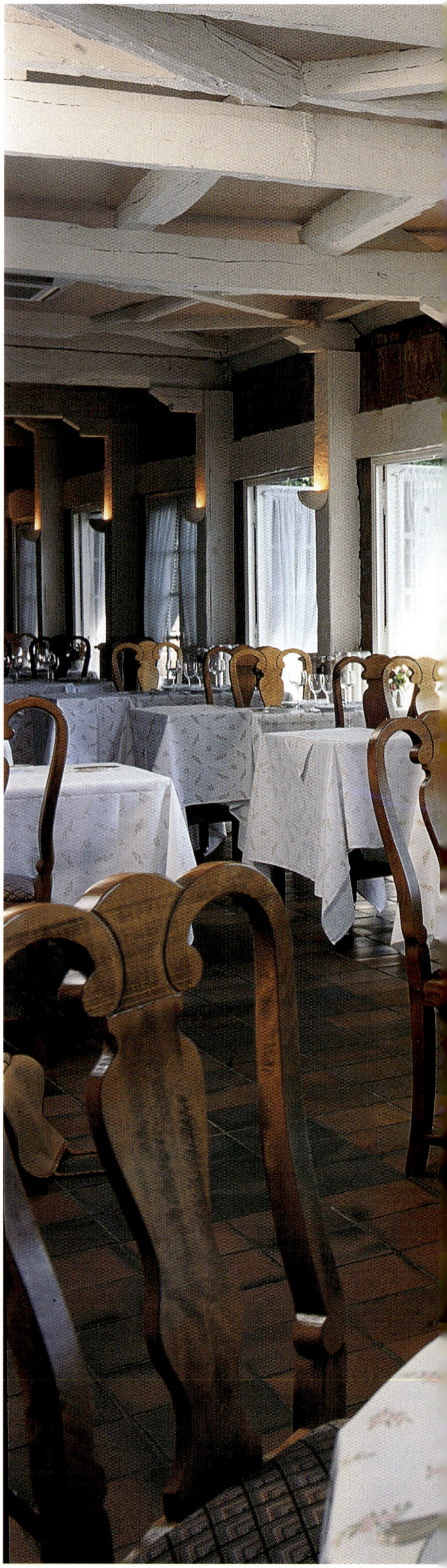

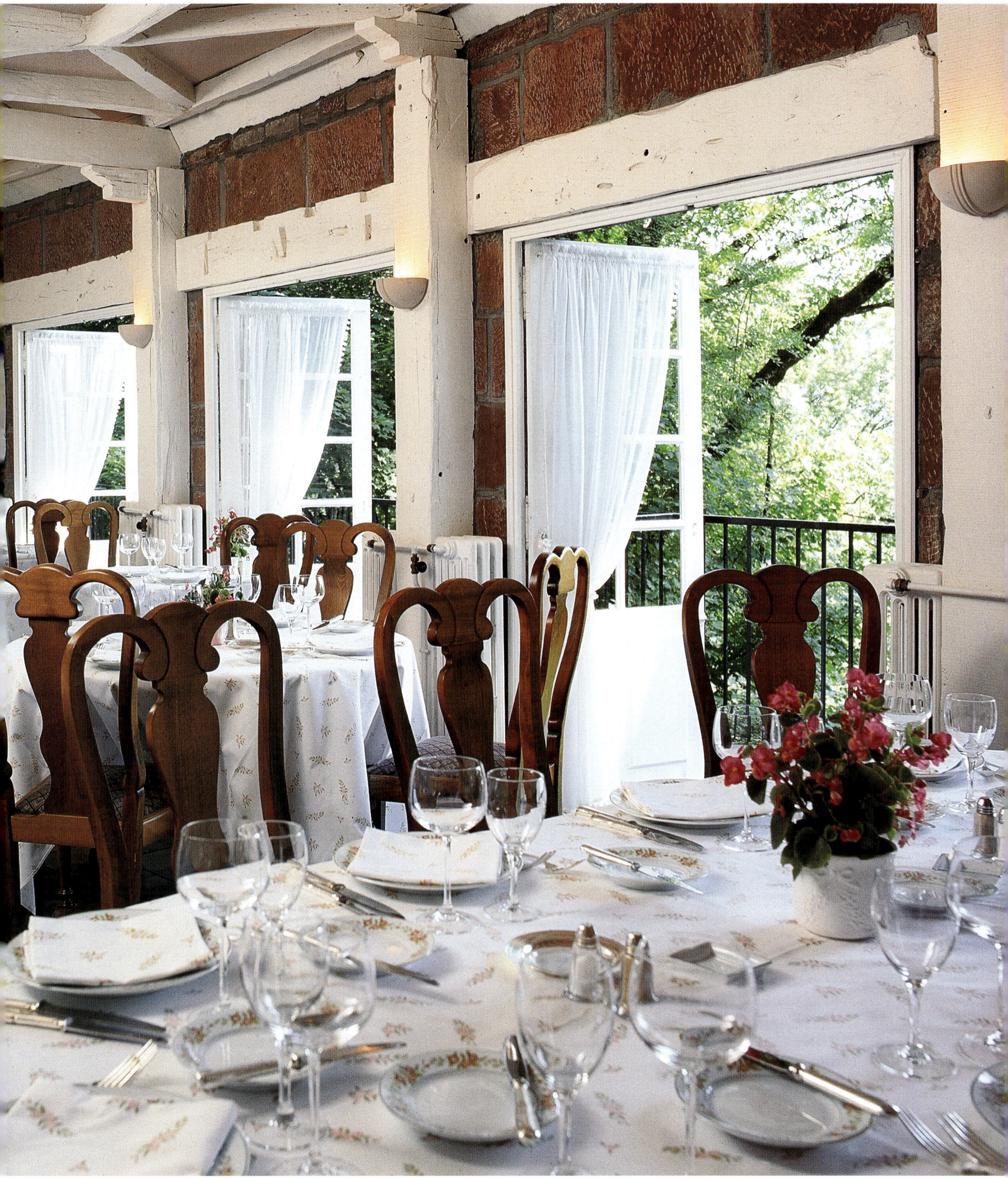

Le Domaine de Rochebois

Im lieblichen Tal der Dordogne liegt das gepflegte Viersternehotel Le Domaine de Rochebois. Im Jahr 1987 begeisterte sich Dr. Louis van de Walle für diesen verträumten Landsitz im Périgord Noir vor den Toren Sarlats. Zusammen mit seiner Frau weckte er das von alten Eichen und Kastanienbäumen umstandene Anwesen aus seinem Dornröschenschlaf und ließ es umsichtig restaurieren: Seit 1993 beherbergt Le Domaine de Rochebois Hotelgäste, und bald war das Anwesen, auf dem italienischer Lebensstil kultiviert wird, weithin bekannt. Schon das Betreten der stimmungsvollen hellen Empfangshalle ist ein Genuß: Subtile Wandbeleuchtung und ein herrlicher Marmorfußboden schaffen hier eine unvergleichliche Atmosphäre. Durch die Fenster blickt man in den Park hinüber zur Villa Louise und zum Pavillon Hortense, zwei ebenfalls sorgsam restaurierten Bauten, die ganz im italienischen Stil gehalten sind.

Daß eine ganze Reihe berühmter Persönlichkeiten, die hier zu Gast waren, das Hotel als idealen Aufenthaltsort schätzten, geht aus dem Gästebuch hervor. "Komfort, Stille und Genuß – was wünscht das Dichterherz sich mehr ..." lautet eine Eintragung. Der Dichter hatte unzweifelhaft recht: Es ist einfach herrlich, im Garten vor sich hin zu wandeln, dem Plätschern der Springbrunnen zu lauschen und den Duft von Jasmin und Geißblatt zu atmen.

Auch der hoteleigene Golfplatz mit neun Löchern hat seinen ganz eigenen Reiz. Bisweilen führt der Parcours ein Stück am romantischen Ufer der Dordogne entlang, dann wieder an in der Sonne glitzernden Teichen vorbei und schließlich zwischen alten Eichen hügelan. Immer wieder bleibt man verzückt stehen und vertieft sich in den Anblick der stillen Schönheit der Landschaft.

Vor dem Diner kann man in der sehr englisch anmutenden Bar einen Wein aus der Gegend probieren, oder man wagt einen Sprung ins Schwimmbassin auf einer leicht unterhalb des Hotels liegenden Terrasse und gibt sich anschließend unter einem der weißen Sonnenschirme seinen Träumereien hin.

Für die exquisite Speisekarte des Restaurants zeichnet der Chefkoch Christophe Ochler verantwortlich. Am liebsten verwendet er Produkte aus eigenem Anbau und zaubert daraus vielerlei Köstlichkeiten. Wer sie probiert hat, wird sich nicht wundern, daß seine Kochkunst in allen bedeutenden Restaurantführern lobend erwähnt wird.

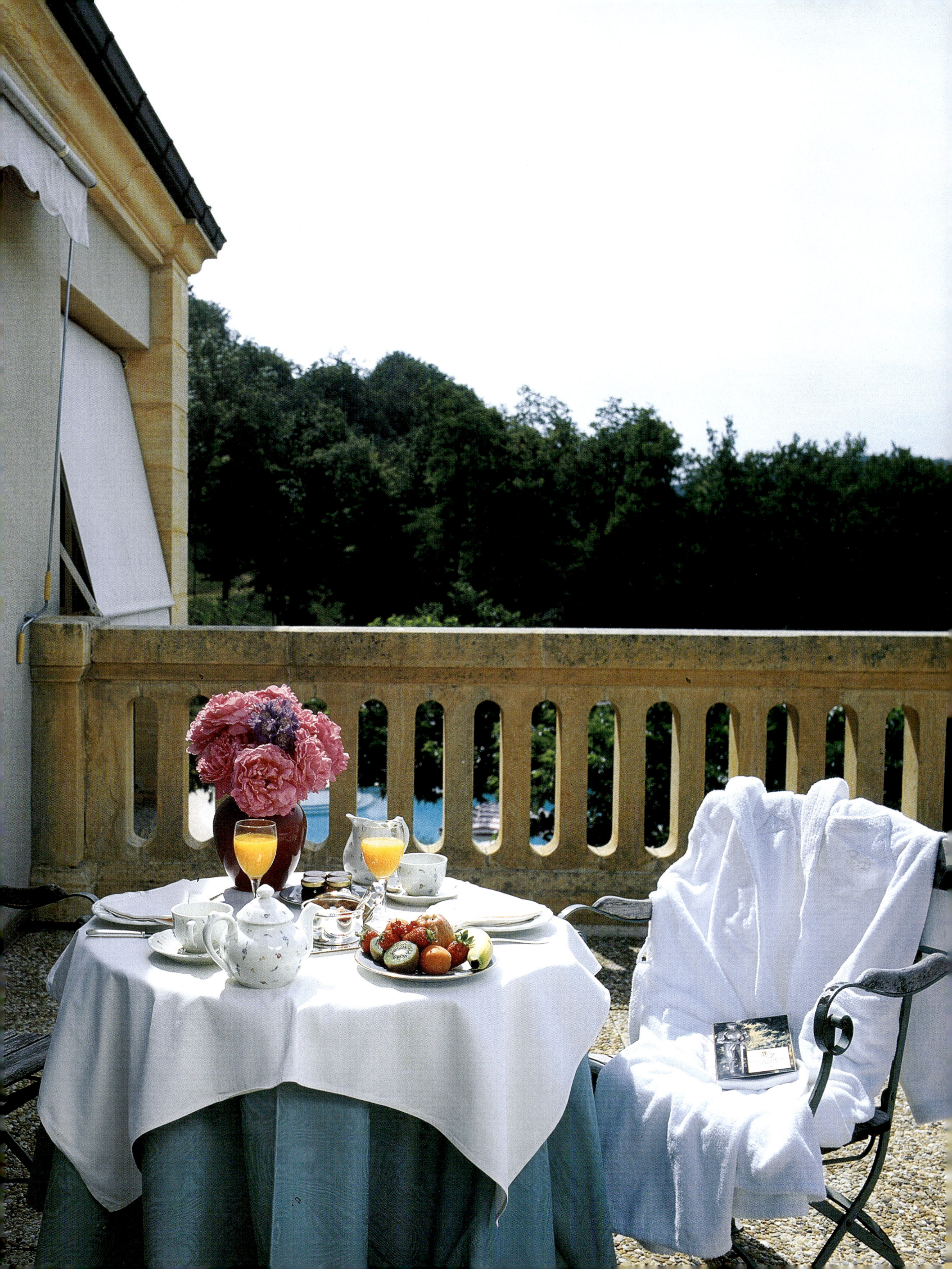

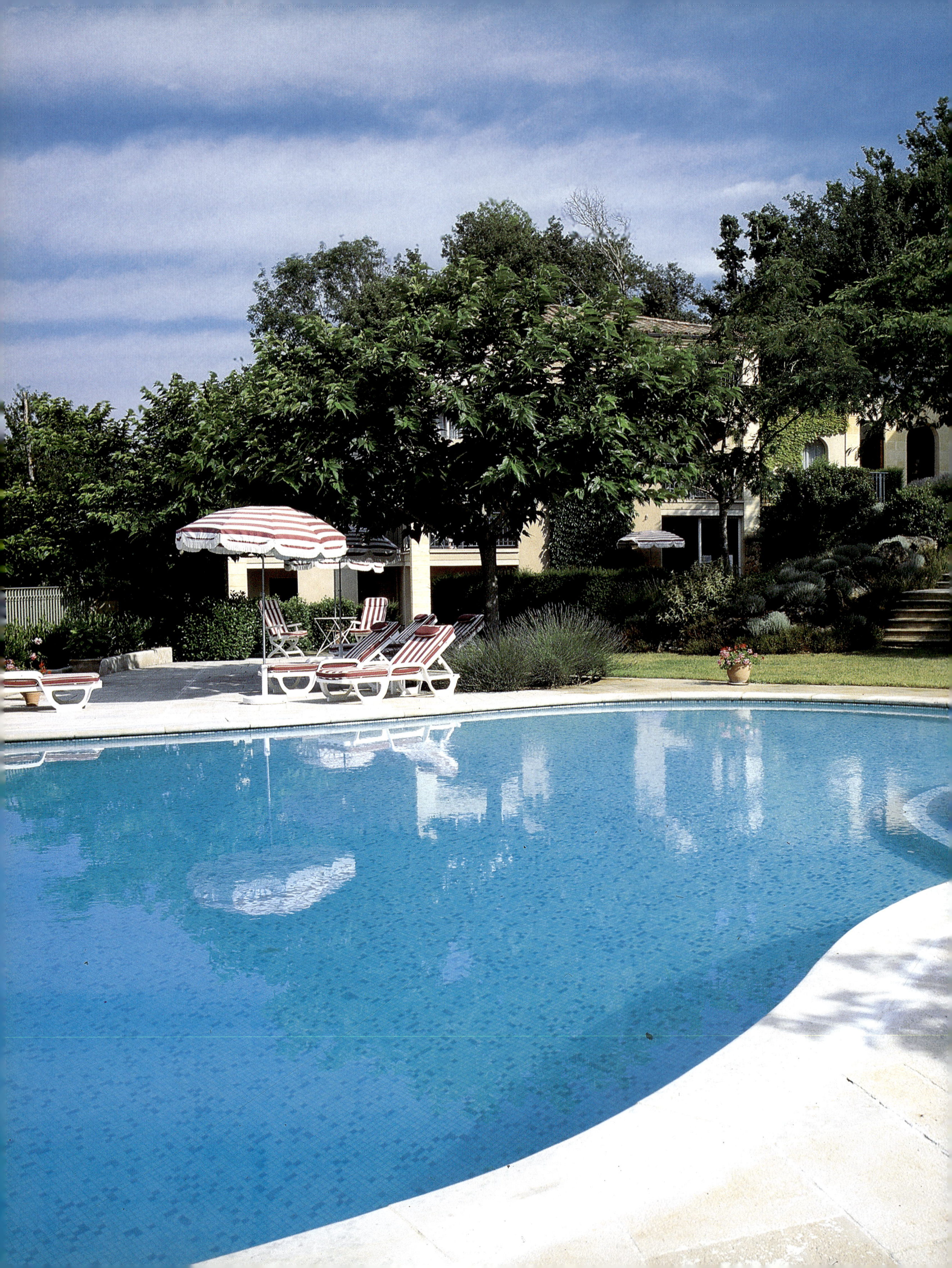

141

142

Das prachtvolle Golf-Hotel liegt am Ufer der Dordogne.

Château de Riell

Wenn uns der Alltagsstreß zuviel wird, sehnen wir uns bisweilen nach einen Kokon, einem Ort, an den wir uns zurückziehen und an dem wir vollständig zur Ruhe kommen können. Solch ein Ort ist Molitg-les-Bains im Herzen des Roussillon, ein entzückendes Kurstädtchen, das für seine wohltuenden Thermalbäder und Anwendungen weithin berühmt ist.

Wie ein Adlerhorst liegt das Château de Riell hier in bergiger Umgebung unter der heißen katalanischen Sonne: Inmitten von Pinien, Eichen und Palmen erhebt sich der imposante Bau mit seinem wuchtigen Rundturm.

Das barocke Interieur ist überwältigend: Die herrlichen Holzdecken sind Kunstwerke für sich, durch gotische Bogen gelangt man von einem Raum in den anderen, der offene Kamin im Speisesaal schafft Atmosphäre, und die lebhaften Farben von Tapeten, Teppichen und Vorhängen vereinigen sich zu einer großartigen Symphonie. Selbst die Badezimmer wirken hier wie Miniaturpaläste!

Von meinem Zimmer aus habe ich einen wahrhaft spektakulären Blick auf die Pyrenäen. Hier fallen Hektik und Streß buchstäblich von einem ab, insbesondere, wenn man die Kurmöglichkeiten nutzt, die in diesem Hotel geboten werden.

Gut erholt kann man dann seinem Bewegungsdrang im Schwimmbecken oder auf dem hoteleigenen Tennisplatz nachgeben.

Die Umgebung wartet mit einer Vielzahl von Sehenswürdigkeiten und historischen Stätten auf. Nach Perpignan ist es nicht weit, in Prades findet jedes Jahr im Sommer das berühmte Pablo-Casals-Festival statt, und andernorts im Roussillon beeindrucken altehrwürdige Klosterbauten. Besonders empfehlenswert ist eine Wanderung von Marquixanes nach Arbousols, während der man wundervolle Ausblicke auf das Tal des Têt und den majestätisch aufragenden Mont Canigou genießen kann.

Körperlich müde, aber geistig ausgeruht, kehre ich nach der herrlichen Wanderung am Abend ins Hotel zurück, genieße bei romantischem Kerzenlicht ein exquisites Diner und später in der Hängematte mit Blick auf die Burggebäude einen Schlummertrunk. Die Atmosphäre hier ist stilvoll, friedlich, ein Genuß ohnegleichen. Der Alltag ist so unendlich weit weg ... ich vergesse vollkommen, daß es noch eine Welt außerhalb dieses einzigartigen Refugiums gibt.

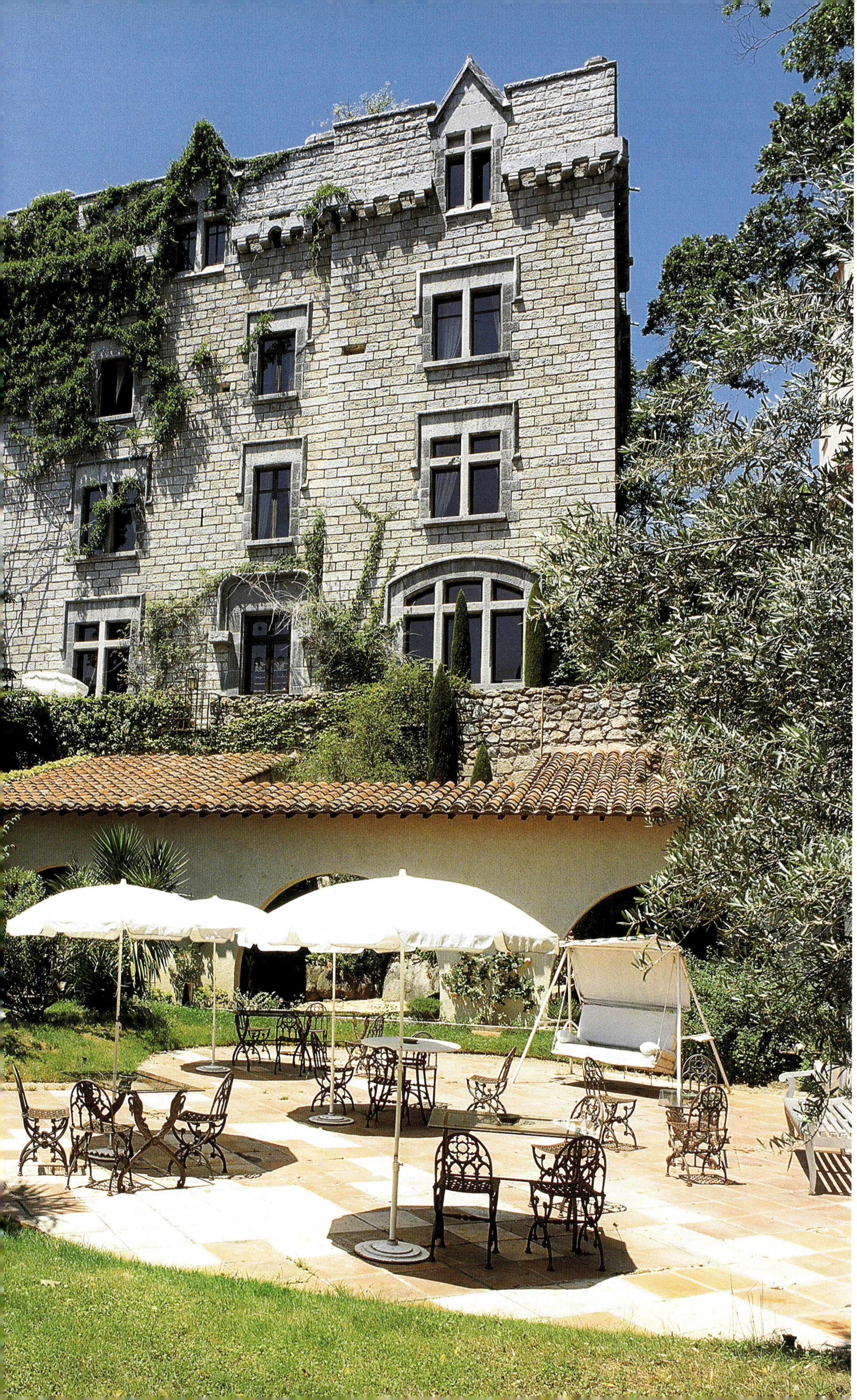

146

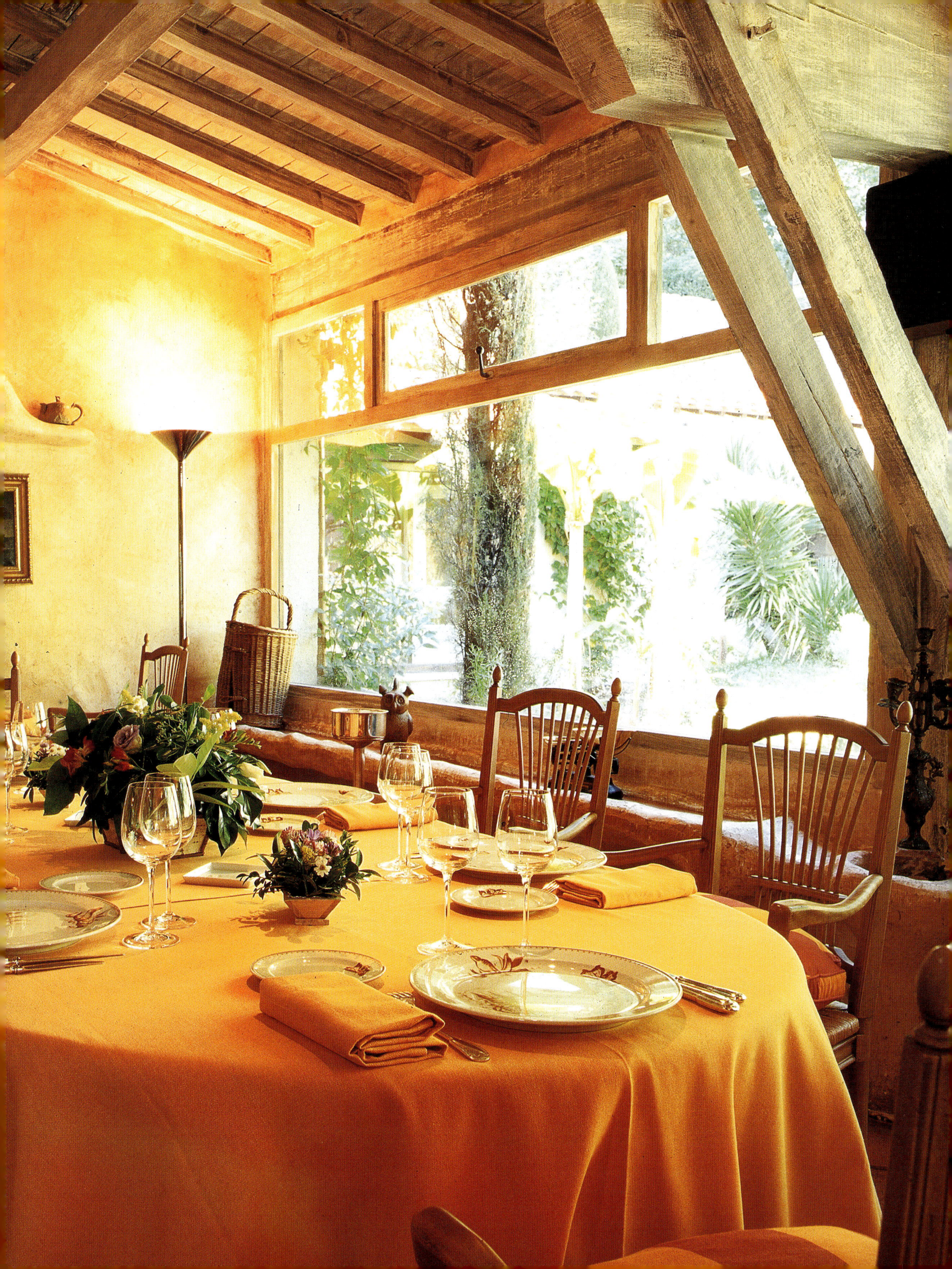

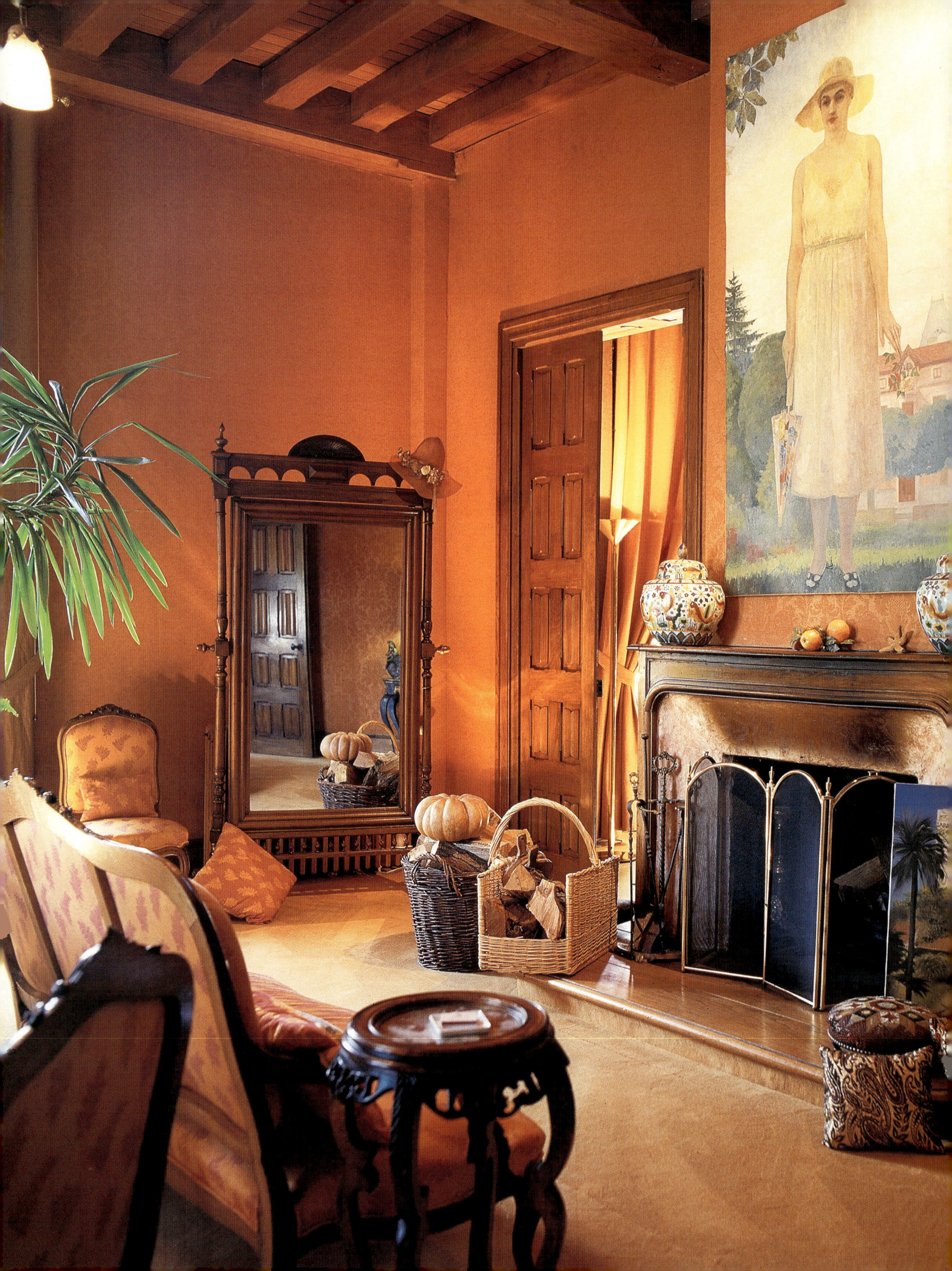

Bezauberndes Interieur

Hôtel-Château Grand Barrail

Kaum eine halbe Autostunde von Bordeaux und nur einen Steinwurf von dem mittelalterlichen Städtchen Saint-Émilion entfernt führt eine majestätische Allee zum Château Grand Barrail, einem Hotel inmitten von Weinbergen. Unzählige Türme und Türmchen bestimmen die Silhouette dieses eindrucksvollen Bauwerks aus dem 19. Jahrhundert.
Es wurde für M. Bouchard nach Plänen seines Schlosses in Saint-Amand-les-Eaux bei Valenciennes errichtet und in späterer Zeit komplett renoviert und zum Hotel mit angegliedertem Restaurant umgestaltet. Der ursprüngliche Stil blieb dabei weitgehend erhalten: Säle mit romantischem Flair, Mobiliar in zarten Pastelltönen, alte Originalfenster und Keramikfresken, wie man sie zum Beispiel im Restaurant bewundern kann.

Von den 23 Zimmern und den 5 Suiten mit einer Mindestfläche von 35 m² blickt man in den weitläufigen Schloßpark mit beheiztem Freibad mitten im Weinbaugebiet von Saint-Émilion. Manche der Zimmer haben eine eigene Terrasse oder einen Balkon.
In der Küche regiert der Chefkoch Philippe Etchebest, der aus der Gegend stammt. Er sorgt dafür, daß die Tafel in dem ehemaligen

Weinschloß wahrhaft königlich gedeckt ist: Aus Erzeugnissen der Region zaubert er die erlesensten Gaumenfreuden, unter anderem *lasagne de foie gras aux champignons de bois et avec émulsion de truffes noires*.

Für das Studium der Weinkarte sollte man sich genügend Zeit nehmen: Sie enthält über 450 Weine, unter anderem aus den Anbaugebieten Saint-Émilion, Pomerol und Montagne, aber auch Raritäten wie beispielsweise einen 1970er Château Ausone oder einen 1986er Château Cheval Blanc. Empfehlenswert ist auch der Lamarzelle-Figeac, der von dem Weinberg direkt gegenüber dem Schloß stammt: Er wurde 1998 an die Familie Parent verkauft.

Für Weinproben steht in diesem Schloßhotel übrigens ein separater Saal zur Verfügung, und der *sommelier* erteilt fachkundig Auskunft über die Qualitäten der edlen Tropfen.

Wer die Umgebung erkunden möchte, kann sich vom stets freundlichen und überaus zuvorkommenden Hotelpersonal jederzeit Tips geben lassen – ganz gleich, ob er oder sie an Geschichte, Architektur oder Möglichkeiten zur sportlichen Betätigung interessiert ist.

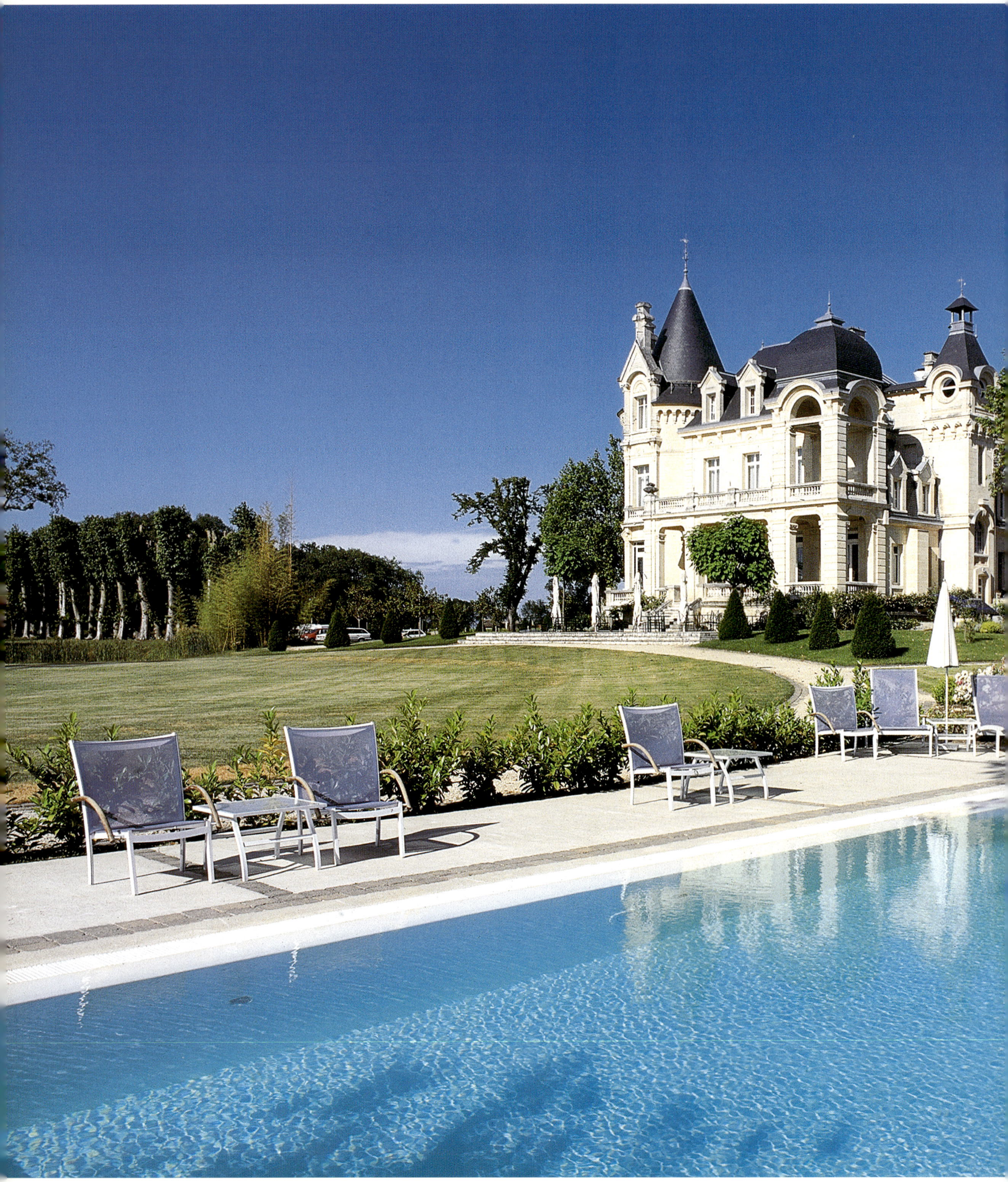

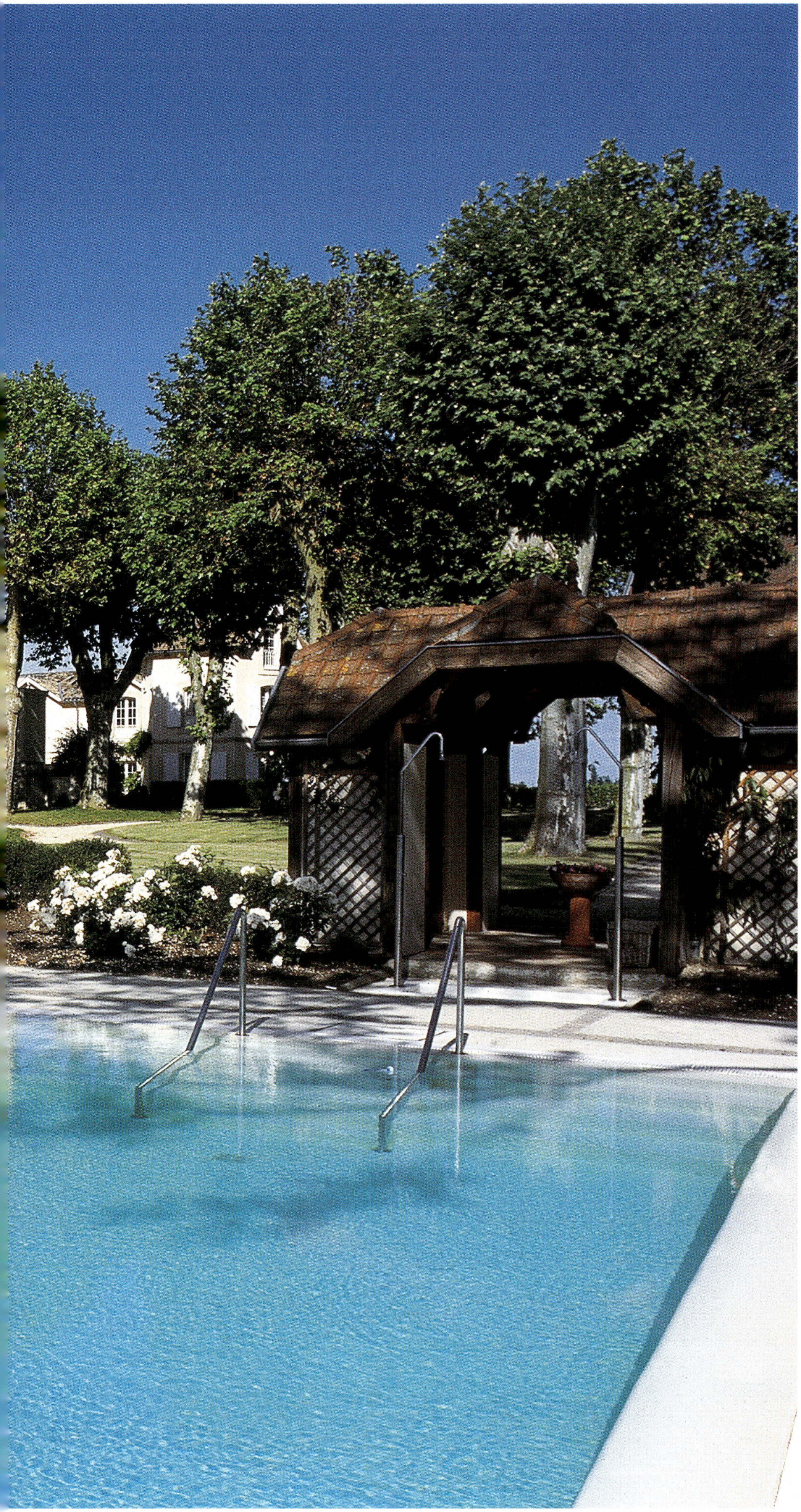

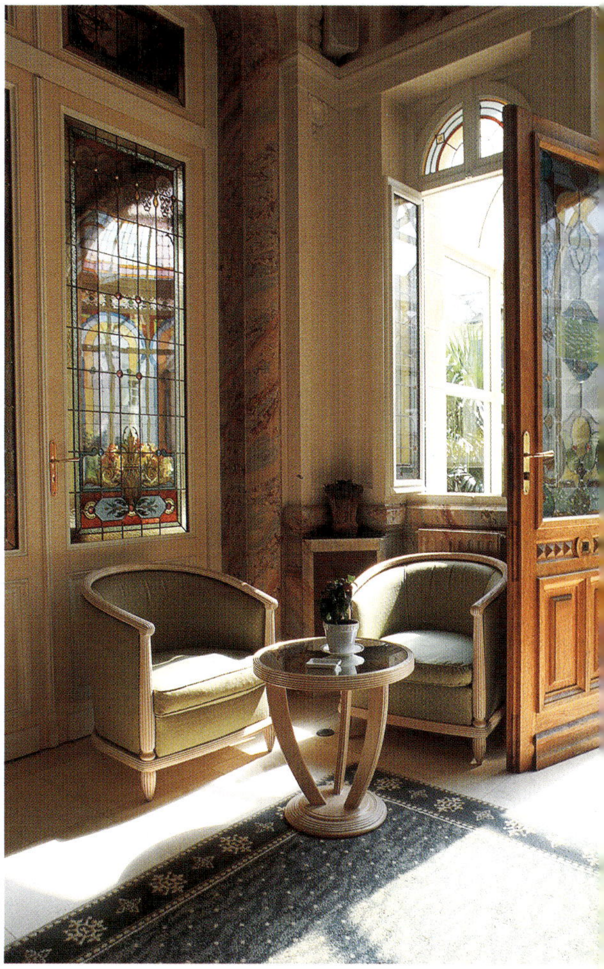

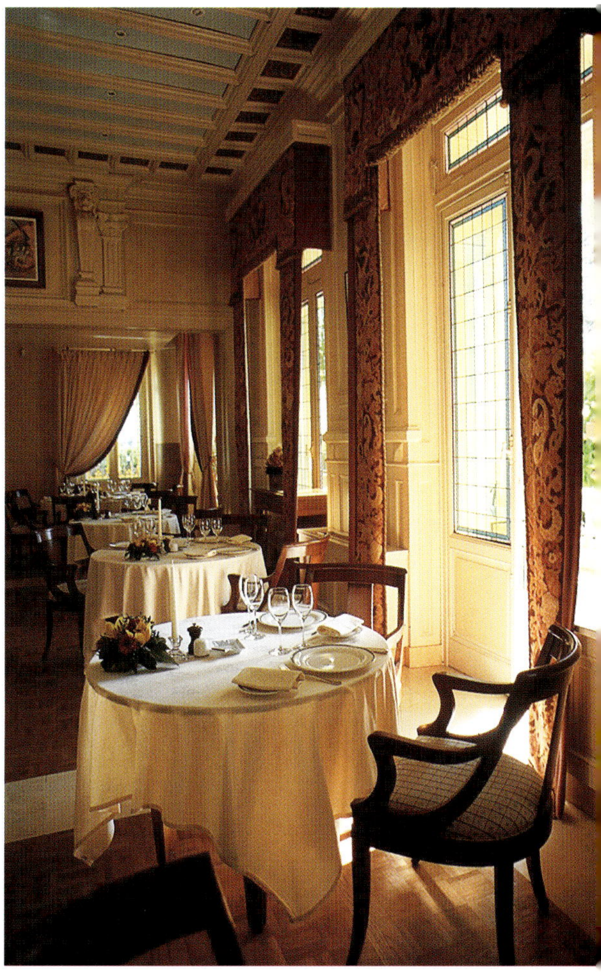

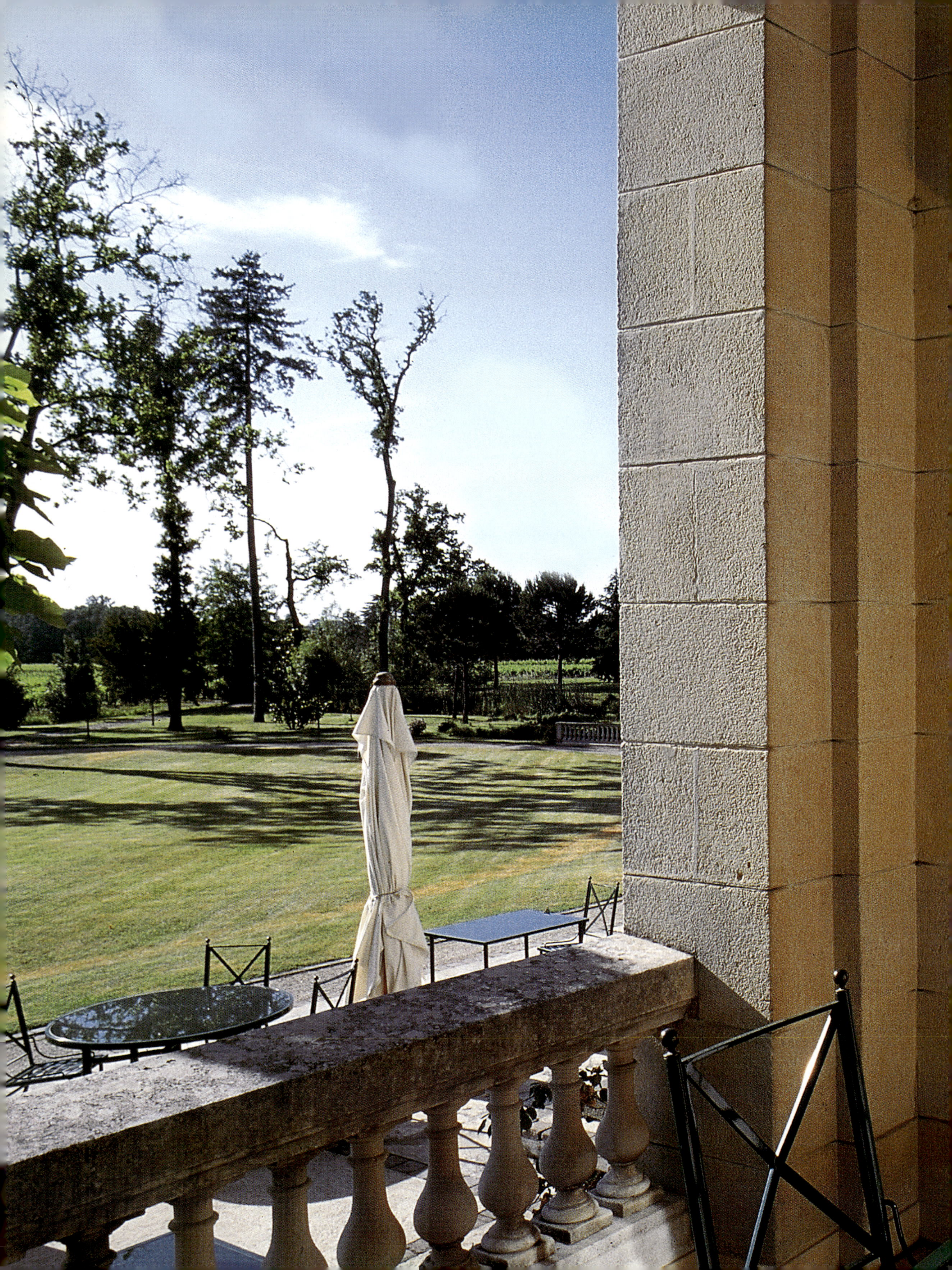

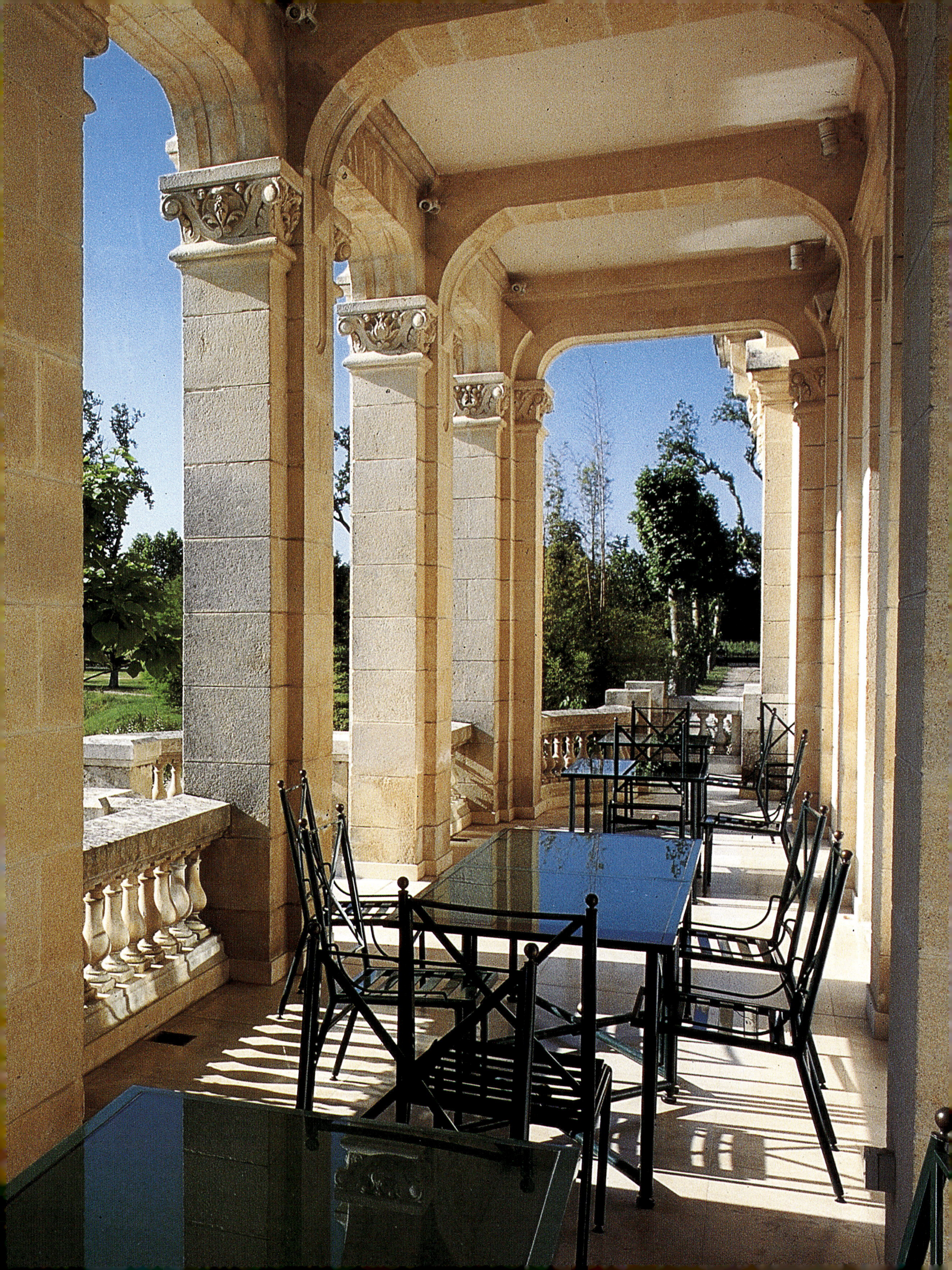

156

157

Le Chaufourg en Périgord

Nachdem Georges Dambier viele Jahre als renommierter Modefotograf in der ganzen Welt unterwegs war, hat er das Haus seiner Kindheit in ein poetisch anmutendes Hotel verwandelt. Das wunderschöne Gebäude aus dem 17. Jahrhundert unweit des Dorfes Sourzac ist im für das Périgord typischen Stil gestaltet und liegt oberhalb einer sehr ursprünglich wirkenden Insel im Fluß Isle.

Die sehr individuell ausgestatteten Zimmer sind nach Frauen und Kindern benannt, die in Georges Dambiers Leben eine wichtige Rolle gespielt haben. "Marie" zum Beispiel ist eine traumhafte Suite in Blau mit weißem Balkenwerk und bietet eine herrliche Aussicht auf die malerisch dahinfließende Isle, "Guillaume" beeindruckt mit einer Wendeltreppe und einem wunderschönen Blick auf blühende Magnolien und das Schwimmbad durchs Dachfenster und "Françoise" mit einem Balkon, von dem aus man die Boote auf dem Fluß sieht und sich sogleich zum Angeln animiert fühlt.

Ich entscheide mich für die Suite "Agathe", die nach Georges Dambiers Großmutter benannt ist. Ockerfarbene Wände bilden hier den Hintergrund für zwei Familienporträts. Das Bett ist - ganz romantisch! - in einem Alkoven mit vorstehendem Balkenwerk im Louis-seize-Stil untergebracht. Im Badezimmer schaffen Steinwände, eine Nische mit Waschtisch und ein antiker Spiegel mit prachtvolBei einem Gang durch das Hotel Le Chaufourg stößt man überall auf liebevoll arrangierte Details. Im kleinen Salon des Pavillon Mansart liegen auf einem Klavier aufgeschlagene Partituren von Mozart - man ist versucht, sich sogleich zum Spielen hinzusetzen.

Im lavendelduftenden Garten mit seinen Buchsbaumhecken, den Tobie Loup de Vianne entworfen hat, fühlt man sich wahrlich wie im Paradies, wenn man über den wunderbar weichen Rasenteppich geht. Auch die beiden Hündchen Divine und Bagdad Café tollen hier gern herum, und das Wasser im Schwimmbecken glitzert verlockend in der Sonne. Die Hecke um den Garten ist stufig geschnitten, und überall in dieser herrlich grünen Oase laden Gartenbänke und -stühle zum Ausruhen ein.

Um die Mittagszeit ist das Restaurant des Hotels geschlossen, aber Georges Dambier und seine Nichte Agnès versorgen die Gäste gern mit Empfehlungen guter Restaurants. Abends werden dann im Salon, im Speiseraum und - wenn das Wetter es zuläßt - im Garten Tische fürs festliche Diner gedeckt. Der Chef des Hauses berät gern bei der Auswahl aus der umfangreichen Karte. Zu *foie gras*, Entenbrust und Bratkartoffeln empfiehlt er erlesene Weine aus den Anbaugegenden Saint-Emilion und Bergerac.

Bevor ich mich in meinen Alkoven zurückziehe, lasse ich mir noch sagen, welche Orte in der näheren Umgebung einen Besuch lohnen: Les Eyzies, Sarlat, Domme, Saint-Cyprien, Trémolat, Bergerac … damit sind die nächsten Tage in dieser reizvollen Gegend mehr als ausgefüllt!

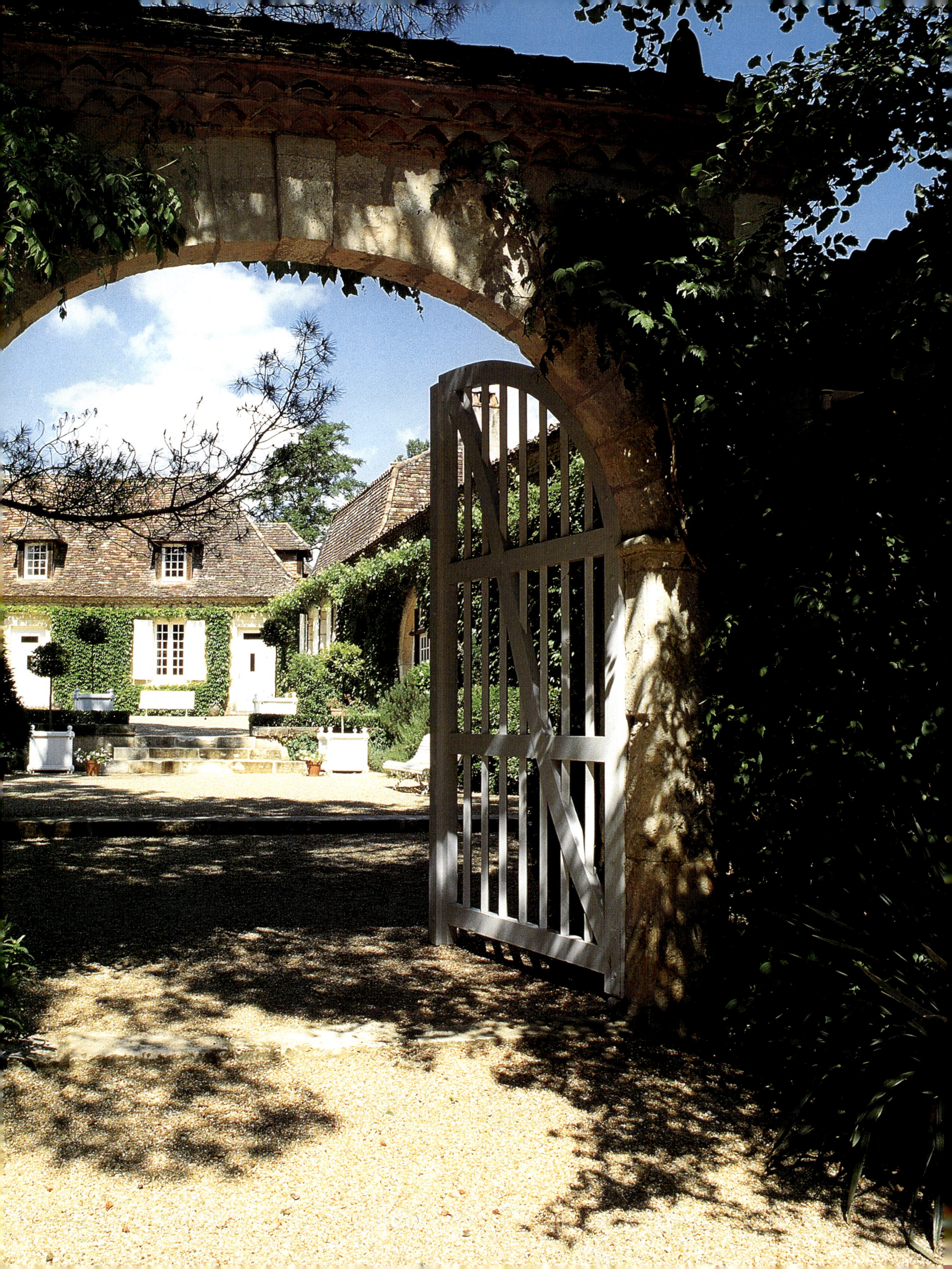

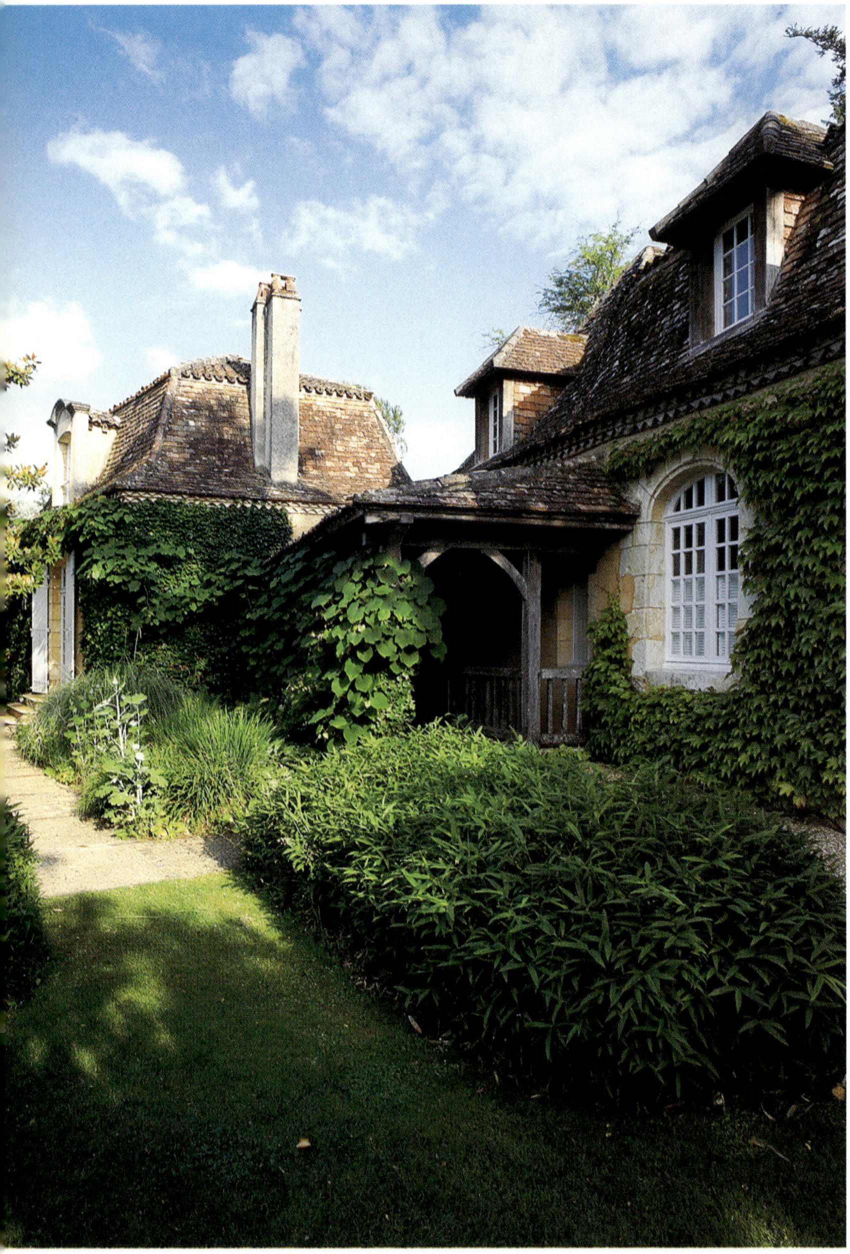

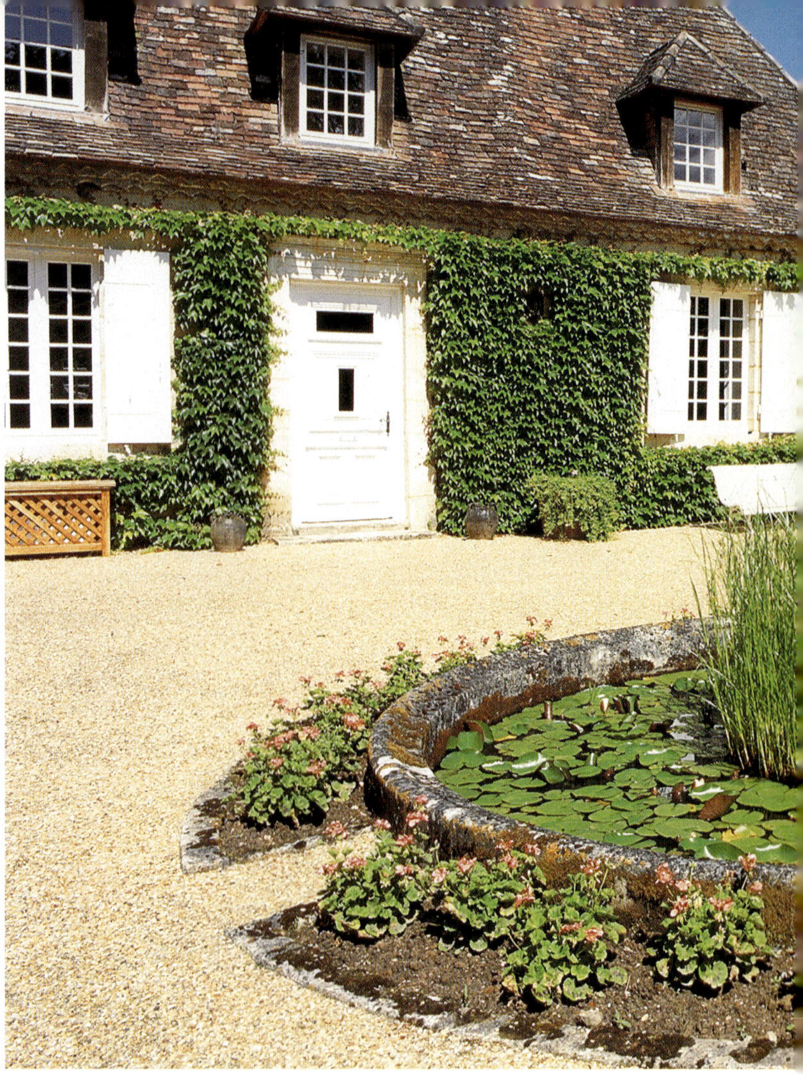

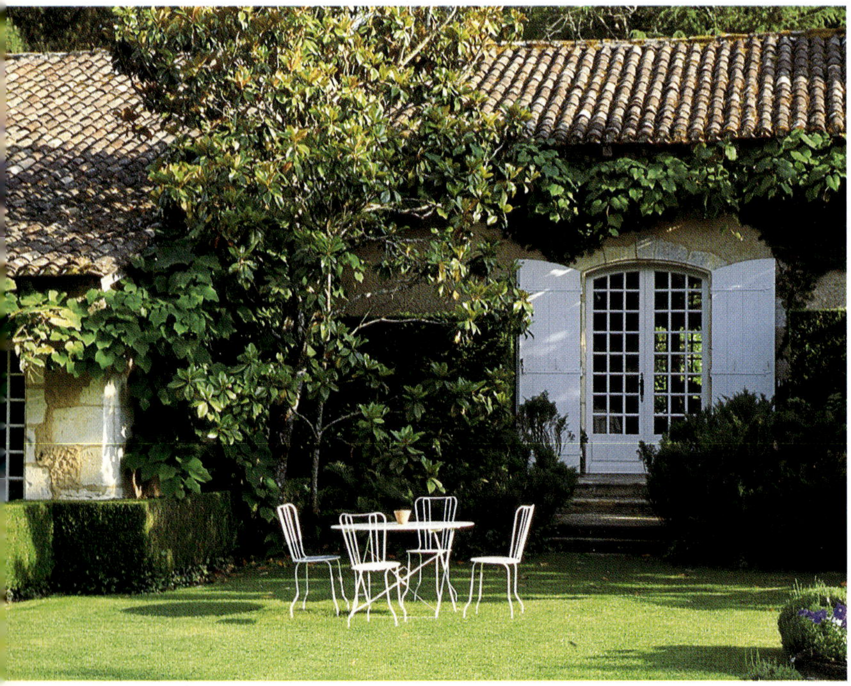

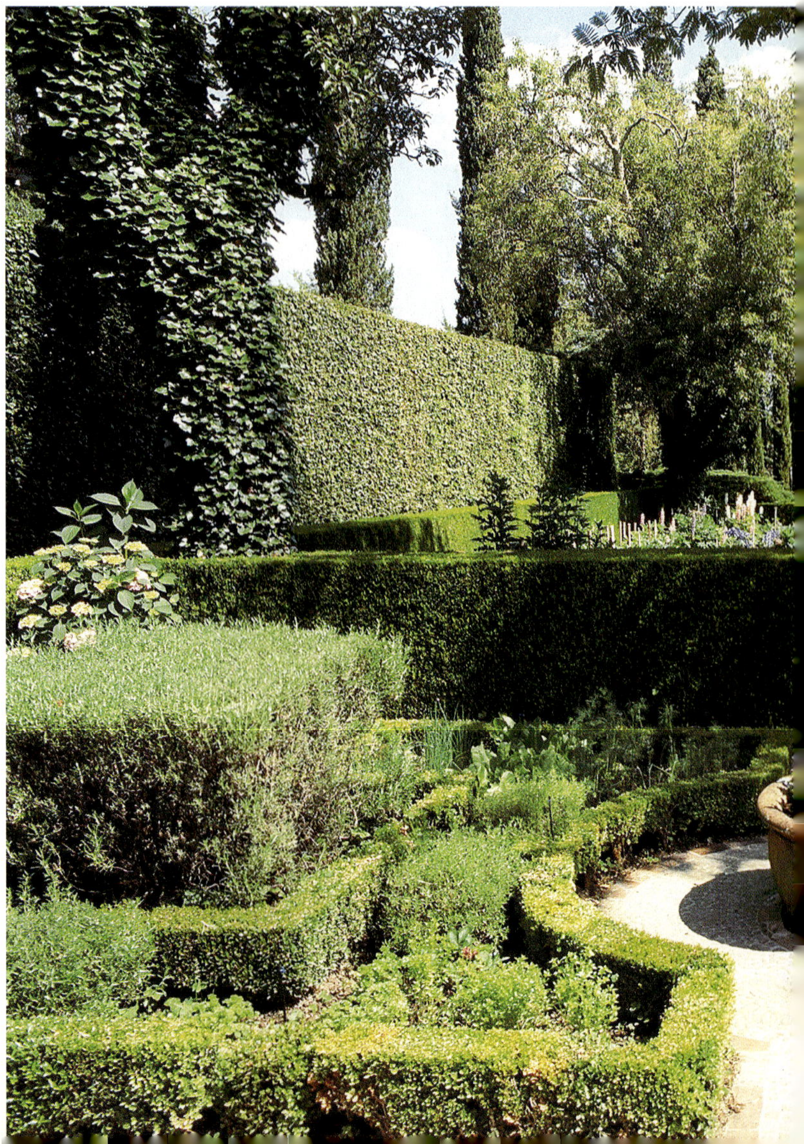

161

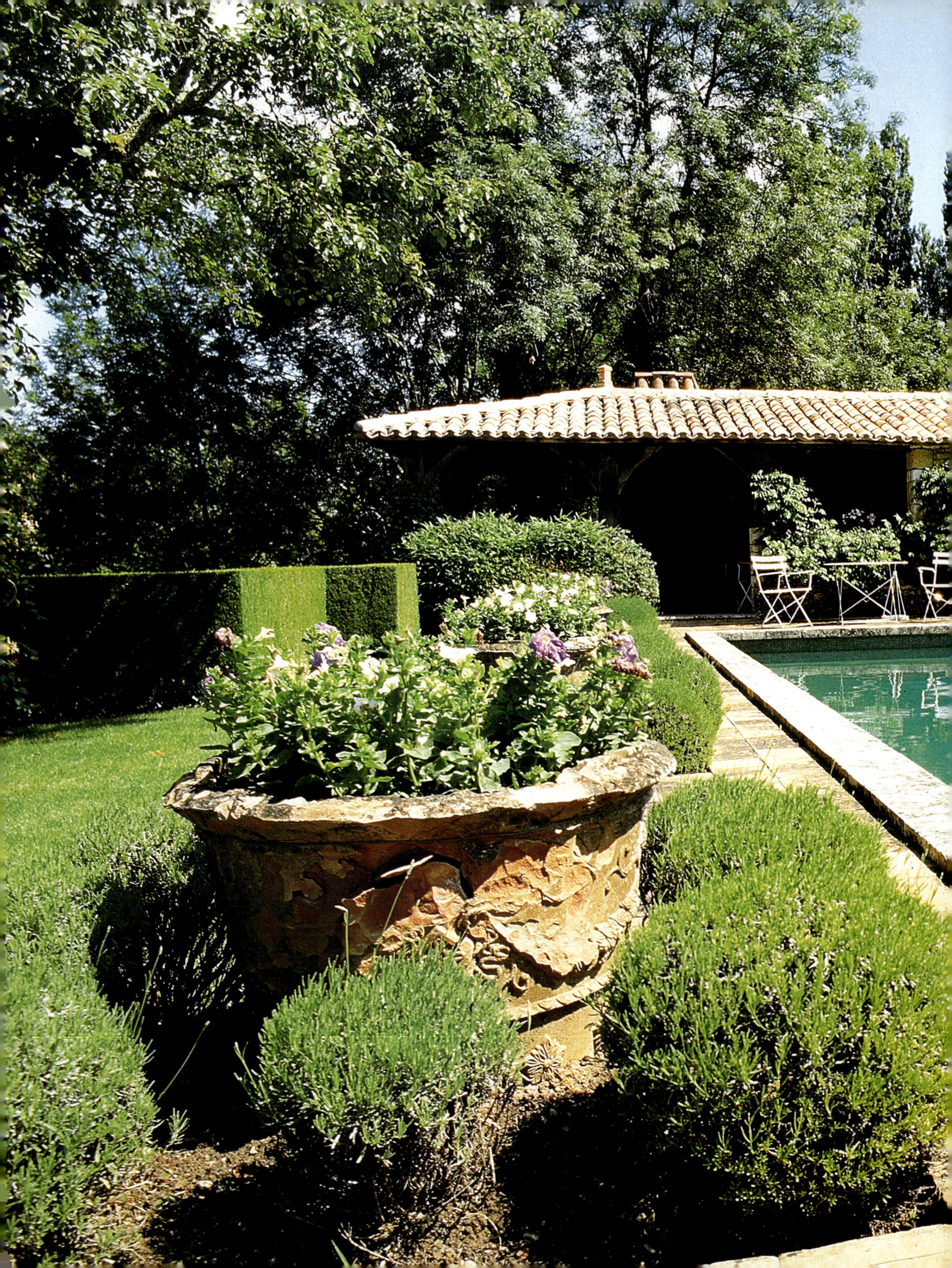

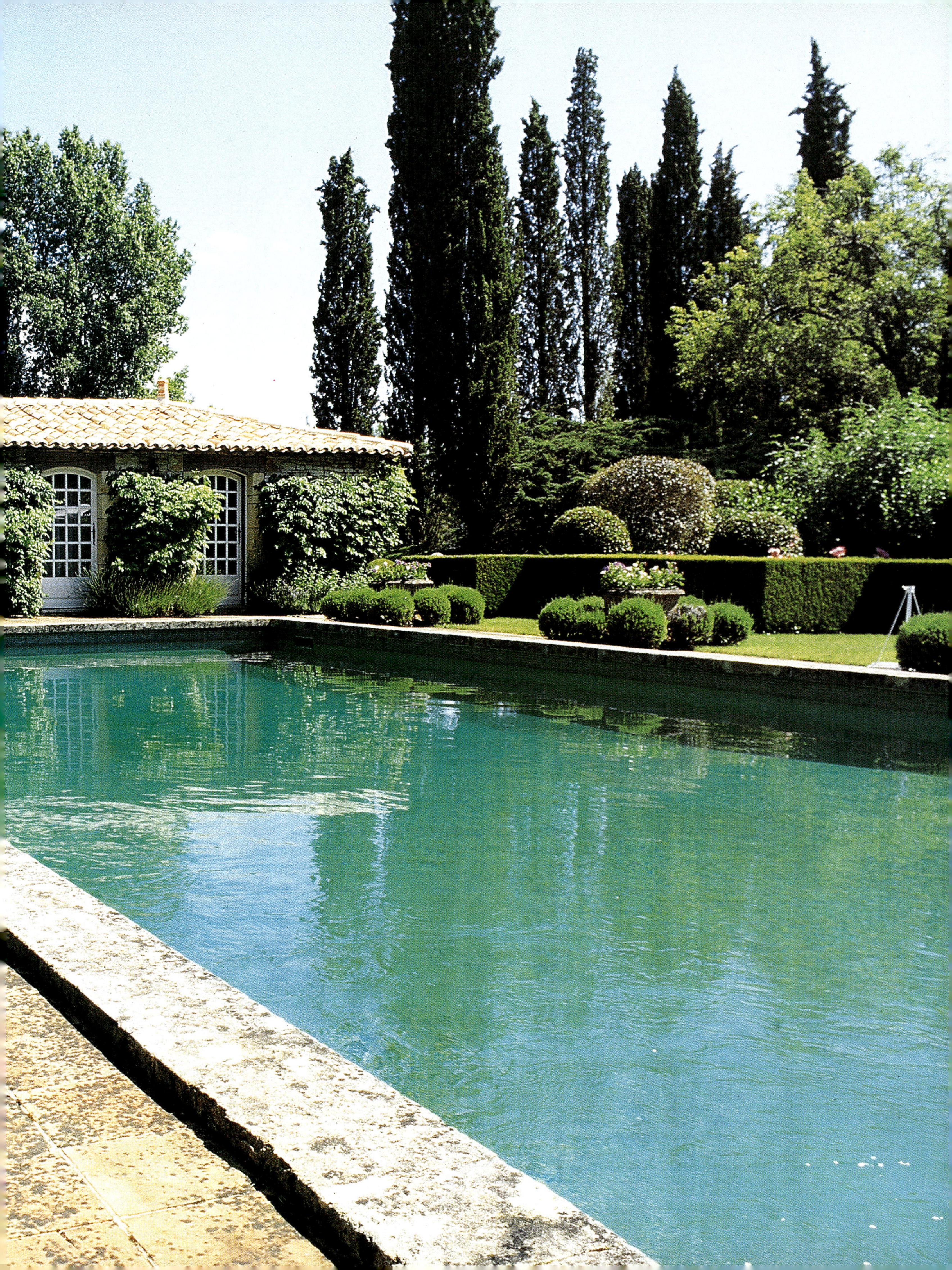

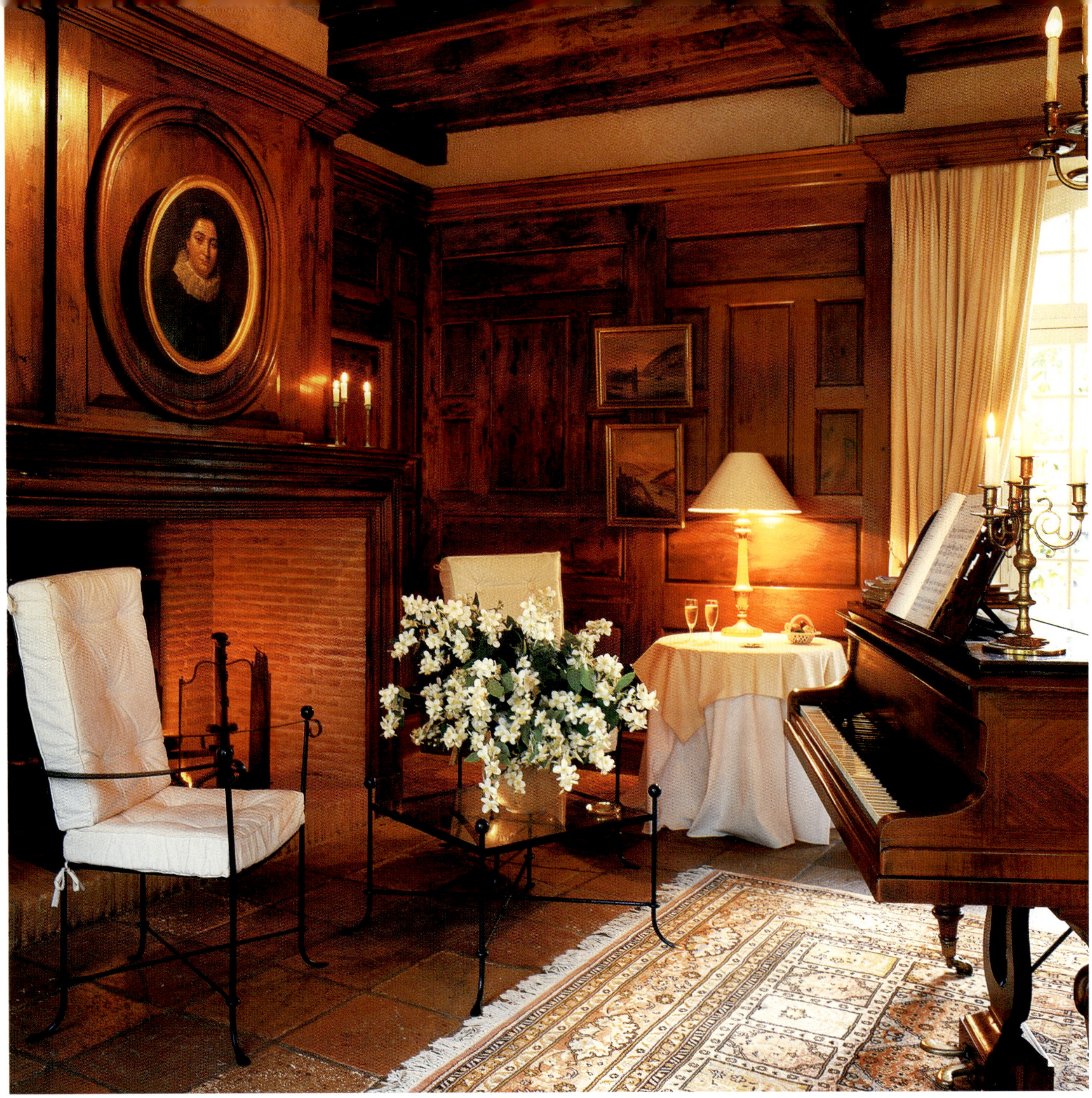

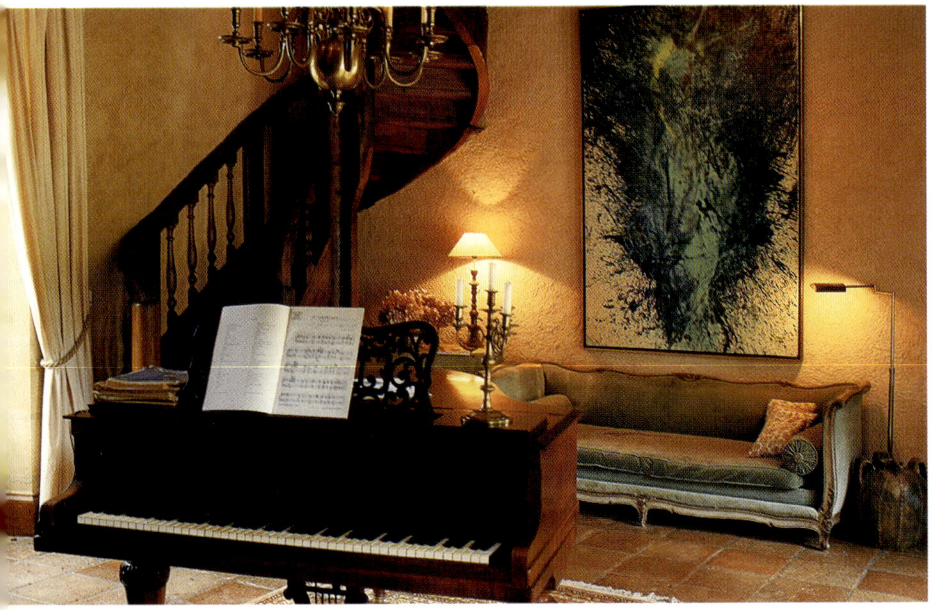

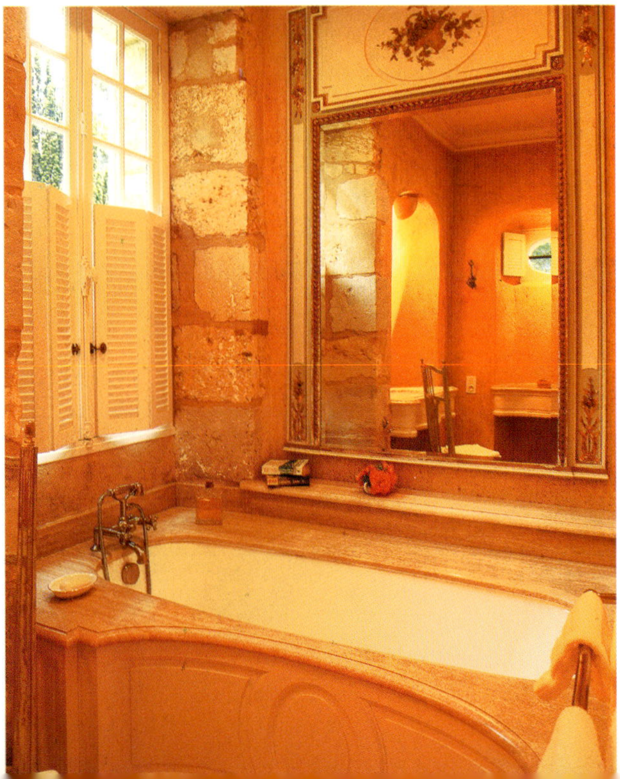

Georges Dambier verwandelte das Haus seiner Kindheit in ein poetisch anmutendes Domizil für Gäste.

CHÂTEAU DE NIEUIL

- **Zimmer:** Zimmer = 11 Appartements = 3
- **Im/am Hotel:** Schwimmbad, Tennis, Fischteich, Kunstgalerie, Mountainbikes
- **In der näheren Umgebung:** Wanderausflüge, Golf, Reiten (auch Ausritte)
- **Ausflüge und Sehenswürdigkeiten:** Cognac, Limoges, Angoulême, romanische Kirchen, Schlösser, Sehenswürdigkeiten aus dem Mittelalter
- **Kreditkarten:** American Express, Visa, Mastercard, Diners, JCB ...
- **Restaurant:** Kein Ruhetag, Menüs zu 250 FF, 295 FF,

16270 Nieuil   pag. 10
Tel. (33) (0) 5 45 71 36 38
Fax (33) (0) 5 45 71 46 45
e-Mail: nieuil@relaischateaux.fr
Website: www.relaischateaux.fr/nieuil

340 FF und à la carte
- **Öffnungszeiten:** Ende April bis Anfang November
- **Angeschlossen an:** Relais & Châteaux
- **Referenzen:** 1 Michelinstern, 16/20 + 2 Mützen im Gault et Millau
- **Lage:** In ländlicher Umgebung in einem Park. 4 km von der RN 141 Angoulême/Limoges, in der Nähe von Suaux.

LE VIEUX LOGIS

- **Zimmer:** 26 Zimmer, Fernsehen, Minibar, Telefon mit Amtsleitung
- **Im/am Hotel:** Schwimmbad, Mountainbikes, Spaziergänge
- **In der näheren Umgebung:** Kanu- und Kajakfahren, Tennis, Reiten
- **Ausflüge und Sehenswürdigkeiten:** Schlösser im Tal der Dordogne, Sarlat, Klöster und Bastiden, prähistorische Höhlen (Lascaux, Font de Gaume)
- **Kreditkarten:** Carte Bleue, Visa, Diners, Mastercard, American Express

Le Bourg   pag. 16
24510 Trémolat
Tel. (33) (0) 5 53 22 80 06
Fax (33) (0) 5 53 22 84 89
e-Mail: vieuxlogis@relaischateaux.fr
Website: www.relaischateaux.fr/vieuxlogis

- **Restaurant:** Vorhanden
- **Öffnungszeiten:** Ganzjährig geöffnet
- **Angeschlossen an:** Relais & Châteaux
- **Lage:** Im Zentrum des Périgord Noir. Von Paris aus auf der Autobahn bis Poitiers, Richtung Angoulême, Périgueux, Le Bugue, Trémolat. Von Bordeaux aus Richtung Bergerac, anschließend Richtung Sarlat (5 km).

LES LOGES DE L'AUBERGADE

- **Zimmer:** 11 Zimmer, Klimaanlage, behindertengerecht
- **Im/am Hotel:** Garage, Jacuzzi, Jogging, Ausflüge, Fahrräder
- **In der näheren Umgebung:** Schwimmbad (500 m), Tennis (2 km), Golf (10 km), Reiten (6 km), Wanderungen, Walibi-Freizeitpark, ULM (Leichtflugzeuge), Wassersport (Wasserski)
- **Ausflüge und Sehenswürdigkeiten:** Bastiden und Schlösser, touristische Ausritte, Museen
- **Kreditkarten:** American Express, Diners, Carte Bleue, Visa, Eurocard
- **Restaurant:** Feinschmeckerküche
- **Öffnungszeiten:** 1. April bis 31. Oktober

52, Rue Royale   p. 22
47270 Puymirol
Tel. (33) (0) 5 53 95 31 46
Fax (33) (0) 5 53 95 33 80
e-Mail: trama@aubergade.com
Website: www.aubergade.com

- **Angeschlossen an:** Relais & Châteaux, Relais Gourmand, Maître Cuisinier de France, Eurotoques
- **Lage:** Flughafen Agen (19 km), Flughafen Toulouse/Blagnac (90 km) und Flughafen Bordeaux (135 km). Von Toulouse A 62, Ausfahrt Valence d'Agen Richtung Golfech, Lamagistère über die N 113, anschließend D 20 und D 248. Von Bordeaux A 62 Richtung Agen, Toulouse entlang der N 113 bis nach Lafox, anschließend D 16.

CHÂTEAU DES VIGIERS

- **Zimmer:** 36 Zimmer, 11 Junior-Suiten, Satellitenfernsehen, Minibar, Safe
- **Im/am Hotel:** Golf, Tennis, Angeln, Mountainbikes, Schwimmbad
- **In der näheren Umgebung:** Reiten, Ballonfahrten
- **Ausflüge und Sehenswürdigkeiten:** Besichtigung von Weingütern, Weinproben, mittelalterliche Städte, Bastiden, Höhlen von Lascaux, Dordogne-Tal
- **Kreditkarten:** American Express, Visa, Eurocard, Master-card, Diners

24240 Monestier   p. 26
Tel. (33) (0) 5 53 61 50 00
Fax (33) (0) 5 53 61 50 20
e-Mail: reservevigiers@calva.net
Website: www.vigiers.com

- **Restaurant:** Les Fresques (Feinschmeckerküche), Le Chai (Brasserie)
- **Öffnungszeiten:** Im Januar und Februar geschlossen
- **Angeschlossen an:** Small Luxury Hotels, Virgin Hotels, Warwick
- **Referenzen:** Guide Michelin
- **Lage:** Im Périgord, eine Autostunde von Bordeaux. D 18 zwischen Sainte-Foy-la-Grande und Eymet.

MOULIN DU ROC

- **Zimmer:** 12 Zimmer, 1 Appartement, Fernsehen, Mini-bar, Klimaanlage und Gesundheitsbäder in einigen Zim-mern
- **Im/am Hotel:** Tennis, Schwimmbad, Angeln, Spazier-gänge im Park
- **In der näheren Umgebung:** Golf (18 Löcher), Kartfahren, Kanu-/Kajakfahren, Fahrräder, Reiten
- **Ausflüge und Sehenswürdigkeiten:** Schlösser, Höhlen, Museen
- **Kreditkarten:** Visa, Mastercard, American Express, Diners, JCB

24530 Champagnac de Belair   p. 32
Tel. (33) (0) 5 53 02 86 00
Fax (33) (0) 5 53 54 21 31

- **Restaurant:** Mittags an Werktagen ab 160 FF, Menüs zu 240 FF, 310 FF, 420 FF und à la carte
- **Öffnungszeiten:** Anfang März bis 1. Januar
- **Angeschlossen an:** Unabhängig
- **Lage:** 6 km von Brantôme entfernt, am Ufer der Dronne. Autobahn A 10 Paris/Angoulême. Brantôme 25 km von Périgueux.

CHÂTEAU CORDEILLAN-BAGES

- **Zimmer:** 24 Zimmer, 1 Junior-Suite
- **Im/am Hotel:** "L'École du Bordeaux"
- **In der näheren Umgebung:** Tennis, Schwimmbad (500 m), Reiten (8 km), Golf (7 Plätze im Radius von 40 km)
- **Ausflüge und Sehenswürdigkeiten:** Romanische und gotische Kirchen, Schlösser, Weinproben bei Winzern, Meer (Atlantik), Seen, Wälder
- **Kreditkarten:** American Express, Diners, Visa, Euro-scheckkarte
- **Restaurant:** Vorhanden, samstagnachmittags und montags den ganzen Tag geschlossen, Diner bei schönem Wetter auf der Terrasse möglich

Route des Châteaux   p. 38
33250 Pauillac
Tel. (33) (0) 5 56 59 24 24
Fax (33) (0) 5 56 59 01 89
e-Mail: cordeillan@relaischateaux.fr
Website: http/www.integra.fr/relais-chateaux/cordeillan

- **Öffnungszeiten:** 1. April bis 30. Oktober
- **Angeschlossen an:** Relais & Châteaux
- **Referenzen:** 1 Michelinstern, 16/20 Gault et Millau, 4 Sterne
- **Lage:** Kloster aus dem 17. Jahrhundert inmitten von Weinbergen. A 10 Ausfahrt Nr. 7, anschließend N 215 Richtung Saint-Laurent und D 206 Richtung Pauillac.

CHÂTEAU DE MERCUÈS

- **Zimmer:** 22 Zimmer (850 FF bis 1500 FF), 8 Suiten (1500 FF bis 2250 FF)
- **Im/am Hotel:** Schwimmbad (25 x 12 m), Tennis (2 Plätze), Besuch von Weinkellereien und Informationen über die Weinerzeugung, Weinproben
- **In der näheren Umgebung:** Golf (30 km)
- **Ausflüge und Sehenswürdigkeiten:** Rocamadour, Sarlat, Dordogne-Tal
- **Kreditkarten:** Carte Bleue, Mastercard, Diners, American Express
- **Restaurant:** 1 Michelinstern, 15/20 Gault et Millau. Montags ganztags und dienstagnachmittags geschlossen (außer Juli und August)

46090 Mercues – Cahors   p. 42
Tel. (33) (0) 5 65 20 00 01
Fax (33) (0) 5 65 20 05 72
e-Mail: mercues@relaischateaux.fr
Website: www.relaischateaux.fr/mercues

- **Öffnungszeiten:** Ostern bis Allerheiligen
- **Angeschlossen an:** Relais & Châteaux (4 Sterne)
- **Lage:** Ehemalige erzbischöfliche Residenz mit Blick auf das Lot-Tal und die berühmten Weinberge von Cahors. A 62 Bordeaux/Toulouse, Ausfahrt Montauban, A 20 Cahors, D 911 Mercuès.

SAINT-JAMES

- **Zimmer:** 15 Standardzimmer, 3 amerikanische Suiten, eine davon mit Jacuzzi und Terrasse, 2 Zimmer behindertengerecht mit Aufzug
- **Im/am Hotel:** Beheiztes Schwimmbad, Sauna, Privatparkplatz
- **In der näheren Umgebung:** Tennis, Spaziergänge, Schloß-besichtigungen, Bordeaux, Golf, Reiten, Radrennbahn
- **Ausflüge und Sehenswürdigkeiten:** Denkmäler, Ausstellungen
- **Kreditkarten:** Mastercard, Visa, American Express, Diners
- **Restaurant:** Saint-James (Feinschmeckerküche), Le Bistroy (Brasserie), Café de l'Espérance (Rôtisserie)
- **Öffnungszeiten:** Nebensaison: 1. November bis 31. März; Hochsaison: 1. April bis 31. Oktober

3, Place Camille Hostein   p. 48
33270 Bouliac
Tel. (33) (0) 5 57 97 06 00
Fax (33) (0) 5 56 20 92 58
e-Mail: stjames@atinternet.com
Website: http://www.jm-amat.com

- **Angeschlossen an:** Relais & Châteaux
- **Referenzen:** Jean-Marie Amat
- **Lage:** 5 km östlich von Bordeaux. Über die Parallelstraße bis zur Ausfahrt Nr. 23 Bouliac, an der ersten Ampel rechts, an der zweiten Ampel links an der "Gendarmerie Mobile" vorbei. Oben angekommen, rechts Richtung Kirche abbiegen. Das Hotel befindet sich am Dorfplatz gegenüber der Post.

DOMAINE D'AURIAC

- **Zimmer:** 26 Zimmer, Klimaanlage
- **Im/am Hotel:** Bewachter Privatparkplatz, Terrasse, Aufzug, Schwimmbad, Tennis, Golf (18 Löcher)
- **In der näheren Umgebung:** Reiten, Wassersport, Squash
- **Ausflüge und Sehenswürdigkeiten:** Stadt Carcassonne, Burgen der Katharer, Klöster, Canal du Midi
- **Kreditkarten:** Carte Bleue, American Express, Mastercard, Diners, Visa
- **Restaurant:** Traditionelle und regionale Küche; das Restaurant ist klimatisiert
- **Öffnungszeiten:** Hochsaison: Ostern bis November;

Route de Sainte-Hilaire p. 56
Carcassonne
Tel. (33) (0) 4 68 25 72 22
Fax (33) (0) 4 68 47 35 54
e-Mail: auriac@relaischateaux.fr
Website: http://www/relaischateaux.fr

Nebensaison: Dezember bis Ostern
- **Angeschlossen an:** Relais & Châteaux
- **Lage:** In einem 4 Hektar großen Park, 5 min von Carcassonne. A 61 Ausfahrt Carcassonne Ouest, Richtung "Centre Hospitalier".

LE COUVENT DES HERBES, LES PRÉS D'EUGÉNIE & LA FERME THERMALE D'EUGÉNIE

- **Zimmer:** Le Couvent des Herbes: 17 Zimmer und 12 Appartements; Les Prés d'Eugénie: 12 Zimmer und 3 Appartements, alle mit Fernsehen, Minibar, Telefon mit Amtsleitung, Zimmersafe
- **Im/am Hotel:** Kurmöglichkeiten in La Ferme Thermale, Tennis, Schwimmbad
- **In der näheren Umgebung:** Touristische Rundgänge zur Weinkultur (Tursan)
- **Ausflüge und Sehenswürdigkeiten:** Pilgerstadt Lourdes, Rundgang zu Bastiden, Besichtigung von Abteien
- **Kreditkarten:** Alle Kreditkarten werden akzeptiert

40320 Eugénie-les-Bains p. 60
Tel. (33) (0) 5 58 05 06 07
Fax (33) (0) 5 58 51 10 10
e-Mail: guerard@relaischateaux.fr
Website: www.michelguerard.com

- **Restaurant:** Kalorienarme und Feinschmeckerküche im Les Prés d'Eugénie und regionale Küche im La Ferme aux Grives
- **Öffnungszeiten:** 15. Februar bis 1. Dezember
- **Angeschlossen an:** Relais & Châteaux
- **Lage:** In Aquitanien (Südwest-Frankreich). Autobahn Bordeaux/Toulouse, Ausfahrt Aiguillon, Richtung Mont-de-Marsan, Grenade-sur-l'Adour. Hubschrauberlandeplatz. Flughäfen Bordeaux (120 km), Pau (45 km), Toulouse (150 km). Bahnhöfe: Pau TGV (45 km), Dax (75 km), Mont-de-Marsan (27 km).

LA MAISON ROSE

- **Zimmer:** 27 Zimmer, 5 voll eingerichtete Studios, alle mit Fernsehen und Telefon mit Amtsleitung
- **Im/am Hotel:** Kurmöglichkeiten in La Ferme Thermale, Tennis, Schwimmbad
- **In der näheren Umgebung:** Touristische Rundgänge zur Weinkultur (Tursan)
- **Ausflüge und Sehenswürdigkeiten:** Pilgerstadt Lourdes, Rundgang zu Bastiden, Besichtigung von Abteien
- **Kreditkarten:** Alle Kreditkarten werden akzeptiert
- **Restaurant:** Kalorienarme und Feinschmeckerküche im Les Prés d'Eugénie und regionale Küche im La Ferme aux Grives

40320 Eugénie-les-Bains p. 70
Tel. (33) (0) 5 58 05 06 07
Fax (33) (0) 5 58 51 10 10
e-Mail guerard @relaischateaux.fr
Website www.michelguerard.com

- **Öffnungszeiten:** 15. Februar bis 1. Dezember
- **Angeschlossen an:** Chaîne Thermale du Soleil
- **Lage:** In Aquitanien (Südwest-Frankreich). Autobahn Bordeaux/Toulouse, Ausfahrt Aiguillon, Richtung Mont-de-Marsan, Grenade-sur-l'Adour. Hubschrauberlandeplatz. Flughäfen Bordeaux (120 km), Pau (45 km), Toulouse (150 km). Bahnhöfe: Pau TGV (45 km), Dax (75 km), Mont-de-Marsan (27 km).

LA FERME AUX GRIVES ET LES LOGIS DE LA FERME

- **Zimmer:** 4 Zimmer, Fernsehen, Minibar, Telefon mit Amtsleitung, Safe
- **Im/am Hotel:** Kurmöglichkeiten in La Ferme Thermale, Tennis, Schwimmbad
- **In der näheren Umgebung:** Touristische Rundgänge zur Weinkultur (Tursan)
- **Ausflüge und Sehenswürdigkeiten:** Pilgerstadt Lourdes, Rundgang zu Bastiden, Besichtigung von Abteien
- **Kreditkarten:** Alle Kreditkarten werden akzeptiert
- **Restaurant:** Kalorienarme und Feinschmeckerküche im Les Prés d'Eugénie und regionale Küche im La Ferme aux Grives
- **Öffnungszeiten:** 15. Februar bis 1. Dezember und 23. Dezember bis 1. Januar

40320 Eugénie-les-Bains p. 74
Tel. (33) (0) 5 58 05 06 07
Fax (33) (0) 5 58 51 10 10
e-Mail: Guerard@relaischateaux.fr
Website: www.michelguerard.com

- **Angeschlossen an:** Relais & Châteaux
- **Lage:** In Aquitanien (Südwest-Frankreich). Autobahn Bordeaux/Toulouse, Ausfahrt Aiguillon, Richtung Mont-de-Marsan, Grenade-sur-l'Adour. Hubschrauberlandeplatz. Flughäfen Bordeaux (120 km), Pau (45 km), Toulouse (150 km). Bahnhöfe: Pau TGV (45 km), Dax (75 km), Mont-de-Marsan (27 km).

LE PARC VICTORIA

- **Zimmer:** 8 Zimmer, 4 Junior-Suiten, Minibar, Safe, Klimaanlage, Marmorbadezimmer
- **Im/am Hotel:** Schwimmen
- **In der näheren Umgebung:** Thalassotherapie (400 m), Golf, Fischen am Meer
- **Ausflüge und Sehenswürdigkeiten:** Küste und Hinterland der Pyrenäen, Guggenheim-Museum in Bilbao, La Villa d'Edmond Rostand in Cambo-les-Bains
- **Kreditkarten:** Eurocard, Mastercard, Visa, Diners, American Express
- **Restaurant:** Feinschmeckerküche im Les Lierres, Restaurant am Schwimmbad
- **Öffnungszeiten:** Hotel: von 15. März bis 15. November; Restaurants: von 1. April bis 31. Oktober (außerhalb der Saison dienstags geschlossen)

5, rue Cepé p. 80
64500 Saint Jean-de-Luz
Tel. (33) (0) 5 59 26 78 78
Fax (33) (0) 5 59 26 78 08
e-Mail: parcvictoria@relaischateaux.fr
Website: www.relaischateaux.fr/parcvictoria

- **Angeschlossen an:** Relais & Châteaux
- **Referenzen:** Gault et Millau, Guide Michelin, Bottin Gourmand
- **Lage:** Im Wohnviertel von Saint-Jean-de-Luz, 350 m vom Strand und 15 min vom Stadtzentrum. Autobahn A 63 Ausfahrt Saint-Jean-de-Luz Nord. An der vierten Ampel rechts abbiegen, Richtung "Quartier du Lac".

LE MOULIN DE L'ABBAYE

- **Zimmer:** 17 Zimmer, 3 Appartements
- **Im/am Hotel:** Restaurant, Terrasse am Wasser, Garten, Rauchsalon, Angeln, Kanufahren
- **In der näheren Umgebung:** Schlösser, Höhlen und Weingüter
- **Kreditkarten:** Visa, Mastercard, American Express, Diners
- **Restaurant:** Feinschmeckerküche, 50 Plätze, 1 Michelinstern

1, Route de Bourdeilles p. 86
24310 Brantôme en Périgord
Tel. (33) (0) 5 53 05 80 22
Fax (33) (0) 5 53 05 75 27
e-Mail: moulin@relaischateaux.fr
Website: www.relaischateaux.fr/moulin

- **Öffnungszeiten:** 29. April bis 2. November
- **Angeschlossen an:** Relais & Châteaux
- **Referenzen:** 3 romantische Häuser: Le Moulin, La Maison du Meunier, La Maison de l'Abbé
- **Lage:** Am Ufer der Dronne. 120 km vom Flughafen Bordeaux, 25 km von Périgueux National.

CHÂTEAU DE PUY ROBERT

- **Zimmer:** 38 Zimmer
- **Im/am Hotel:** Beheiztes Freibad, Mountainbikes
- **In der näheren Umgebung:** Kanu- und Kajakfahren, Tennis, Golf, Reiten
- **Ausflüge und Sehenswürdigkeiten:** Lascaux II, Les Eyzies, Sarlat
- **Kreditkarten:** Carte Bleue, American Express, Diners
- **Restaurant:** Vorhanden, 1 Michelinstern

Route de Valojouix p. 94
24290 Montignac-Lascaux
Tel. (33) (0) 5 53 51 92 13
Fax (33) (0) 5 53 51 80 11 puy
e-Mail: robert@relaischateaux.fr
Website: www.relaischateaux.fr/puy-robert

- **Öffnungszeiten:** 1. Mai bis 17. Oktober
- **Angeschlossen an:** Relais & Châteaux
- **Lage:** In ländlicher Umgebung. Von Paris aus auf der Autobahn A 10, anschließend A 71, Ausfahrt Vierzon, weiter auf der N 20 Limoges/Brive, dann die N 89 Le Lardin/Montignac.

LA CHAPELLE SAINT-MARTIN

- **Zimmer:** 10 Zimmer, 3 Appartements
- **Im/am Hotel:** Schwimmbad, Tennis, Teich + Boote, 40 Hektar Park
- **In der näheren Umgebung:** Golf, Reiten
- **Ausflüge und Sehenswürdigkeiten:** Cognac, Limoges, Angoulême, romanische Kirchen, Schlösser, mittelalterliche Stätten
- **Kreditkarten:** Visa, American Express, Eurocard

87510 Nieul p. 98
Tel. (33) (0) 5 55 75 80 17
Fax (33) (0) 5 55 75 89 50
e-Mail: chapelle@relaischateaux.fr
Website: http://www.chapellesaintmartin.com/.

- **Restaurant:** Feinschmeckerküche
- **Öffnungszeiten:** Ganzjährig geöffnet
- **Angeschlossen an:** Relais & Châteaux
- **Referenzen:** Viersternehotel
- **Lage:** 10 Minuten vom Zentrum Limoges. A 20 aus Richtung Paris, Ausfahrt 28.

CHÂTEAU DE LA TREYNE

- **Zimmer:** 14 Zimmer, 2 Appartements, Klimaanlage, Safe
- **Im/am Hotel:** Aufzug, Freibad, Tennis, bewaldeter Park, Garten
- **In der näheren Umgebung:** Reiten, Ballonfahrten, Kanufahren
- **Ausflüge und Sehenswürdigkeiten:** Rocamadour (15 km), Sarlat (35 km), Dordogne-Tal
- **Kreditkarten:** Mastercard, Eurocard, Visa, Diners, American Express

46200 Lacave p. 102
Tel. (33) (0) 5 65 27 60 60
Fax (33) (0) 5 65 27 60 70
e-Mail: treyne@relaischateaux.fr
Website: www. relaischateaux.fr/treyne

- **Restaurant:** Feinschmeckerküche (dienstags, mittwoch, und donnerstagnachmittags geschlossen)
- **Öffnungszeiten:** Ostern bis Mitte November + 20/12-3/1
- **Angeschlossen an:** Relais & Châteaux
- **Referenzen:** Guide Michelin, Gault et Millau, Bottin Gourmand
- **Lage:** In Flußnähe. 6 km östlich von Souillac, erreichbar über die A 20.

MICHEL BRAS

- **Zimmer:** 15 Zimmer, Minibar (gratis), Satellitenfernsehen, Dusche, Bad
- **Im/am Hotel:** Bar (Salon), Aufzug, Wanderungen (markierte Wege in Hotelnähe), Mountainbikes
- **In der näheren Umgebung:** Angeln, Golf, Reiten, Rucksacktouren
- **Ausflüge und Sehenswürdigkeiten:** Conques, Château du Bousquet, La Forge de Laguide, Käserei
- **Kreditkarten:** Diners, American Express, Eurocard, Carte Bleue

Route de l'Aubrac p. 110
12210 Laguiole
Tel. (33) (0) 5 65 51 18 20
Fax (33) (0) 5 65 48 47 02
e-Mail: michel.bras@ wanadoo.fr
Website: michel-bras.fr

- **Restaurant:** Feinschmeckerküche
- **Öffnungszeiten:** Anfang April bis Ende Oktober
- **Angeschlossen an:** Relais & Châteaux
- **Lage:** Außerhalb von Laguiole, Richtung Aubrac. Nach 5 km links abbiegen, den Schildern "Michel Bras" folgen.

LE MANOIR D'HAUTEGENTE

- **Zimmer:** 14 Zimmer, 2 davon ebenerdig
- **Im/am Hotel:** Beheiztes Schwimmbad, Boote zum Forellenangeln auf abgegrenztem Flußabschnitt
- **In der näheren Umgebung:** Kanufahren, Reiten, Golf, Radfahren, Wanderwege, Tennis (1 km)
- **Ausflüge und Sehenswürdigkeiten:** Besichtigung der Höhlen von Lascaux (10 km), Schlösser, Gartenanlagen
- **Kreditkarten:** American Express, Visa, Diners
- **Restaurant:** Feinschmeckerküche

24120 Coly (Dordogne) pag. 116
Tel. (33) 5 53 51 68 03
Fax (33) 5 53 50 38 52
e-Mail: Manoir. D. Hautegente@wanadoo.fr
Website: Manoir d'Hautegente

- **Öffnungszeiten:** 1. April bis 2. November
- **Angeschlossen an:** Châteaux et Hôtels de France, Relais du Silence, Auberges de Charme, Karen Brown, Good Hotels Guide
- **Lage:** 6 km südlich der N 89 und 25 km westlich der N 20 Paris/Toulouse zwischen Sarlat, den Höhlen von Lascaux und dem Tal der Vézère. Bordeaux-Genève

CHÂTEAU DE ROUMEGOUSSE

- **Zimmer:** 15 Zimmer
- **Im/am Hotel:** Schwimmbad, Mountainbikes, Fahrräder, Park, Spaziergänge
- **In der näheren Umgebung:** Golf, Reiten, Kanu- und Kajakfahren, Ballonfahrten
- **Ausflüge und Sehenswürdigkeiten:** Rocamadour
- **Kreditkarten:** Visa, American Express, Diners, Mastercard
- **Restaurant:** Vorhanden

Route de Rocamadour, Rignac p. 122
46500 Gramat
Tel. (33) (0) 5 65 33 63 81
Fax (33) (0) 5 65 33 71 18
e-Mail: roumegouse@relaischateaux.fr
Website:
www.relaischateaux.fr/roumegouse

- **Öffnungszeiten:** Ostern bis 31.12.
- **Angeschlossen an:** Relais & Châteaux
- **Referenzen:** Guide Michelin, Gault et Millau, Bottin Gourmand, Hôtels de Charme
- **Lage:** In ländlicher Umgebung in einem 5 Hektar großen Park. Kreuzung Brive/Gramat über RN 140.

DOMAINE DE BASSIBÉ

- **Zimmer:** 11 Zimmer, 7 Suiten, jeglicher Komfort
- **Im/am Hotel:** Schwimmbad
- **In der näheren Umgebung:** Tennis (8 km), Fahrrad- und Mountainbikeverleih (Touren auf Anfrage), Wanderungen, Golf (9 Löcher) in 7 km Entfernung, 18 Löcher in 30 km Entfernung, anerkannter Kurort (12 km)
- **Ausflüge und Sehenswürdigkeiten:** Stadt Pau und Schloß (30 km), Besichtigung von Weingütern, Weinproben (Madiran, Saint-Mont, Tursan), dasselbe für Armagnac, Besichtigungen bei einem bekannten Hersteller von Kunstkeramik, Bastiden, Museen, kleinere Orte im Gers-Tal, Einführung in den vollendeten Genuß und das richtige Aufbewahren von Havanna-Zigarren

32400 Segos (Gers) p. 126
Tel. (33) (0) 5 62 09 46 71
Fax (33) (0) 5 62 08 40 15
e-Mail: bassibe@relaischateaux.fr
Website: www. relaischateaux.fr/bassibe

- **Kreditkarten:** Die wichtigsten Kreditkarten werden akzeptiert
- **Restaurant:** Vorhanden
- **Öffnungszeiten:** Ende März bis Ende Dezember
- **Angeschlossen an:** Relais & Châteaux
- **Referenzen:** Erwähnt in allen Führern
- **Lage:** In ländlicher Umgebung in Südwest-Frankreich. Auf der Route Bordeaux/Pau/Spanien, 35 km nördlich von Pau, 8 km südlich von Aire/Adour, D 260 Segos.

LE CHÂTEAU DE CASTEL NOVEL

- **Zimmer:** 32 Zimmer, 5 Appartements, Klimaanlage
- **Im/am Hotel:** Tennis, Schwimmbad, Golfübungsplatz (3 Löcher), Fahrräder
- **In der näheren Umgebung:** Kanufahren, Kartfahren, Golf (18 Löcher) 15 min entfernt, Fliegen
- **Ausflüge und Sehenswürdigkeiten:** Collonges-la-Rouge, Turenne, Rocamadour, Sarlat, Höhlen von Lascaux, Les Eyzies, Schloß Pompadour
- **Kreditkarten:** American Express, Visa, Diners, Eurocard

19240 Varetz p. 132
Tel. (33) (0) 5 55 85 00 01
Fax (33) (0) 5 55 85 09 03
e-Mail: novel@relaischateaux.fr
Website: www.integra.fr/relaischateau/novel

- **Restaurant:** Feinschmeckerküche
- **Öffnungszeiten:** 1. Mai bis 30. Oktober
- **Angeschlossen an:** Relais & Châteaux
- **Referenzen:** Guide Michelin, Gault et Millau, Bottin Gourmand
- **Lage:** In ländlicher Umgebung 10 km von Brive. In Brive die D 901 bis nach Varetz (5 km).

DOMAINE DE ROCHEBOIS

- **Zimmer:** 40 Zimmer, davon 6 Appartements
- **Im/am Hotel:** Golf (9 Löcher), Schwimmbad, Fitneß-raum, Billard
- **In der näheren Umgebung:** Kanufahren auf der Dordogne, Tennis, Ballonfahrten
- **Ausflüge und Sehenswürdigkeiten:** Höhlen von Lascaux, Bastiden, mittelalterliche Städte, Schlösser
- **Kreditkarten:** American Express, Visa, Mastercard, Diners
- **Restaurant:** Feinschmeckerküche

Route de Montfort p. 138
24200 Vitrac - Sarlat
Tel. (33) (0) 5 53 31 52 52
Fax (33) (0) 5 53 29 36 88
e-Mail: info@rochebois.com
Website: http://www.rochebois.com

- **Öffnungszeiten:** April bis Ende Oktober
- **Angeschlossen an:** Small Luxury Hotels, Châteaux et Hôtels de France
- **Referenzen:** Gault et Millau, Bottin Gourmand, Guide Michelin
- **Lage:** 6 km südlich von Sarlat.

CHÂTEAU DE RIELL

- **Zimmer:** 19 Zimmer, Zimmerservice
- **Im/am Hotel:** Wäscheservice, Parkplatz, Lift zur kostenlosen bewachten Garage, Autoverleih, Tennis, Schwimmbad, 60 Hektar großer Park, Boule, Schönheitssalon, Sauna
- **In der näheren Umgebung:** Reiten (3 km), Golf (9 Löcher) in 15 km Entfernung, Ausflüge, Wanderungen
- **Ausflüge und Sehenswürdigkeiten:** In Prades (7 km) findet das Festival du Cinéma (im Juli) und das Festival de Musique Pablo Casals (14.07., 15.08.) statt. Romanisches Roussillon (Abteien, Klöster), befestigte Dörfer (Villefranche-de-Conflent, Mont-Louis, Barockkirchen, Burgen der Katharer, Schlösser, Weinstraße des Roussillon, Besichtigung von Weingütern, Weinproben
- **Kreditkarten:** American Express, Visa, Carte Bleue, Eurocard, Diners

Molitg-les-Bains p. 144
66500 Prades
Tel. (33) (0) 4 68 05 04 40
Fax (33) (0) 4 68 05 04 37
e-Mail: riell@relaischateaux.fr
Website: www.relaischateaux.fr/riell

- **Restaurant:** Küche im Stil Michel Guérards mit regionalem und mediterranem Einfluß
- **Öffnungszeiten:** 1. April bis 1. November
- **Angeschlossen an:** Relais & Châteaux, Chaîne Thermale du Soleil
- **Lage:** Im Hinterland von Katalanien nahe des Kurortes Molitg. 45 km von Perpignan und 7 km von Prades. Autobahnausfahrt Perpignan Sud, Richtung Andorra/ Prades, Molitg-les-Bains.

HÔTEL-CHÂTEAU GRAND BARRAIL

- **Zimmer:** 28 Doppelzimmer, davon 2 Junior-Suiten und 3 Suiten, Fernsehen, Telefon, Klimaanlage, Minibar, Safe
- **Im/am Hotel:** Wäscheservice, beheiztes Freibad, 3 Hektar großer Park, Bar, Hubschrauberlandeplatz, Spielplatz, Weinproben, Fahrradverleih
- **In der näheren Umgebung:** Tennis, Golf, Reiten, Ballonfahrten, Weinproben in den Schlössern
- **Ausflüge und Sehenswürdigkeiten:** Saint-Émilion, Weinberge, Bootsfahrten auf der Dordogne, Bordeaux
- **Kreditkarten:** American Express, Diners, Carte Bleue, JCB, Eurocard
- **Restaurant:** Feinschmecker
- **Öffnungszeiten:** 1. April bis 31. Oktober

Lamarzelle-Figeac p. 150
Route de Libourne
33330 Saint-Emilion
Tél. (33) (0) 5 57 55 37 00
Fax (33) (0) 5 57 55 37 49
e-Mail: hotel_ch@grand-barrail.com
Website: www.grand-barrail.com

- **Angeschlossen an:** Small Luxury Hotels, Château et Hôtels de France
- **Referenzen:** Guide Michelin, Gault et Millau, Guide Hubert, Guide Champérard
- **Lage:** Mitten in den Weinbergen von Saint-Émilion, 3 min von der Stadt und 30 min von Bordeaux. Vom Flughafen Bordeaux 40 min entfernt, vom Bahnhof Libourne (TGV) 5 min, an der D 243 Libourne/Saint-Émilion.

LE CHAUFOURG-EN-PÉRIGORD

- **Zimmer:** 9 Zimmer, davon 2 Suiten, Telefon mit Amtsleitung, Badezimmer/WC, Fernsehen; 4 Zimmer mit Minibar, 5 Zimmer mit Klimaanlage
- **Im/am Hotel:** Salon, Billard, Klavier, Schwimmbad, Boote, Parkplatz (nachts geschlossen)
- **In der näheren Umgebung:** Tennis (1 km), 3 Golfplätze: 2 x 18 Löcher (Domaine de Saltgourde, Château des Vigiers) und 1 x 9 Löcher (Domaine de la Lande), Reiten
- **Ausflüge und Sehenswürdigkeiten:** Saint-Émilion, Aubeterre und Wald von La Double, Römerstraße, Brantôme, Bergerac, Périgueux, Hautefort, Höhlen von Lascaux, Sarlat, Domme

"Le Chaufourg" p. 158
24400 Sourzac (Dordogne)
Tel. (33) (0) 5 53 81 01 56
Fax (33) (0) 5 53 82 94 87
e-Mail: chaufourg.hotel@wanadoo.fr

- **Kreditkarten:** American Express, Visa, Eurocard, Mastercard, Diners
- **Restaurant:** Nur für Hotelgäste, Reservierung erforderlich
- **Öffnungszeiten:** Ganzjährig geöffnet, im Winter auf Anfrage
- **Lage:** 30 km westlich von Périgueux über die RN 89 Richtung Mussidan.

1
Angoulême

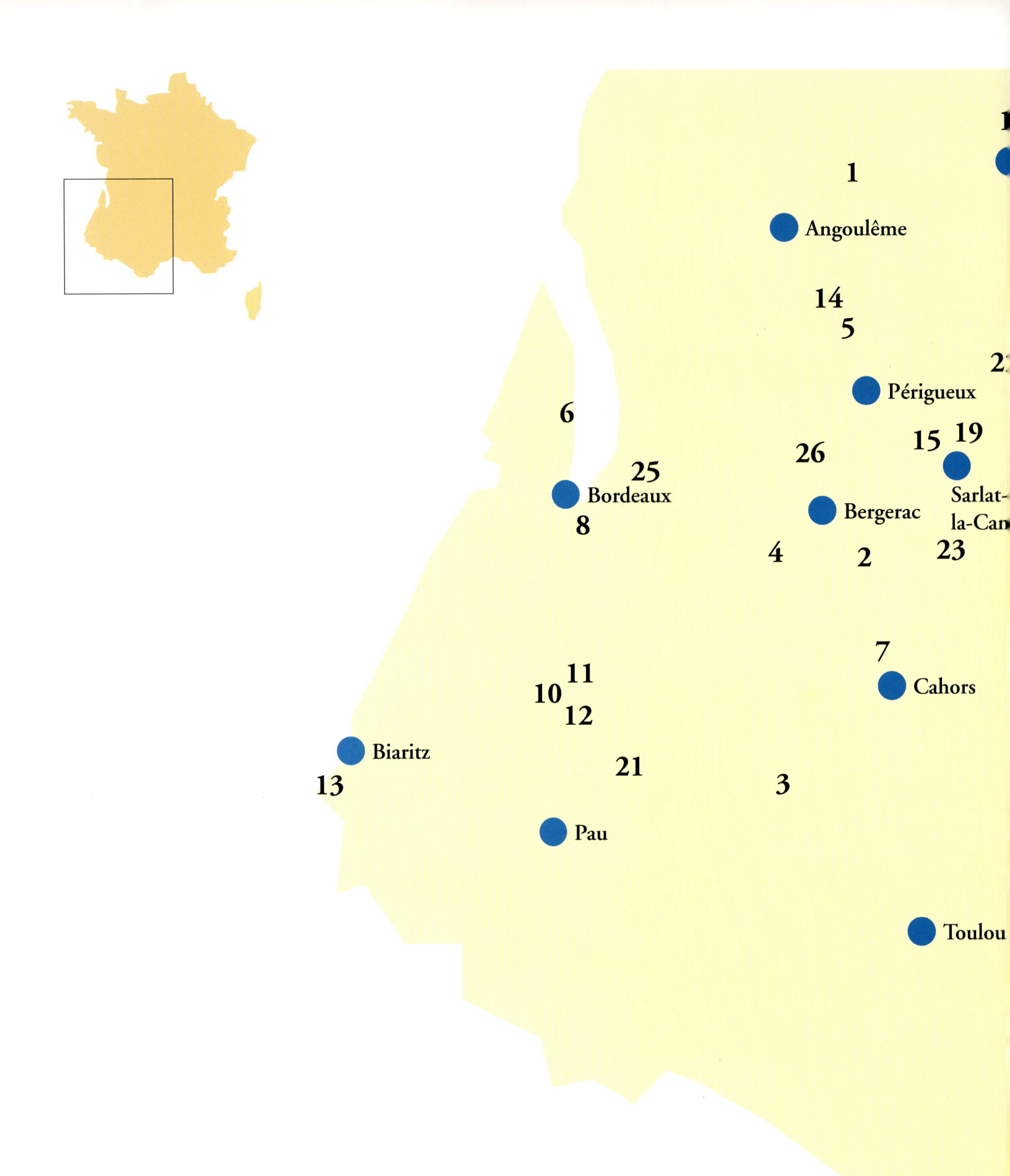

14
5

Périgueux

6
25
Bordeaux
26   15 19
Bergerac   Sarlat-
8   la-Can
     4   2   23

          7
          Cahors
   11
10
   12
Biaritz
        21
13   3
       Pau

                Toulou

1		Château de Nieuil
2		Le Vieux Logis
3		L'Aubergade & Les Loges de l'Aubergade
4		Château des Vigiers
5		Le Moulin du Roc
6		Château Cordeillan-Bages
7		Château de Mercuès
8		Saint-James
9		Le Domaine d'Auriac
10		Le Couvent des Herbes, Les Prés d'Eugénie & La Ferme Thermale d'Eugénie
11		La Ferme aux Grives
12		La Maison Rose
13		Le Parc Victoria
14		Le Moulin de l'Abbaye
15		Le Château du Puy Robert
16		La Chapelle Saint-Martin
17		Le Château de la Treyne
18		Michel Bras
19		Le Manoir d'Hautegente
20		Le Château de Roumegouse
21		Le Domaine de Bassibé
22		Le Domaine de Castel-Novel
23		Le Domaine de Rochebois
24		Château de Riell
25		Hôtel-Château Grand-Barrail
26		Le Chaufourg en Périgord

Bereits in dieser Reihe erschienen

Zu Gast in der Provence

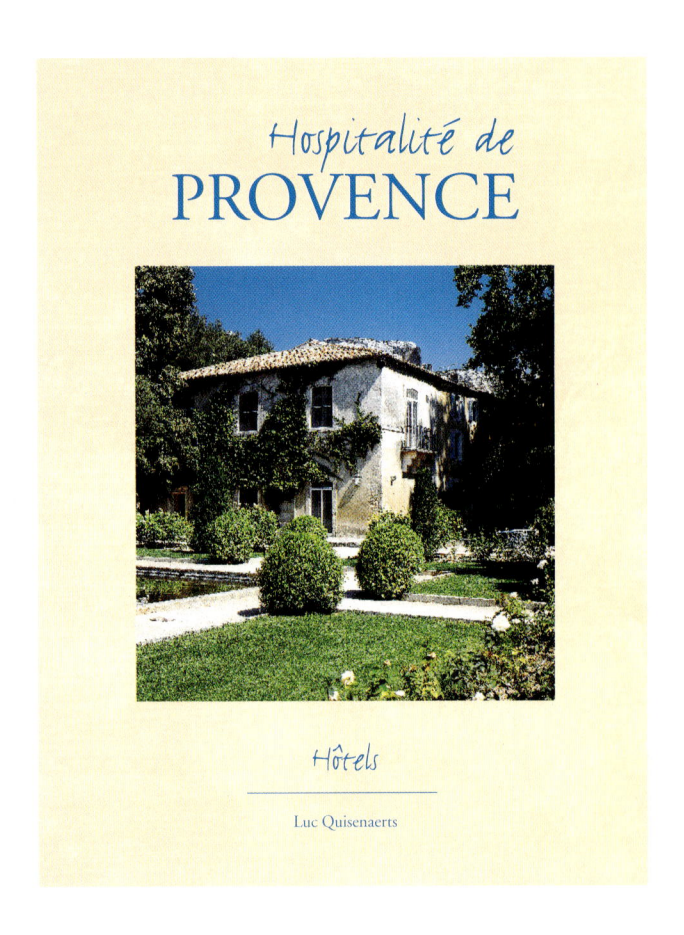

Ausgaben in Deutsch, Englisch,
Französisch und Niederländisch.